PONT NeuF 1

Französisch für Erwachsene

Von Michel Boiron, Martine Delaud,
Bernd Kleinheyer und Jacqueline Sword

unter Mitwirkung von Annegret Hilligus
und Sylvie Bernard

Ernst Klett Verlag für Wissen und Bildung
Stuttgart · Dresden

Pont NeuF 1

Französisch für Erwachsene

von
MICHEL BOIRON, Directeur pédagogique du CAVILAM, Vichy
MARTINE DELAUD, M.A., Kursleiterin an der VHS München
BERND KLEINHEYER, Lehrer beim Walter-Friedländer-Bildungswerk, Berlin
JACQUELINE SWORD, M.A., Fachbereichsleiterin für Sprachen an der Leine-VHS
DR. DES. ANNEGRET HILLIGUS, wissenschaftliche Mitarbeiterin an der Universität-Gesamthochschule Paderborn (Grammatik)

Beratende Mitarbeit:
SYLVIE BERNARD, Lehrbeauftragte an der Universität München, Kursleiterin (VHS, Industrie)
JANINE BRUCHET, M.A., Sprachtrainerin in Offenbach
MANFRED GÖTZ, Fachgebietsleiter Romanische Sprachen, VHS München
URSULA METZNER, Fachbereichsleiterin Sprachen der VHS im Norden des Landkreises München
BÉNÉDICTE OMONT, Fachbereichsleiterin am Bildungszentrum der Stadt Nürnberg
DR. RENÉ M. PIEDMONT, hauptamtlicher pädagogischer Mitarbeiter an der VHS Koblenz

Illustrationen:
THIERRY DUCHESNE, Agence Delcourt, Paris

Layout und Einbandgestaltung:
CND International – PATRICK DEILLER, Paris

Gedruckt auf Papier, das aus chlorfrei gebleichtem Zellstoff hergestellt wurde.

1. Auflage 1 4 3 2 1 | 1999 98 97 96
Alle Drucke dieser Auflage können im Unterricht nebeneinander benutzt werden.
Die letzte Zahl bezeichnet das Jahr dieses Druckes.

HERSTELLUNG:
Andrea Schmid
REDAKTION:
Karin Beckmann, Dr. Barbara Huter,
Pascale Rousseau-Fischer, Docteur ès lettres
Michael Deneux (Grammatik)

Druck: Mateu Cromo, Madrid. Printed in Spain.
ISBN 3-12-529050-3

Liebe Kursteilnehmerinnen und Kursteilnehmer,

herzlich willkommen bei **Pont NeuF**, dem Französisch-Lehrwerk, das Sie in Ihrem Französisch-Unterricht begleiten wird.

- Ihr Buch besteht aus zwölf Lektionen und drei Zwischenkapiteln, den *Entractes*. Diese bieten Ihnen Gelegenheit, die vorangehenden Lerninhalte zu wiederholen und einen ersten Blick auf die kommenden Lektionen zu werfen.
- Jede Lektion von **Pont NeuF** ist einem Thema gewidmet, das Ihnen mit einer Auftaktseite vorgestellt wird. Die sich anschließenden Lektionsteile A, B und C beschäftigen sich mit verschiedenen Aspekten des Lektionsthemas. Die letzte, sogenannte „Abschlußseite" einer jeden Lektion nimmt Elemente der Auftaktseite wieder auf und stellt sie in einen neuen Zusammenhang. Eine entsprechende Aufgabenstellung oder ein Spiel gibt Ihnen die Möglichkeit, den Lernstoff der Lektion noch einmal anzuwenden und zu vertiefen. Sie werden dabei feststellen, daß Sie sprachliche Fähigkeiten erworben haben, mit denen Sie Ihre eigenen Erfahrungen, Ideen und Meinungen zum Ausdruck bringen können. Denn bei **Pont NeuF** gilt: Sie selbst stehen im Mittelpunkt Ihres Lernprozesses.
- Da Sie Französisch lernen, um vor allem mit anderen kommunizieren zu können, fördern die Aktivitäten in **Pont NeuF** den Austausch mit anderen Kursteilnehmerinnen und Kursteilnehmern.
  Häufig werden Sie dazu eingeladen, Aufgaben zu zweit oder in der Gruppe zu lösen. So erleben Sie von Anfang an die französische Sprache als Mittel zur Kommunikation mit anderen.
- Grundlage des Lernstoffes in **Pont NeuF** bilden meist Texte. Es können Lesetexte, Hörtexte oder Kombinationen von Text und Bild sein. Bei diesen Texten werden Sie zunächst nicht alles verstehen, aber das ist auch nicht erforderlich. Bestimmt verstehen Sie viel mehr als Sie glauben, z. B. die Situation oder den Gesamtsinn eines Textes, vielleicht auch wichtige Einzelheiten. **Pont NeuF** unterstützt Sie dabei mit vorgegebenen Aufgabenstellungen, z. B. dem Unterstreichen von bekannten Wörtern oder dem Beantworten gezielter Fragen. Auch im Ausland werden Sie nicht immer jedes einzelne Wort verstehen können, aber mit **Pont NeuF** werden Sie gezielt darauf vorbereitet, die für Sie wichtigen Informationen aus Äußerungen, Texten und Dialogen herauszufiltern.
- Die Erarbeitung der **Grammatik** ist ein Bestandteil der Lektionen von **Pont NeuF**. Häufig werden Sie dazu aufgefordert, Verbtabellen zu ergänzen oder Regelmäßigkeiten zu entdecken, denn es ist erwiesen: Was Sie selbst tun, behalten Sie auch am besten. **Pont NeuF 1** enthält im Anhang aber auch eine lektionsbegleitende Grammatik, in der die grammatischen Phänomene jeder Lektion zusammengefaßt und erläutert werden. So können Sie bei Unsicherheiten oder zur Nacharbeit dort nachschlagen.
- Im Arbeitsbuch (mit Cassette) von **Pont NeuF 1** finden Sie außerdem ein abwechslungsreiches Angebot an Übungen zur Festigung und Vertiefung.
  Es ermöglicht Ihnen die Beschäftigung mit der französischen Sprache über den Unterricht hinaus.

Wir wünschen Ihnen viel Spaß beim Entdecken und viel Erfolg auf Ihrem Lernweg.

Ihr Pont NeuF-Team

 Hören

 Schreiben

 Partnerarbeit

 Gruppenarbeit

Quellennachweis

Abbildungen:
Air France, Stuttgart: 86,1 – Alice, Boulogne: 113,1 – Amnesty International, Paris: 130,2 – Archiv für Kunst und Geschichte, Berlin: 19,2,6; 99,1; 100,4; 110,1; 119; 142,1,2; 143,1,2 – Belgisches Verkehrsamt, Düsseldorf: 20,1,5,8; 138,1 – Michel Boiron, Vichy: 57,1,2,3,5; 113,2; 137,1 – F. Bouquet, SCOOP, ELLE/IL, Levallois-Perret: 104,2 – Brouck, Cormeilles-en-Parisis: 54 – Hyacinthe CAO, Tahiti Tourisme, Papeete: 11,7; 36,7 – CAVILAM, Vichy: 137,4 – Chanel, Paris: 11,12 – Restaurant im Engelhorn „Chez Cyril", Stuttgart: 79 – Cinetext Bildarchiv, Frankfurt: 98 – Comité départemental du tourisme de Loir-et-Cher, Blois, 92,2,4 – CTS, Strasbourg: 86,2 – dpa, Frankfurt: 11,4,14; 50; 100,11; 143,3,4 – Deutsche Renault Aktiengesellschaft, Brühl: 11,13; 86,12 – Dinkelacker Brauerei AG, Stuttgart: 19,4 – Thierry Duchesne, Fresnay-L'Evêque: 11,16; 82,1; 134,1 – Laurent Duvault, Bruxelles: 137,6 – Editeur Benoît Perrin, Paris: 87 – Editions Albert René, Paris: 11,10 (© 1995 – Les Editions Albert René/Goscinny-Uderzo) – Editions Art Lys, Versailles: 43,2,3 – Editions A.R.I.M.A. Corp. et DURAND, Paris: 11,1 (© 1929, by Editions A.R.I.M.A Corp. et DURAND, Paris, avec l'aimable autorisation des Editeurs) – Editions Dupuis, Marcinelle: 137,2 – Editions de Fallois, Paris: 11,5 – Les Editions de Minuit, Paris: 16 („En attendant Godot") – Marcel Ehrhard, Strasbourg: 34 (drei Gerichte); 78,1-12; 80,1-7; 82,2; 84,1,2,3 – ENIT Staatliches Italienisches Fremdenverkehrsamt, Frankfurt: 83,6 – EVIAN, 110,2 – Albert Ewert, Hochdorf: 100,8 – Fédération des Parcs naturels d'Armorique, Französisches Fremdenverkehrsamt, Frankfurt: 25,1 – Christa Fischer, Lorch: 55 (Katze) – Johann Fischer, Stuttgart: 20,6; 36,2,5; 40,1,2; 43,1; 57,6,7,8; 59,1; 86,4; 93,3; 99,2; 137,5; 138,3 – Französisches Fremdenverkehrsamt, Frankfurt: 11,2-6; 76,2; 81,2-4; 83,1; 95,1; 100,3,7,12,13; 111,2,4; 146,2 – Fremdenverkehrsamt Tunesien, Frankfurt: 83,5 – Fremdenverkehrsverband Schwarzwald: 19,3,5 – Galeries Lafayette, Paris: 81,1 – Gamma, Paris: 70,1 – Friedrich Gier, Bonn: 11,8; 12,1,2; 17; 25,2; 26,1,2; 29; 35,2; 36,1; 37; 52,3,5; 56,1-3; 57,9; 58; 63,1,4; 86,7,9; 95,2; 100,6,10; 102,1-4; 104,1; 108,1,2; 111,1,3,5; 112,3; 121,2-4; 123,1,2; 125,2-5 – Barbara Huter, Stuttgart: 12,4; 20,4; 42,1; 76,1,4; 83,4; 97; 100,9; 107,1-6; 110,3 – IBM France Photothèque, Paris: 112,2 – IFA-Bilderteam, München: 86,5,10; 112,4 – Iles Magazine, Lausanne: 90 – The Image Bank, München: 12,5; 26,3; 35,1; 65 – In'Edite, Limoges: 27,4 – Martin Kers, Art UnLimited, Amsterdam: 100,1 – Jürgen Kleine, Ammerbuch: 83,2 – Klett-Archiv: 57,4; 108,3 – Landesamt für Straßenwesen, Stuttgart: 19,1 – Lucien Legras: 115,1-5 – Alain Leroy, Paris: 131 – Locaboat Plaisance, Freiburg: 86,8; 95,3 – Macadam Journal, Bruxelles: 52,6; 63,3 – Mauritius, Stuttgart: 86,6; 89 – Médecins sans frontières, Paris: 130,6 – Messageries de Presse Benjamin Inc., Jean-Milot La Salle: 27,2 – Ursula Metzner, Unterschleißheim: 138,2 – Moebius, „Les Jardins d'Edena", 134,2 (© Castermann, Tournai); „La Déesse", 134,4 (© Castermann, Tournai) – Camille Moirenc, Aix-en-Provence: 27,3 – Anke Mordhorst, Mainz: 19,7 – Mouvement pour les Villages d'Enfants, Paris: 130,1 – Musée de l'Homme, Paris: 36,6 – NiL éditions, Paris: 39 (Peter Mayle, „Une année en Provence", 1994) – Office de Tourisme, Rouen: 59,2 – Office de Tourisme, Blois: 92,1,3 – Olympe, Paris: 70,2 – Plessix, Dieter, Rabarot, „Grisnoir", Editions Delcourt: 72 – Restaurant „Le Procope", Paris: 76,3,5 – Rapho, Paris: 52,1,4; 63,2 – RATP, Paris: 86,11; 112,1 (Roy) – Rebondir, Paris: 125 – Les Restaurants du Cœur, Paris: 130,5 – Micheline Rousseau, Grenade-sur-Garonne: 121,1 – Antoine de Saint-Exupéry, „Le Petit Prince", Editions Gallimard, Paris: 11,9; 118; 120,3 – Susanne Schauf, Remseck: 42,2,3,4 – Schweizer Verkehrsbüro, Frankfurt: 20,2,3,7; 36,3 – Secours Catholique, Caritas France, Paris: 137,3 – Secours populaire français, Paris: 130,4 – SNCF-CAV: 11,11 (Eurostar/Sylvain Cambon); 52,2 (Michel Henri); 86,3 (Jean-Jacques d'Angelo); 88 (Romain Baltz) – Sol en Si, Paris: 130,3 – SPADEM, Paris: 11,3; 45 – Staatliches Marokkanisches Fremdenverkehrsamt, Düsseldorf: 146,1 – Hans Werner Thunig, Stuttgart: 100,1; 101; 129 – Tony Stone Bilderwelten/Jean-Marc Truchet, München: 25,3 – Tourisme Québec, Düsseldorf: 30,1,2; 36,4 – Turf, „La Nef des Fous" vol. 2, Pluvior 627, Editions Delcourt: 134,3 – Elizabeth Webster, Stuttgart: 12,3 – Sascha Wenzel, Mannheim: 21 – Wiener Tourismusverband, Wien: 83,3 – ZEFA/Faltner, Amsterdam: 100,2

Texte:
S. 11: Samuel Beckett, „En attendant Godot", © Editions de Minuit, Paris.
S. 70: Le Nouvel Observateur, Nr. 1519, 16.-22.12.1993, Paris.
S. 98: Marguerite Dumas, „L'Amant", © Editions de Minuit, Paris.
S. 114: Khalil Gibran, „Le Prophète", © Le Livre de Poche, Paris.
S. 116: Anny Duperey, „Le Voile noir", © Editions du Seuil, Paris, 1992.
S. 118: Antoine de Saint-Exupéry, „Le Petit Prince", © Editions Gallimard, Paris.
S. 131: „On fait c'qu'on peut", paroles de Kent, musique de Jacques Bastello et Kent, arrangements de François Bréant, © 1992 Warner Chappell Music France/Thoobett.
S. 140: D'après Alexandre Jardin, „L'île des Gauchers", © Editions Gallimard, Paris. 1995.
S. 146: Jean Tardieu, „La Place de la Concorde", extrait de „Monsieur Monsieur" in „Le fleuve caché", © Editions Gallimard, Paris.
S. 146: Tahar Ben Jelloun, „L'Enfant anonyme", in „A l'insu du souvenir", © Editions La Découverte, Paris.
S. 236: „La même lune que moi", paroles et musique de Peter Lorne, © 1994 Warner Chappell Music France/Emma Production.

Inhalt

PRÉLUDE

Hier sehen Sie einige Elemente aus dem französischen Leben.
Welche Wörter / Namen erkennen Sie?
Kennen Sie noch andere französische Wörter?

1 PREMIERS CONTACTS

BONJOUR

Regardez les photos.

Sehen Sie sich die Fotos an. In welcher Szene begrüßen sich zwei Franzosen?
Hören Sie nun die Cassette und überprüfen Sie Ihre Antwort.

A1 Hören Sie zu. Sie verstehen bestimmt mehr, als Sie glauben.

A2 **a. In welchen Dialogen duzt man sich? In welchen siezt man sich? Hören Sie die Gespräche nochmals und kreuzen Sie an.**

	1	2	3	4	5
Du / tu	☐	☐	☐	☐	☐
Sie / vous	☐	☐	☐	☐	☐

b. In welchen Dialogen begrüßen sich die Personen? In welchen verabschieden sie sich? Notieren Sie die Ausdrücke...

Begrüßung	Verabschiedung

...und grüßen Sie Ihren Nachbarn / Ihre Nachbarin.

c. Hören Sie, wie man nach dem Namen fragt und wie man sich vorstellt.

Vous êtes... ?
Tu t'appelles comment ?
Qui êtes-vous ?

Moi, c'est...
Je m'appelle...

Wählen Sie jeweils einen Ausdruck, den Sie sich merken wollen, und üben Sie ihn mit Ihrem Nachbarn / Ihrer Nachbarin.

.... ?   ....

A3 **Die Autoren und Autorinnen von Pont NeuF stellen sich vor. Hören Sie zu und ergänzen Sie. Zeichnen Sie auch Ihr Porträt.**

A4 **Wählen Sie einige Elemente aus und bilden Sie einen Dialog. Üben Sie mit Ihrem Nachbarn / Ihrer Nachbarin.**

Je m'appelle…
Vous êtes M… ? / Mme… ? / Mlle… ?
Qui êtes-vous ?
Salut.
Bonjour, M… ? / Mme… ? / Mlle… ?
Ça va ?
A demain.
Ça va.
Salut !
Et vous ?
Bonne soirée.
Au revoir.
Bien, merci.
Je suis…
Tu t'appelles comment ?

A5 **Gehen Sie umher, begrüßen Sie drei Kursteilnehmer/innen, stellen Sie sich gegenseitig vor und notieren Sie die Vor- und Nachnamen Ihrer Gesprächspartner/innen.**

B1

a. Hören Sie zu und sprechen Sie nach.

b. Notieren Sie, welche Buchstaben anders ausgesprochen werden als im Deutschen.

B2

a. Hören Sie zu.

- ◆ Pardon, la place est libre ?
- ○ Oui… Vous êtes… ?
- ◆ Je suis Miam.
- ○ Pardon ? Vous pouvez répéter, s'il vous plaît ?
- ◆ Miam. Et vous, vous êtes l'illustrateur de Pont NeuF ?
- ○ Oui, je m'appelle Thierry Duchesne.
- ◆ Duchesne. Ça s'écrit comment ?
- ○ D - U - C - H - E - S - N - E. Duchesne.

b. Notieren Sie die Wörter, die buchstabiert werden.

....
....
....

....
....
....

B3 Wie sagen Sie folgende Sätze auf Französisch? (Der Dialog auf Seite 15 wird Ihnen dabei helfen.)

Wie bitte?
Können Sie bitte wiederholen?
Wie wird das geschrieben?

B4 a. Nun werden alle Namen, die Sie bei Übung A5 notiert haben, an die Tafel geschrieben. Eine Person buchstabiert, eine andere schreibt. Jeder kommt einmal dran. Achten Sie darauf, daß alle Anwesenden genannt werden.

b. Versuchen Sie, die Namen (an der Tafel) auf französische Weise auszusprechen.

B5 a. Können Sie folgende Wörter wiedererkennen? Hören Sie die Cassette und geben Sie die Reihenfolge an.

- ☐ Mercedes
- ☐ Zürich
- ☐ Romy Schneider
- ☐ Mozart
- ☐ Andersen
- ☐ Berlin
- ☐ Baden-Baden
- ☐ Gutenberg
- ☐ Hermann Hesse

b. Können Sie nun die Regel zur französischen Aussprache und Betonung ergänzen?

Im Französischen werden die Wörter im allgemeinen auf der .... Silbe betont.

B6 a. Hören Sie folgenden Textabschnitt aus Samuel Beckett, *En attendant Godot.*

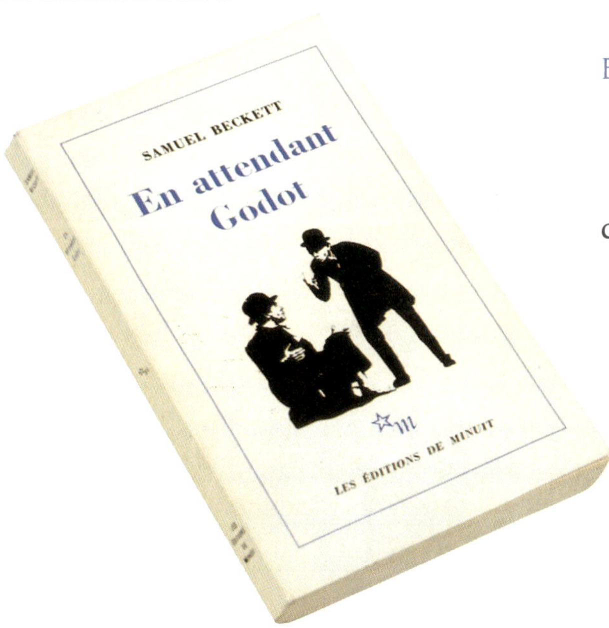

b. Bilden Sie Dreiergruppen, übernehmen Sie eine Rolle und markieren Sie Ihren Text.

Alors, adieu. Mais si.
Et merci. Merci à vous. Mais non.
De rien. C'est la vie.
Mais non.

c. Spielen Sie die Szene.

c1 Hören Sie die Zahlen und tragen Sie die Ziffern ein.

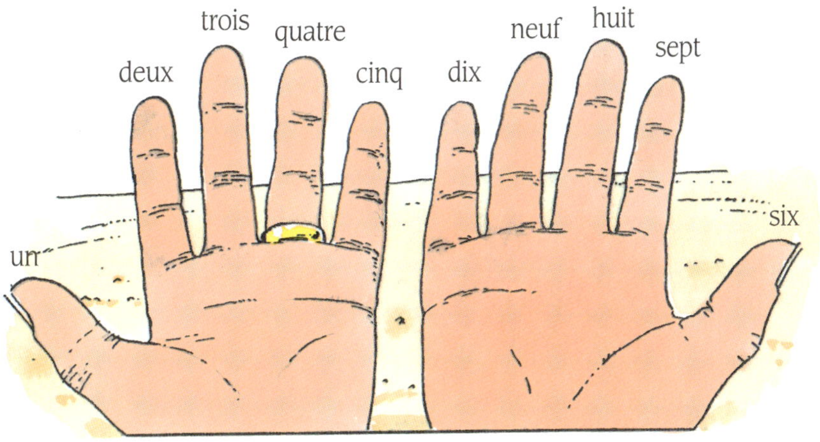

c2 Welche Zahlen sind hier versteckt?

Salutations

Hören Sie zu. Worum geht es?
Woher kommen die zwei Personen?

Wie viele *bises* werden ausgetauscht?

Sie können auch nur *Bonjour* oder *Au revoir* sagen, aber mit *Monsieur/Madame/Mademoiselle* klingt es immer höflicher.
Wenn Sie jemanden schon etwas besser kennen, können Sie beim *Sie* bleiben, aber den Vornamen benutzen.
Unter Freunden ist die *bise* üblich.

2 Connaître c'est aimer

VOUS CONNAISSEZ LA FRANCE ?

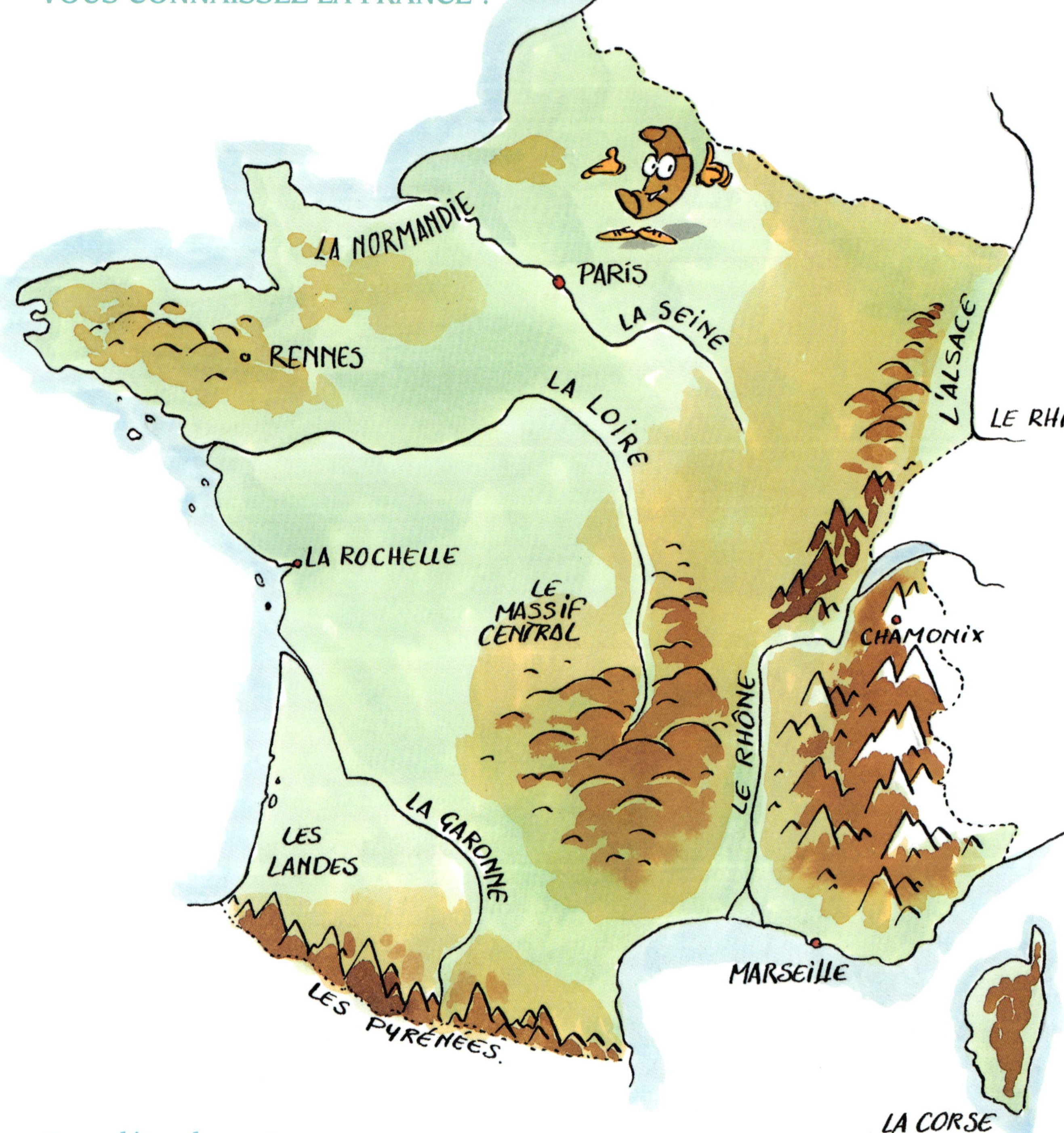

Complétez la carte.

Kennen Sie noch andere Städte oder Regionen in Frankreich?
Ergänzen Sie die Karte und vergleichen Sie mit Ihrem Nachbarn / Ihrer Nachbarin.

A1

a. Hören Sie das Interview.
Welche der folgenden Wörter kommen darin vor? Kreuzen Sie an.

☐ le paysage	☐ les gens	☐ l'architecture	☐ la culture
☐ le climat	☐ la Provence	☐ la littérature	☐ le vin
☐ les chansons	☐ la mentalité	☐ la peinture	☐ Paris

b. Worum geht es in diesem Interview?

c. Was gefällt Ihnen an Frankreich?

Moi, j'aime...

d. Kennen Sie berühmte französische Namen aus Literatur, Malerei, Musik und Sport ...?

A2

a. Hier einige Sätze aus dem Interview.

"Pourquoi vous aimez la France ?"
"Nous aimons la France parce que nous adorons manger."
"J'aime aussi la mentalité des Français."

Ergänzen Sie nun das Konjugationsschema von *aimer*.

AIMER			
j'	....	nous	....
tu	aimes	vous	....
il/elle	aime	ils/elles	aiment

vous = Sie/Ihr

b. Vergleichen Sie Aussprache und Schreibweise.
Wie viele verschiedene Formen hört man?

A3

Würfeln Sie.

2 = tu aimes

4 = nous aimons

1 = j'aime

A4

a. Was gefällt den Franzosen wohl an Deutschland?

En Allemagne, les Français aiment...

les autoroutes

la musique

la charcuterie

la bière

les gâteaux

la philosophie

la propreté

b. Hören Sie, was einige Franzosen über Deutschland sagen.

A5 a. Hören und vergleichen Sie.

En Allemagne, les Français aiment la bière ? - Oui, en Allemagne, les Français aiment la bière.
C'est français ? – Oui, oui, c'est français.
C'est allemand ? – C'est allemand.

b. Sprechen Sie nach. Welche Kurve entspricht einer Frage: a oder b? Kreuzen Sie an.

☐ a.
☐ b.

Diese Frage heißt Intonationsfrage.

A6 Hören Sie und setzen Sie Punkt oder Fragezeichen.

1. Tu aimes le chocolat suisse
2. J'aime la cuisine allemande
3. J'aime la littérature française et le cinéma
4. Vous aimez la peinture moderne
5. Elle aime la Provence
6. Tu t'appelles comment
7. Ça va
8. La place est libre

A7 Fragen Sie sich gegenseitig.

C'est français, c'est suisse ou c'est belge ?
A mon avis, la photo 1, c'est...

1

2

3

4

5

6

7

8

B1

a. Warum lernen diese Leute Französisch? Hören Sie zu.

b. Finden Sie Ihr Motiv wieder? Ihr/e Kursleiter/in wird Ihnen dabei helfen.

c. Fragen Sie sich gegenseitig: *Pourquoi apprenez-vous le français ?*

B2

Hier sind vier Verben: *rester, travailler, parler, voyager.*

a. Wie lautet ihre Infinitivendung? ....

b. Wählen Sie eines der Verben aus und tragen Sie die Formen in das Schema ein. Sie können bei *aimer* (S. 19) nachschauen.

....	
je	....
....	....
....	....

B3

Setzen Sie die passenden Formen ein.

1. Je (parler) .... allemand et français.
2. Nous (travailler) .... beaucoup.
3. Elle (aimer) .... l'Afrique et l'Australie.
4. Tu (rester) .... ici ?
5. Vous (voyager) .... beaucoup ?
6. Je (rester) .... en Allemagne.
7. Il (parler) .... avec des Français.
8. Ils (aimer) .... la baguette et le vin ?
9. Elles (visiter) .... Nice.
10. Nous (aimer) .... le paysage allemand.

B4

a. Schreiben Sie vier Sätze über sich.

b. Finden Sie jemanden im Kurs, mit dem/der Sie mindestens einen Satz gemeinsam haben. Stellen Sie sich damit der Gruppe vor.

c1 Die französische Sprache stellt sich vor. Lesen und hören Sie: 

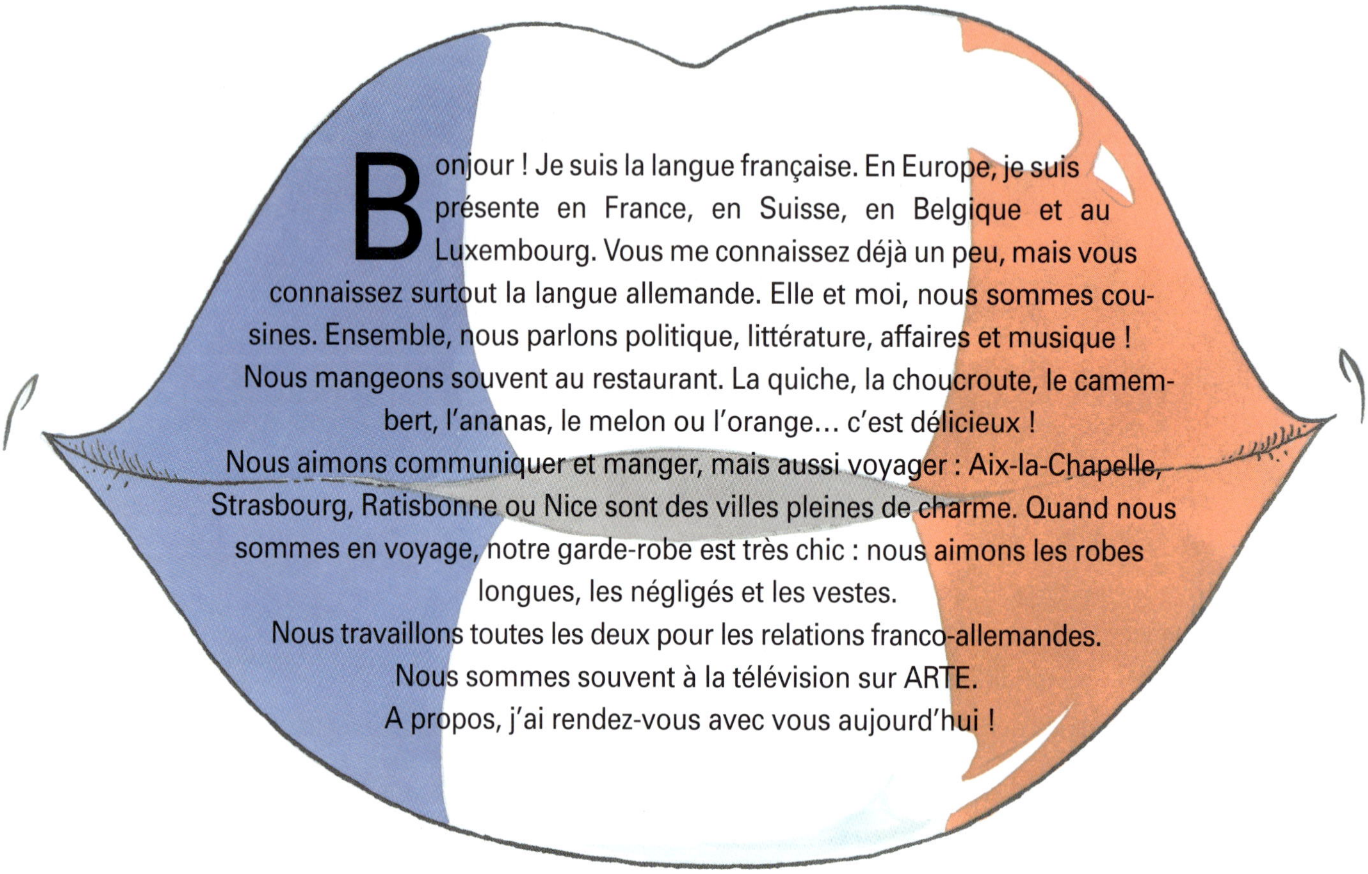

Bonjour ! Je suis la langue française. En Europe, je suis présente en France, en Suisse, en Belgique et au Luxembourg. Vous me connaissez déjà un peu, mais vous connaissez surtout la langue allemande. Elle et moi, nous sommes cousines. Ensemble, nous parlons politique, littérature, affaires et musique !

Nous mangeons souvent au restaurant. La quiche, la choucroute, le camembert, l'ananas, le melon ou l'orange… c'est délicieux !

Nous aimons communiquer et manger, mais aussi voyager : Aix-la-Chapelle, Strasbourg, Ratisbonne ou Nice sont des villes pleines de charme. Quand nous sommes en voyage, notre garde-robe est très chic : nous aimons les robes longues, les négligés et les vestes.

Nous travaillons toutes les deux pour les relations franco-allemandes.

Nous sommes souvent à la télévision sur ARTE.

A propos, j'ai rendez-vous avec vous aujourd'hui !

c2 a. Suchen Sie im Text die Wörter, die zu den folgenden Bereichen passen. Schreiben Sie sie heraus und vergleichen Sie zu zweit.

 Pays et villes	 Gastronomie	 Mode

b. Ergänzen Sie Ihre Listen mit Hilfe der Bildcollage auf S. 11.

C3 Bilden Sie vier Gruppen. Jede Gruppe schlägt eines der folgenden Wörter im Wörterbuch nach und teilt das Ergebnis den anderen mit.

Aix-la-Chapelle – la veste – la garde-robe – Ratisbonne

C4 Schreiben Sie ein Wort Ihrer Wahl auf einen kleinen Zettel und sammeln Sie die Zettel ein. Jede/r zieht einen und stellt das Wort mimisch dar. Die anderen raten.

C5 a. Tragen Sie je ein Substantiv aus Text C1 in die Tabelle ein.

Singular		Plural
männlich	weiblich	männl. + weibl.
le	la	les ....
l'		

b. Ergänzen Sie die Regel.

Der bestimmte Artikel im Singular lautet:
männlich .... , weiblich ...., im Plural ....
l' kann sowohl männlich als auch weiblich sein und steht immer, wenn
....
Das Französische kennt kein Neutrum.

c. Wie wird der Plural der Substantive gebildet?
Gibt es Unterschiede zwischen Schreibweise und Aussprache?

C6 Übersetzen Sie.

Vous aimez la choucroute ? ....
J'aime les Français. ....
J'aime manger. ....
Roméo aime Juliette. ....
Je t'aime. ....

Welche Bedeutungen kann *aimer* im Deutschen haben?

7

a. Welche Vorlieben haben Sie? Geben Sie fünf Beispiele.

J'aime le chocolat.

le thé — les accessoires — le sport — le vin — discuter — le café — le sucre — le chocolat — l'opéra — le fromage — le jazz — le tennis — les costumes — l'Italie — le ski — les cravates — le théâtre

téléphoner — les parfums — le cinéma — voyager — les plantes

b. Versuchen Sie wiederzugeben, was zwei oder drei andere Kursteilnehmer/innen über sich gesagt haben.

8

a. Unterstreichen Sie im Text Nr. 1 die Formen von *être* (sein) und ergänzen Sie die Verbtabelle.

ÊTRE	
je	....
tu	es
il/elle	....
nous	....
vous	êtes
ils/elles	....

b. Ergänzen Sie die Pronomen.

1. .... es chic.
2. .... est super.
3. .... sommes cousins.
4. .... est à la mode.
5. .... sont avec des Allemands.
6. .... est une orange ou une mandarine ?
7. .... suis au restaurant japonais.
8. .... êtes charmant.

9

Nehmen Sie ein Blatt Papier. Schreiben Sie die angegebenen Satzanfänge darauf und vervollständigen Sie den ersten Satz. Falten Sie dann das Blatt und reichen Sie es an Ihre/n rechte/n Nachbarn/in weiter. Setzen Sie das Spiel fort, bis auf jedem Blatt alle sechs Sätze komplett sind. Lesen Sie dann die Geschichten vor.

Je suis...

J'ai rendez-vous avec...

Ensemble, nous parlons...

Au restaurant, nous aimons...

Et pour le dessert,...

C'est... !

Qui êtes-vous ?

Kreuzen Sie an. Nur eine Antwort ist jeweils erlaubt.

1. Vous aimez voyager
- A ☐ en groupe
- B ☐ seul
- C ☐ à deux

2. Vous aimez manger
- A ☐ à la maison
- B ☐ à la cantine
- C ☐ au restaurant

3. Vous communiquez
- A ☐ par téléphone
- B ☐ par carte postale
- C ☐ par fax

4. Vous parlez
- A ☐ beaucoup
- B ☐ peu
- C ☐ trop

5. Vous adorez
- A ☐ la nature
- B ☐ la ville
- C ☐ la mer

6. Vous aimez
- A ☐ le camembert
- B ☐ la mousse au chocolat
- C ☐ le café

Hier die Auswertung Ihres Testergebnisses.
Zählen Sie Ihre Punkte und lesen Sie, zu welchem Typ Sie gehören.

	1	2	3	4	5	6
A	🔴	🟣	🟢	🔴	🟢	🔴
B	🟣	🔴	🔴	🟣	🔴	🟢
C	🟢	🟢	🟣	🟢	🟣	🟣

Majorité de 🟣
Vous aimez le silence et le confort,
vous êtes idéaliste et solitaire.
Vous êtes une personne indépendante.
Notre conseil : Visitez l'île d'Ouessant
en décembre !

Majorité de 🔴
Vous aimez les gens et les contacts,
vous êtes spontané, optimiste et dynamique.
Vous êtes une personne conviviale.
Notre conseil : Allez à Saint-Tropez
pour rester jeune !

Majorité de 🟢
Vous êtes sentimental et sensible,
vous adorez votre partenaire.
Vous êtes une personne romantique.
Notre conseil : Visitez Paris la nuit !

3 COMMENT COMMUNIQUER

QUOI DE NEUF ?

Communiquer aujourd'hui.

Welche Kommunikationsformen sind hier dargestellt?

le fax – la conversation – le téléphone – la correspondance – le minitel – le télégramme – le télex – l'ordinateur – les gestes

Welche Kommunikationsformen werden immer häufiger, welche verschwinden?
Stellen Sie eine Rangfolge auf.

A1 Lesen Sie diese Postkarten und hören Sie dazu die Cassette.

Un grand salut de la Réunion!
Nous campons au bord de la mer. Il fait hyper chaud, mais les nuits sont froides. Les gens sont sympas. Nous faisons des randonnées dans la montagne.

Nous pensons bien à vous!
Grosses bises.
Leila. Regis
Charlotte

Éditions Subervie
L'IMAGE DE MARQUE
12032 Rodez Cedex 09 - 65 6…
Photos ©: Tripelon / Ja…

SCM 113 Montréal

Bonjour à tous!
Nous voilà enfin à Montreal. Tout va bien! La ville est passionnante et les Québécois sont charmants, mais il ne fait pas beau.
Mille baisers.
Claudine
Pascal

DIST. PAR MESSAGERIES DE PRESSE BENJAMIN INC.
0160 JEAN-MILOT LASALLE QUE. H8R 1X7

CANADA POSTAGE
OTTAWA ON

M. et Mme Champeau
81, Rue du Marché
F.33.000. Bordeaux
France

Nice

chers amis,
Un petit bonjour de Nice.
Le temps est magnifique, nous allons tous les jours à la mer. Les enfants sont ravis.
Nous vous embrassons bien fort.
Paulette et Michel

M. et Mme Dumont
2, rue de l'arbre
94500 Champigny s/Marne

Éditions Subervie
L'IMAGE DE MARQUE
12032 Rodez Cedex 09 - 65 67 20 17
Photo ©: M. Subervie

Chère Nicole,

Je suis à Toulouse pour le week-end chez des amis. Pour l'instant, le temps n'est pas formidable, mais la ville est très belle.
J'espère que vous allez bien.
Amitiés de Suzanne

TOULOUSE, VILLE ROSE
Pont Neuf
(GB) © IN'EDITE bp 1528 87020 limoges

A2

a. Notieren Sie die verschiedenen Anrede- und Schlußformeln, die in diesen Postkarten verwendet werden.

Anrede	Schlußformel

b. An wen sind die Karten gerichtet: an die Familie, an Freunde, an Bekannte?

A3

a. Wie ist das Wetter?

1. A Nice, le temps .... magnifique.
2. A Toulouse, le temps .... formidable.
3. A Montréal, il .... beau.
4. A la Réunion, il .... hyper chaud.

b. Ordnen Sie nun diese Sätze den Zeichnungen zu.

A4

Sehen Sie sich die Verneinung in den obigen Sätzen an und ergänzen Sie die Regel.

Die französische Verneinung besteht aus .... Elementen:
.... bzw. .... steht vor dem Verb, ... steht nach dem Verb.

A5

a. Wie ist das Wetter heute?

Quel temps fait-il aujourd'hui ?

il pleut

il neige

il fait froid

il fait chaud

il fait bon

il y a du vent

il y a des nuages

b. Arbeiten Sie zu zweit. A ergänzt diese Karte, B diejenige auf Seite 151.
Tauschen Sie Ihre Informationen aus.

Quel temps fait-il à Paris ?

A6

a. **Die Postkarten enthalten eine Reihe von Adjektiven; die folgenden stehen im Plural. Bilden Sie die Singularform.**

grosses ....
ravis ....
charmants ....
sympas ....
chers ....

Vergleichen Sie:
petit/petite, charmant/charmante, chaud/chaude. Die weibliche Form des Adjektivs endet fast immer auf ....
Wie verändert sich dadurch die Aussprache?

b. **Ergänzen Sie nun die Tabelle. Die fehlenden Adjektive finden Sie in den Postkarten auf Seite 27.**

Adjektive im Singular	
weiblich	männlich
petite	....
magnifique	....
....	gros
ravie	....
charmante	....
chaude	....
sympa(thique)	....
formidable	....
....	passionnant
....	cher
belle	beau

Welche Formen verändern sich, welche nicht?

A7

a. **Kennen Sie Nizza? Hören Sie zu und ergänzen Sie.**

Nice est une ville .... Il y a des musées .... : le musée Marc Chagall, le musée Matisse. La promenade des Anglais est très .... , elle fait .... kilomètres de long. Le très célèbre hôtel Negresco est un monument historique, mais attention, le café est très .... ! Les .... rues de la Vieille Ville sont .... quand il fait .... Pour le shopping, c'est .... : boutiques et grands magasins, comme les Galeries Lafayette, sont à votre disposition. Visitez le marché aux fleurs et achetez un .... bouquet de mimosas pour vos amis.

b. **Hören Sie den Text nochmals.**

c. **Beschreiben Sie gemeinsam Ihre Stadt.**

A8

Wie sind Sie? Stellen Sie sich vor.

A 9

a. Schreiben Sie vier Wörter aus der Lektion an die Tafel.

b. Schreiben Sie eine Postkarte und verwenden Sie dabei die vier ausgewählten Wörter. Lassen Sie Ihrer Phantasie freien Lauf.

B 1

a. Hören Sie das Telefongespräch.

b. Hören Sie das Gespräch ein zweites Mal und überprüfen Sie folgende Aussagen.

	vrai/richtig	faux/falsch
Il y a deux personnes qui parlent.	☐	☐
Claudine est à Québec.	☐	☐
Il ne fait pas chaud à Montréal.	☐	☐
Claudine parle avec Diane.	☐	☐

c. Lesen Sie nun den Text.

◆ Allô ?
○ Allô, c'est Claudine.
◆ C'est qui ?
○ C'est Claudine ! Je suis à Montréal, tu me passes Maman, s'il te plaît ?
◆ Tu es au Canada ?
○ Oui ! A Montréal ! Tu me passes Maman ?
△ Allô, Claudine ? C'est toi ? Tu vas bien ? Tu es bien arrivée ? Est-ce que tu as fait bon voyage ?
○ Oui, je vais bien, mais je suis encore fatiguée.
△ Quel temps fait-il ?
○ Oh, il fait froid. La nuit, il fait moins quinze. Et vous, vous allez bien ?
△ Oui, ça va. Ne t'inquiète pas.
○ Ah, au fait, je voudrais te demander... Tu peux me donner le numéro de téléphone de Diane, à Québec ?
△ Attends un instant... Oui, ça y est : c'est le 693.22.38. Je répète : le 693.22.38. Voilà.
○ Merci. Bon, c'est cher. Je rappelle bientôt. Bonjour à Papa. Je vous embrasse.
◆ Bisous !
○ Au revoir !
△ Au revoir !

Montréal

B 2

a. Wie meldet man sich am Telefon? Wie verabschiedet man sich?

b. Finden Sie die entsprechenden französischen Ausdrücke im Text.

Moment mal.	Wer ist dran?
Gibst du mir bitte Mama?	Grüße an ...
Ich rufe bald wieder an.	Ich wiederhole

B3 Fügen Sie die Sätze zu einem Telefongespräch zusammen und tragen Sie es vor.

Alors, vous me passez Michel, s'il vous plaît ?

Allô ?

Attendez un instant...
Désolé, il n'est pas là.

Bon, tant pis.
Je rappelle ce soir.
Au revoir et merci.

Au revoir.

Non, c'est Antoine.

Allô ? C'est Michel ?

B4

Im Französischen gibt es drei verschiedene Formen der Fragestellung.
Die Intonationsfrage kennen Sie bereits: *Vous aimez les voyages ?*
Dieselbe Frage kann man auch mit *est-ce que...* stellen: *Est-ce que vous aimez les voyages ?*
Die dritte Möglichkeit ist die Inversionsfrage: *Aimez-vous les voyages ?*
Diese Frageform entspricht einem gehobenen Sprachniveau.

Finden Sie dazu Beispiele im Telefongespräch auf S. 30.

B5

a. Notieren Sie drei Fragen, die Sie Ihrem Kursleiter / Ihrer Kursleiterin stellen möchten. Verwenden Sie dabei möglichst alle drei Frageformen und folgende Verben.

être – aimer – téléphoner – voyager – parler – manger – travailler

b. Stellen Sie nun die Fragen und notieren Sie die Antworten.

c. Erarbeiten Sie in Kleingruppen das Porträt Ihres Kursleiters / Ihrer Kursleiterin.

M./Mme X aime ...., il/elle est ....

B6 Hier die Zahlen von 11 bis 1000. Üben Sie die Aussprache mit Emile Pat.

11 onze
12 douze
13 treize
14 quatorze
15 quinze
16 seize
17 dix-sept
18 dix-huit
19 dix-neuf
20 vingt

21 vingt et un
22 vingt-deux
30 trente
31 trente et un
40 quarante
50 cinquante
60 soixante
70 soixante-dix
71 soixante et onze
72 soixante-douze

80 quatre-vingts
81 quatre-vingt-un
90 quatre-vingt-dix
91 quatre-vingt-onze
100 cent
101 cent un
200 deux cents
303 trois cent trois
624 six cent vingt-quatre
1000 mille

B7 Wer findet zuerst die Antwort auf folgende Fragen?

Auf welcher Seite finden Sie ...
A quelle page trouvez-vous...

- un tableau de Renoir ?
- la grammaire ?
- un calendrier ?
- une carte du monde ?

B 8 Welche Nummer wählen Sie?

Quel numéro composez-vous quand...
- votre téléphone est en panne ?
- vous voulez téléphoner à un médecin la nuit ?
- vous avez perdu votre passeport ?
- vous cherchez un numéro de téléphone en France ?
- vous cherchez un numéro de téléphone en Belgique ?
- il y a une explosion ?

Quelques numéros utiles

Renseignements	12
Dérangements	13
SAMU	15
Police	17
Pompiers	18
Renseignements internationaux	19.33.12 indicatif du pays

B 9 a. Das Verb *aller* (gehen) endet zwar auf *-er*, ist aber unregelmäßig.

ALLER	
je	vais
tu	vas
il/elle	va
nous	allons
vous	allez
ils/elles	vont

Unterstreichen Sie die Formen von *aller* im Telefongespräch auf S. 30.

b. Fragen Sie zwei oder drei Kursteilnehmer/innen, wie es ihnen geht. Verwenden Sie folgende Beispiele.

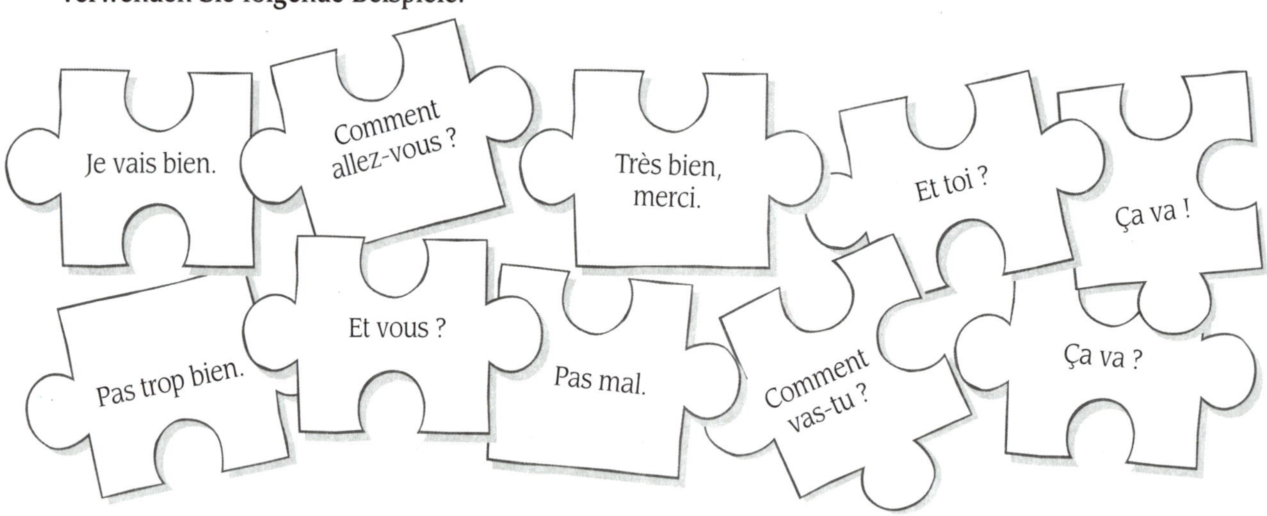

B 10 a. Hören Sie und achten Sie auf die Aussprache von [ɑ̃] und [ɔ̃].

cent – bon – nous allons – cinquante – charmant –
bonjour – les pompiers – passionnant – je t'embrasse –
nous mangeons – le temps

b. Markieren Sie jeweils farbig die entsprechende Buchstabenkombination.

Wie wird der Laut [ɑ̃] geschrieben? ....

Und wie [ɔ̃]? ....

c1 Hören Sie und lesen Sie mit.

2 Sehen Sie sich die Geburtstagsfeier auf der vorigen Seite an. Was erscheint Ihnen typisch französisch?

3 a. Was sind die Gesprächsthemen? Kreuzen Sie an.

Quels sont les sujets de conversation ?

☐ l'architecture ☐ le temps ☐ le cadeau ☐ les voyages ☐ la musique
☐ le sport ☐ la santé ☐ le gâteau ☐ la politique

b. Was wird zu den einzelnen Themen gesagt?

c. Welche Äußerungen sind positiv, welche negativ? Fertigen Sie eine Liste an.

positiv	negativ
c'est joli	c'est horrible

4 a. Sehen Sie sich folgende Dinge an. Wie ist Ihre Meinung dazu? Beurteilen Sie sie mit den Ausdrücken aus Ihrer Liste.

b. Einigen Sie sich auf ein Objekt aus der Collage. Bilden Sie eine Pro- und eine Kontragruppe und tauschen Sie Ihre Meinungen aus.

5 Notieren Sie vier Ausdrücke aus dieser Lektion, die Sie sich gern merken möchten.

Que dites-vous dans ces situations ?

Tragen Sie möglichst viele Sätze oder Ausdrücke ein, die zu den Situationen passen.

Comment communiquez-vous ?

Wie kommunizieren Sie am liebsten/häufigsten: mündlich, schriftlich, telefonisch oder persönlich? Finden Sie „Gleichgesinnte“ und erstellen Sie gemeinsam einen passenden Text/Dialog.

4 A LA MAISON

CHEZ SOI

Aimez-vous ces maisons ?

Gefallen Ihnen diese Häuser?

J'aime beaucoup la maison n° 4, elle est originale.
Je n'aime pas du tout la maison n°...

Wo befinden sich diese Häuser? Ordnen Sie zu.

- ☐ à Gros-Cap/Québec
- ☐ à Aubagne/Provence
- ☐ à Evreux/Normandie
- ☐ à Paris
- ☐ à Papeete/Tahiti
- ☐ à Grimentz/Suisse
- ☐ à Bandiagara/Mali

A1

a. **Was passiert? Spekulieren Sie auf Deutsch. Was könnten diese Personen sagen?**

b. **Hören Sie das Gespräch. Bringen Sie die Zeichnungen in die richtige Reihenfolge.** 

c. **Hören Sie den Text nochmals und lesen Sie mit.**

○ On est bien ici !
△ Oui, il fait chaud pour la saison. Il fait combien ?
◆ Oh, il fait bien 25°, on a de la chance. Au fait, vous ne voulez pas rester pour le dîner ?
○ On ne veut pas te déranger...
◆ Mais pas du tout ! Je fais des tomates farcies, ça vous va ?
△ C'est parfait, d'accord !
◆ Bon, alors on prend l'apéritif !? Qu'est-ce que vous prenez ?
○ Qu'est-ce que tu as ?
◆ Un whisky ? Un pastis ?
○ Et quelque chose sans alcool... ?
◆ Bon, un jus d'orange ? ou une menthe à l'eau ?
○ Une menthe à l'eau, s'il te plaît.
◆ Et toi, Christophe, qu'est-ce que tu prends ?
△ Merci, non, je ne prends rien.
◆ Vraiment rien ?
△ Bon, un whisky alors... avec des glaçons.
◆ Oh zut ! Tu ne veux pas plutôt un pastis ?

d. **Wählen Sie für die obigen Zeichnungen je einen passenden Satz aus.**

A2 Zu welchen Gelegenheiten lädt man Gäste zu sich nach Hause ein? Gibt es Unterschiede zwischen Frankreich und Ihrem Land?

pour le dîner

pour l'apéritif

pour le café et le pousse-café

pour un anniversaire

pour le café et les gâteaux

pour le petit-déjeuner

En France, on invite pour...
Chez nous, ...

A3 Was trinkt man bei obigen Gelegenheiten?

Pour le dîner, on boit...

Im Französischen lautet der männliche unbestimmte Artikel *un,* der weibliche *une.* Im Unterschied zum Deutschen gibt es auch eine Pluralform, sie lautet *des : des tomates farcies.* Wie übersetzen Sie diesen Ausdruck ins Deutsche?

A4 Ordnen Sie folgende Sätze den entsprechenden Kategorien zu.

C'est parfait, d'accord.
Qu'est-ce que vous prenez ?
Tu ne veux pas plutôt... ?
Merci, je ne prends rien.
Une limonade ?
Une grenadine, s'il te plaît.
Vous ne voulez pas rester pour le dîner ?

proposer (vorschlagen, anbieten)

accepter (annehmen)

refuser (ablehnen)

A5 Wählen Sie eine Situation aus Übung 2 und spielen Sie einen Dialog.

A6 Ergänzen Sie die fehlenden Formen mit Hilfe des Textes auf Seite 37.

PRENDRE	
je	....
tu	....
il/elle/on	prend
nous	prenons
vous	prenez
ils/elles	prennent

AVOIR	
j'	ai
tu	....
il/elle/on	....
nous	avons
vous	avez
ils/elles	ont

VOULOIR	
je	veux
tu	....
il/elle/on	....
nous	voulons
vous	....
ils/elles	veulent

Ebenso:
comprendre (verstehen),
apprendre (lernen)

A7 a. Vervollständigen Sie den Text.

Peter Mayle (être) .... Britannique. Il (habiter) .... en Provence, avec sa femme. Il (raconter) .... sa vie dans le Sud de la France, dans son livre "Une année en Provence".

Journaliste : Vous (avoir) .... une maison ?
P. Mayle : Oui, nous (avoir) .... une maison provençale typique, un "mas".
Journaliste : Est-ce que vous (aimer) .... les spécialités de la région ?
P. Mayle : Ah oui, nous (adorer) .... le fromage de chèvre, la ratatouille et l'aïoli. Nous (prendre) .... aussi le pastis tous les jours.
Journaliste : Vous (vouloir) .... rester ici pour toujours ?
P. Mayle : Oui, on ne (vouloir) .... plus partir. Vous (comprendre) .... sûrement.
Journaliste : Oui, je (comprendre) .... tout à fait. Vous (avoir) .... de la chance !

b. Überprüfen Sie mit Hilfe der Cassette.

B1 **a. Hören Sie zu.**

Bonjour, Isabelle. C'est Nicolas. Merci pour ta carte d'anniversaire. Dis donc, tu as des projets pour ce week-end ? Pourquoi tu ne viens pas à la maison ? J'ai l'intention d'inviter des amis pour une raclette, samedi soir... et dimanche après-midi, on va à Giverny visiter la maison de Claude Monet. Ça te dit ? Rappelle-moi à la maison. C'est le 32.08.75.14. Salut !

Salut, Nicolas ! C'est Isabelle.
Merci pour ton invitation, c'est gentil de ta part. Je viens volontiers. Vendredi soir, ça va ? Et pour Giverny, c'est unc bonne idée. J'adore Monet. Alors à vendredi ! Bises !

b. Beantworten Sie die folgenden Fragen.

- Quel est le programme pour le week-end ?
- Isabelle accepte ou refuse ?
- Elle vient quand ?

B2 a. Ergänzen Sie die fehlenden Wochentage.

1ère semaine						
2 Janvier	3 Janvier	4 Janvier	5 Janvier	6 Janvier	7 Janvier	8 Janvier
Lundi	Mardi	Mercredi	Jeudi	....	....	....

b. Tragen Sie in den Kalender ein, was Isabelle vorhat.

- aller chez Nicolas à Evreux
- manger une raclette
- visiter la maison de Monet

B3 Bilden Sie Sätze aus den folgenden Elementen und ergänzen Sie das Gedicht.

je mange	toute la nuit
j'invite	des radis
je vais	un martini
je reste	à Tahiti
je travaille	au lit
je prends	des amis

Lundi,

Mardi,

Mercredi,

Jeudi,

Vendredi,

Samedi,

Et dimanche, je passe une nuit blanche!

B4 Ergänzen Sie die fehlenden Formen von *venir* (kommen).

VENIR	
....	....
....	....
il/elle/on	vient
nous	venons
vous	venez
ils/elles	viennent

B5 a. Finden Sie in den Telefonaten auf Seite 40 andere Ausdrücke, die in das Schema passen, und tragen Sie sie ein.

proposer
- Est-ce que vous venez chez moi, ce soir ?
- As-tu envie de venir ?
- Tu viens ?
-

hésiter
- On ne veut pas te déranger.
- Nous avons beaucoup de travail.

remercier
- C'est gentil de ta/votre part.
-

refuser
- Une autre fois, peut-être.
- Je n'ai pas le temps.
- Je suis désolé(e).

accepter
- Nous venons avec plaisir.
- D'accord, c'est une bonne idée.
-

b. Bilden Sie Dreiergruppen und spielen Sie die folgende Situation: A lädt B und C ein. B nimmt die Einladung an, C lehnt sie ab.

B6 Der Kurs wird in zwei Gruppen geteilt. Jede/r Teilnehmer/in von Gruppe A schreibt eine kurze Einladung und gibt eine Telefonnummer für den Rückruf an. Gruppe B erhält die Einladungen. Mit Hilfe der angegebenen Telefonnummern können die Teilnehmer/innen der Gruppe B den richtigen Partner finden und auf die Einladung telefonisch reagieren.

B7 Isabelle und Nicolas haben die Absicht, das Haus von Claude Monet zu besichtigen. Kennen Sie andere Häuser, in denen berühmte Personen gelebt haben?

c1 **a. Lesen Sie den Text und unterstreichen Sie alle Wörter, die Sie verstehen.**

CONNAISSEZ-VOUS GIVERNY ?

La maison de Claude Monet à Giverny

Giverny est un village entre Paris et Rouen. La maison de Claude Monet, le célèbre peintre impressionniste, est aujourd'hui un musée ouvert au public. Monet s'installe ici en 1883 avec sa famille et il restaure la maison. Les couleurs de sa maison sont originales et choisies par l'artiste lui-même : la façade est rose et verte, la cuisine est bleue et blanche et la salle à manger est jaune. En entrant dans la maison, il y a, à droite, la salle à manger et la cuisine et, à gauche, le salon avec à côté l'atelier de l'artiste. Les chambres sont à l'étage. Le jardin, devant la maison, est comme une palette de peintre. Jardinier – et gastronome –, Claude Monet adore les fleurs, comme les roses, les iris et les célèbres nymphéas. Claude Monet meurt à Giverny en 1926, il a alors 86 ans. Quand on visite la maison et le jardin, on retrouve l'atmosphère et les motifs de ses tableaux. Avez-vous envie de visiter Giverny ?

Le musée est ouvert tous les jours, sauf le lundi, d'avril à octobre.

La salle à manger

La cuisine

b. Schreiben Sie diese Wörter an die Tafel und fragen Sie sich gegenseitig, was sie bedeuten.

c2 **Rechnen Sie aus: Wann wurde Claude Monet geboren und wieviele Jahre hat er in Giverny gelebt?**

Claude Monet est né en...
Il a habité... ans à Giverny.

C3 Welche Wörter im Text können dem Bereich Kunst zugeordnet werden? Schreiben Sie sie heraus.

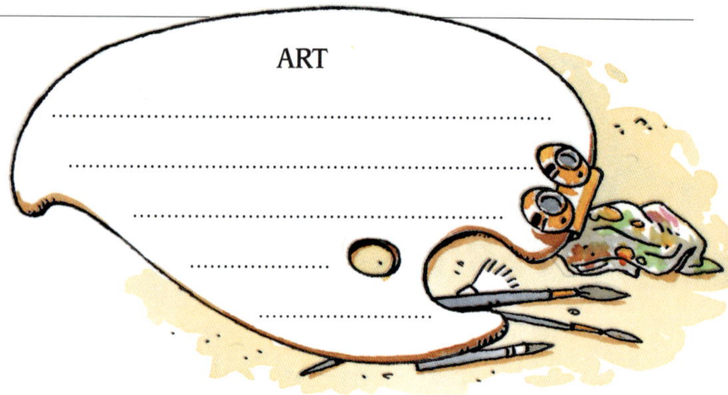

C4 Ordnen Sie mit Hilfe des Textes zu ...

- ☐ rose
- ☐ violet/te
- ☐ orange
- ☐ bleu/e
- ☐ marron
- ☐ vert/e
- ☐ noir/e
- ☐ rouge
- ☐ jaune
- ☐ blanc/blanche

... und beschreiben Sie das Bild.

Les fleurs sont...
Les arbres sont...
La maison est...

C5 a. Erraten Sie die Lieblingsfarbe Ihres Nachbarn / Ihrer Nachbarin.

Votre/Ta couleur préférée, c'est le...

b. Welche Farben haben die Zimmer in Ihrer Wohnung?

la cuisine – la salle à manger – la salle de bain – la chambre

C6 Jedes Geräusch paßt zu einem Raum. Hören Sie zu und markieren Sie die richtige Reihenfolge.

- ☐ la cuisine
- ☐ le salon
- ☐ les toilettes
- ☐ la chambre
- ☐ la salle à manger
- ☐ le balcon
- ☐ la salle de bain

C7 a. Vergleichen Sie Text und Zeichnung.

"En entrant dans la maison, il y a , à droite, la salle à manger et la cuisine et, à gauche, le salon avec à côté l'atelier de l'artiste. Les chambres sont à l'étage. Le jardin, devant la maison, est comme une palette de peintre."

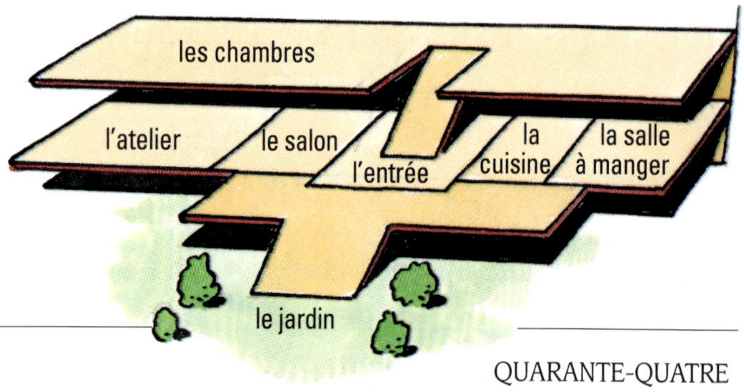

b. Suchen Sie im Text über Giverny die französischen Bezeichnungen für *rechts, links, vor, in* und *daneben* und tragen Sie sie in diese Zeichnungen ein.

8

Hier ein Gemälde von Claude Monet. Gefällt es Ihnen? Beschreiben Sie es. Welche Farben herrschen vor?

Les champs au printemps 1887

A gauche, il y a...
Au fond, il y a...

la femme
le champ
l'ombrelle
les arbres/l'arbre

9

a. Hören Sie die Cassette. Es geht um die Laute [ʃ] und [ʒ]. In jeder Wortreihe gibt es ein Wort, das nicht dazugehört. Markieren Sie es.

la chambre – à gauche – blanche – le jardin –
voyager – un digestif – le champagne – l'orange –
les champignons – manger – la géographie – le fromage

b. Trainieren Sie die Aussprache mit folgenden Sätzen.

J'aime manger du fromage de chèvre.
Un chocolat chaud et un jus d'orange, s'il vous plaît !

10

Hören Sie die unterschiedliche Aussprache des Französischen in den verschiedenen französischsprachigen Ländern.

Le voyageur francophone

Spielen Sie zu zweit *Le voyageur francophone*.

Dazu braucht jede/r eine Münze. Kopf (face) bedeutet „zwei Felder vorrücken", Zahl (pile) „ein Feld zurück". Wer auf ein Feld mit einer Zahl kommt, muß die entsprechende Aufgabe lösen. Gewonnen hat, wer als erster alle Länder der *Francophonie* bereist hat. Ausgangs- und Endpunkt ist Frankreich.

1 Quelles sont les couleurs du drapeau français ?
2 Conjuguez le verbe *venir.*
3 Refusez un verre de vin blanc.
4 "Vous prenez un thé à la menthe ?" Répondez.
5 Conjuguez le verbe *vouloir.*
6 Proposez un verre de vin de palme à votre partenaire.
7 Quel temps fait-il ?
8 Quel jour sommes-nous ?
9 Pause. Il fait trop chaud. Attendez un tour.
10 Invitez votre partenaire à venir dîner chez vous.
11 Où est l'arbre du voyageur ?
12 Décrivez la maison où vous êtes.

7 La Réunion
9 Tahiti
8 Nouvelle-Calédonie

ENTRACTE 1

1. Bilan

Sie haben nun schon eine ganze Menge Französisch gelernt. Hier haben Sie Gelegenheit, Zwischenbilanz zu ziehen. Ordnen Sie die französischen Ausdrücke den deutschen Lernzielen zu und tragen Sie die entsprechenden Zahlen ein.

Sie haben u.a. gelernt:

- ☐ sich vorzustellen
- ☐ zu fragen, wie man ein Wort schreibt
- ☐ nachzufragen, wenn Sie etwas nicht verstanden haben
- ☐ zu sagen, warum Sie Französisch lernen
- ☐ zu sagen, was Sie nicht mögen
- ☐ nach dem Befinden von jemandem zu fragen
- ☐ über das Wetter zu sprechen
- ☐ jemanden einzuladen
- ☐ etwas positiv zu beurteilen
- ☐ wie man jemandem Grüße ausrichten läßt
- ☐ wie man etwas zu trinken anbietet
- ☐ wie man etwas ablehnt

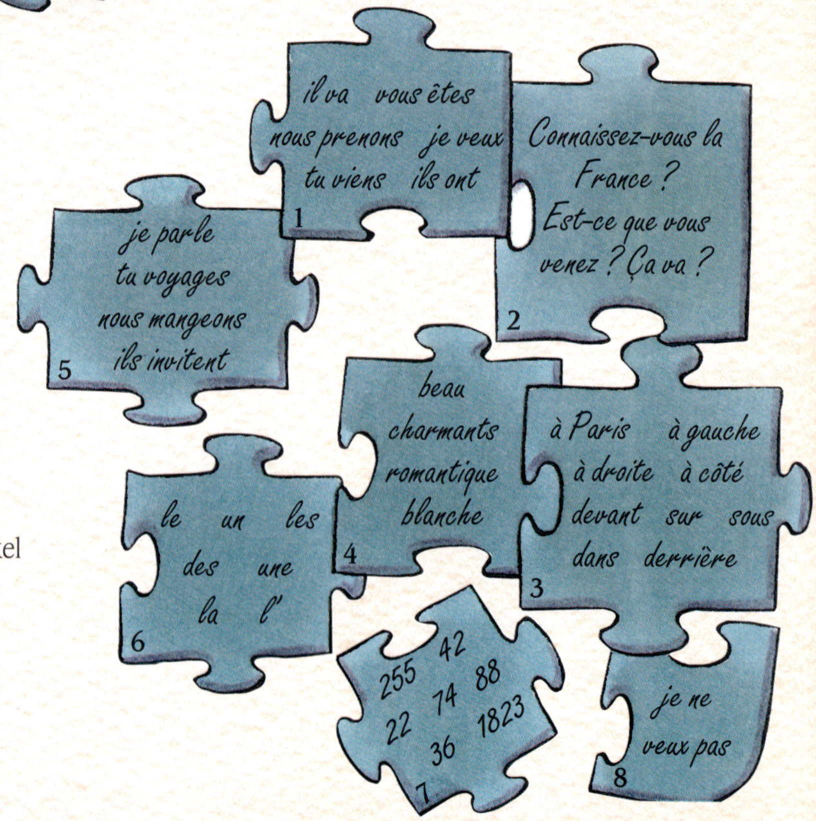

Was Sie außerdem gelernt haben:

- ☐ die Formen der Verben auf *-er.*
- ☐ die Formen der unregelmäßigen Verben: *avoir, être, vouloir, aller, venir* und *prendre*
- ☐ den bestimmten und unbestimmten Artikel
- ☐ die Formen der Adjektive
- ☐ die Verneinung
- ☐ die Formen der Fragestellung
- ☐ einige Ortsangaben
- ☐ die Zahlen von 1 bis 1000

2. Vocabulaire

**„Ich kann mir keine Vokabeln merken." Sicherlich stellen Sie dies manchmal fest.
Wir möchten Ihnen hier zwei Tips geben.**

Erster Tip: die Vokabel-Landkarte
Wählen Sie ein Wort als Ausgangspunkt für Ihre Karte aus. Um dieses Zentrum notieren Sie kreis- oder sternförmig alle französischen Wörter, die Ihnen zu diesem Begriff spontan einfallen. Mit einem zweiten Begriff verfahren Sie genauso. Versuchen Sie dabei, einen thematischen Zusammenhang herzustellen, so daß schließlich Ihr persönliches Wortnetz entsteht.

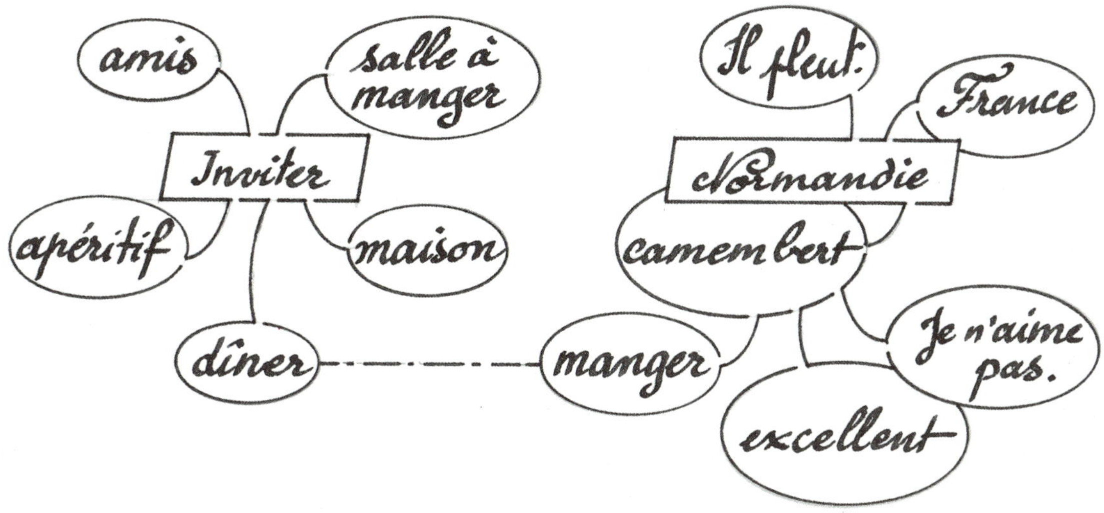

Die Vokabel-Landkarte wird um so komplexer und interessanter, je mehr Fortschritte Sie gemacht haben. Sie können sie immer wieder ergänzen. Versuchen Sie es doch einmal.

Zweiter Tip: die Lernkartei
Auch künftig werden Sie manches wieder vergessen. Zum schnellen und wirkungsvollen Wiederholen bietet sich eine Lernkartei an, die Sie selbst nach Ihren Bedürfnissen gestalten können.
Nutzen Sie die Möglichkeiten von verschiedenfarbigen Karteikarten, z.B. blau für Verben, gelb für Adjektive usw. Oder gliedern Sie die Kartei nach Situationen, z.B. jemanden einladen, telefonieren, jemanden begrüßen usw.

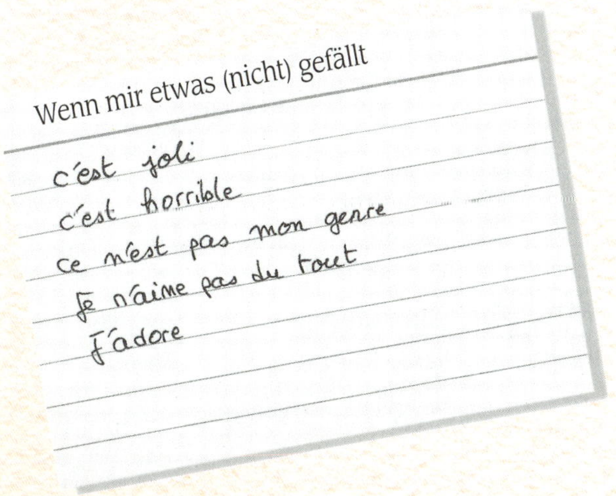

3. Le télégramme

Hier ein berühmter Dialog, gesprochen von Yves Montand und Simone Signoret. Hören Sie und lesen Sie mit.

○ Télégramme téléphoné, 351, j'écoute.
◆ Mademoiselle, je voudrais passer un télégramme, s'il vous plaît.
○ Pour la France ?
◆ Oui, pour la France.
○ Quel numéro êtes-vous ?
◆ Odéon 27 45
○ 45... et adressé à ?
◆ Mademoiselle Colette Mercier.
○ Colette MERCIER, Marcel Eugène Raoul Célestin Irma Eugène Raoul ?
◆ Oui.
○ Adresse ?
◆ 23, Square Lamartine, Besançon.
○ Département ?
◆ Le Doubs, je crois.
○ Besançon, Doubs.
◆ Ah oui, c'est le Doubs.
○ Le texte ?
◆ Mon chéri.
○ Comment ?
◆ Mon chéri.
○ Mon chéri ou Ma chérie ?
◆ Non, non, mon chéri.
○ Mon chéri, comme une entête de lettre, alors ?
◆ Oui, si vous voulez. Mon chéri...
○ Mon chéri deux fois ?
◆ Non, Mademoiselle, une fois.
○ Ensuite ?
◆ J'entends[1] le vent, je t'aime.
○ J'entends le vent, je t'aime.
◆ Euh...
○ Ensuite ?
◆ Oui, oui... La ville est morte depuis que tu es partie[2], mais la statue est...
○ Attendez, attendez... depuis que tu es partie, mais la... la quoi ?
◆ La statue.
○ Comme une statue ?
◆ Eh oui, comme une statue.
○ La statue est toujours à la même place[3], c'est ça[4] ?
◆ C'est ça. Eugène Sue me regarde[5], je t'aime.
○ Eugène, comme le prénom ?
◆ Comme le prénom.
○ Ensuite ?
◆ Sue.
○ Comment ?
◆ Sue. Eugène Sue.
○ Epelez.
◆ S comme Susanne, U comme...
○ Comme Ursule.
◆ Oui, et E comme Eugène. Eugène Sue.
○ Sue !
◆ Et oui, Mademoiselle, vous savez bien....
○ Ensuite ?
◆ ...me regarde, je t'aime.
○ Je t'aime.
◆ Je pense à toi[6].
○ Je pense à toi.
◆ Je t'aime, je t'aime, je t'aime.
○ Je t'aime, je t'aime, alors trois fois, je t'aime ?
◆ Oui. Paul.
○ C'est la signature[7] ?
◆ Oui, c'est la signature.
○ Je vous relis : vous êtes Odéon 27 45 adressé à Colette Mercier Marcel Eugène Raoul Célestin Irma Eugène Raoul 23 Square Lamartine Besançon Doubs. Mon chéri, j'entends le vent, je t'aime. La ville est morte depuis que tu es partie, mais la statue est toujours à la même place. Eugène Sue me regarde. Je t'aime. Je pense à toi. Je t'aime, je t'aime, je t'aime. Signé Paul. Numéro 2232.

1 Ich höre...
2 Die Stadt ist ausgestorben, seit du weg bist.
3 immer noch am selben Platz
4 Stimmt's?
5 Eugène Sue schaut mich an.
Eugène Sue (1804 - 1857), französischer Schriftsteller. Sein Roman „Les Mystères de Paris" ist heute in Frankreich immer noch sehr bekannt.
6 Ich denke an dich.
7 Unterschrift

ENTRACTE 1

4. Questions

Sie kennen schon einige französische Fragewörter. Ordnen Sie sie den deutschen zu.

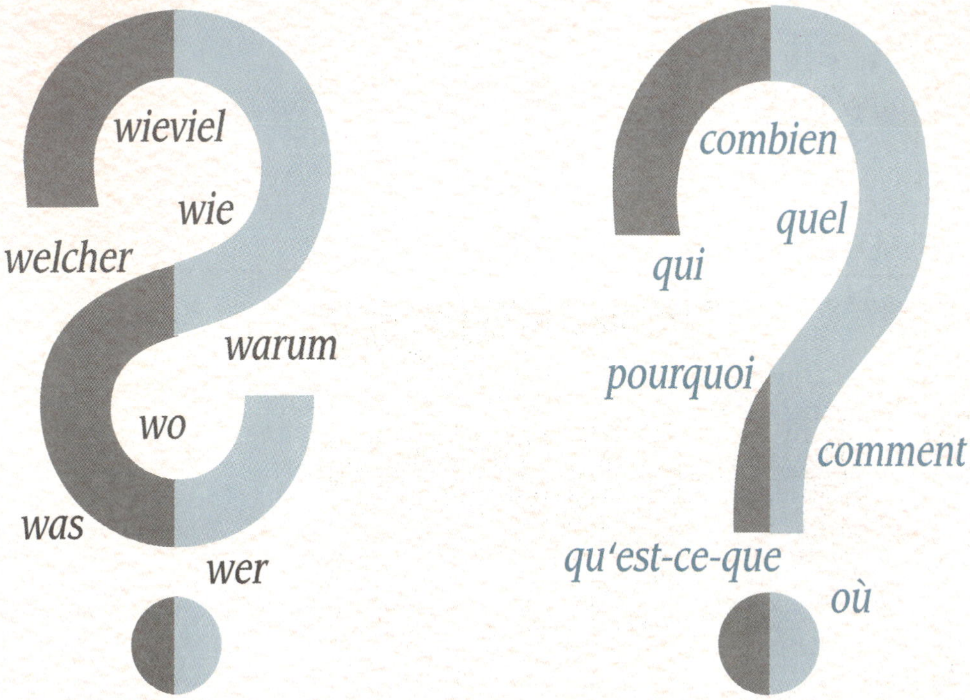

5. Consignes

Ordnen Sie die deutschen Arbeitsanweisungen den französischen zu. Das wird Ihnen ab Leçon 5 helfen.

Hören Sie zu – Lesen Sie – Schreiben Sie – Ordnen Sie zu – Kreuzen Sie an – Überprüfen Sie – Wählen Sie aus – Sehen Sie sich an – Stellen Sie sich vor – Ergänzen Sie

5 La vie en ville

UN JOUR COMME LES AUTRES

Regardez les photos. D'après vous, c'est...

le matin ? l'après-midi ? le soir ? la nuit ?

Faites parler ces personnes. Trouvez une phrase par photo.

A1 Lisez et écoutez.

Ville
Rue
Une rue dans la ville. C'est le lieu.
Matin
Soir
Le matin ou le soir. C'est le temps.
Homme
S.D.F.
Un homme Sans Domicile Fixe.
C'est le personnage principal.
Macadam
Journal
Un S.D.F. vend le journal Macadam. C'est l'action.

Macadam, dix francs !
Un homme part au travail, il ne s'arrête pas.
Macadam, dix francs !
Une femme fait les courses. Merci, Madame !
Macadam, dix francs !
Devant le cinéma, des gens font la queue.
Quarante francs, pas mal.
Macadam, dix francs !
Une vendeuse de roses sort d'un restaurant.
Elle n'a pas d'argent.
Macadam, dix francs !
Macadam, dix francs !

A2

a. Regardez les photos : quelle est la personne qui parle dans le texte "Macadam" ?

b. Retrouvez-vous dans le collage, p. 52, les personnages du texte "Macadam" ?
Qui achète et qui n'achète pas "Macadam" ?

c. Le personnage principal a gagné 40, 50 ou 60 F ?

A3 Complétez le texte sur "Macadam" à l'aide des mots suivants.

solidarité – dix – journal – hommes – adresse – maison – femmes – argent – Sans Domicile Fixe – rue

Macadam, c'est le .... des S.D.F., il coûte .... francs. S.D.F., ça veut dire .... Ces .... et ces .... n'ont pas d'......................, pas de ...., pas d' ...., ils vivent dans la .... Ils vendent Macadam pour survivre. Les passants achètent le journal par ....

A4 a. Complétez les conjugaisons à l'aide des textes.

VENDRE	
je	vends
tu	vends
il/elle	....
nous	vendons
vous	vendez
ils/elles	vendent

Ebenso:
attendre (warten auf)
entendre (hören)

SORTIR	
je	sors
tu	sors
il/elle	....
nous	sortons
vous	sortez
ils/elles	sortent

Ebenso:
partir (abreisen, weggehen)

Die Verben auf *-re* und *-ir* weisen Gemeinsamkeiten auf. Welche?

b. Pour chaque verbe, lancez les dés.

A5

a. ***Faire*** **est un verbe irrégulier. Complétez à l'aide des textes, p. 53.**

FAIRE	
je	fais
tu	fais
il/elle	....
nous	faisons
vous	faites
ils/elles	....

b. Voici des expressions avec le verbe ***faire*****. A quoi correspondent-elles dans votre langue ?**

faire la queue	faire les courses
....	....
faire un chèque	faire attention
....	....
faire la sieste	faire la fête
....	....
il fait froid	il fait beau
....	....

c. Formez deux équipes. Chaque équipe choisit quatre expressions avec ***faire*** **et les mime. L'autre équipe devine.**

A6

a. Posez des questions dans le groupe et trouvez une personne qui...

... travaille la nuit
... mange à la cantine
... ne part pas en vacances en été
... ne prend pas la voiture pour aller au travail

... attend la fin du cours avec impatience
... achète le journal tous les jours
... fait les courses le jeudi soir
... fait souvent des promenades le dimanche

b. Présentez vos résultats à la classe.

A7

a. Discutez avec votre voisin/e : quelles activités peut-on faire en ville...

seul/e ? avec de l'argent ? la nuit ? le week-end ?
en groupe ? sans argent ? pendant la semaine ?

b. Et vous, qu'est-ce que vous aimez faire en ville ?

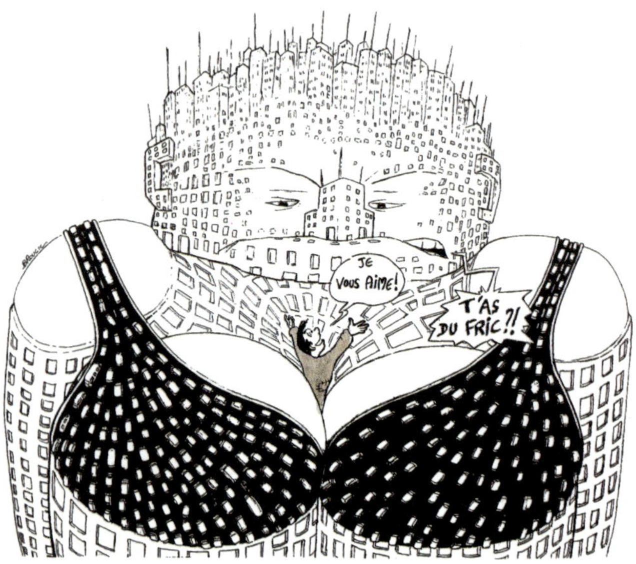

T'as du fric ? : Tu as de l'argent ?

A8 a. Traduisez : "Il n'a pas d'argent."

Et comment dites-vous : „Sie haben kein Haus und keine Adresse." ?

> *ne ... pas de* wird im Deutschen durch .... wiedergegeben.
> Beachten Sie: nach *pas de* steht kein Artikel.

b. Qu'est-ce que vous avez ? Qu'est-ce que vous n'avez pas ?

A9 Imaginez la ville idéale pour vous. Vous pouvez compléter les exemples.

Il y a ..... Il n'y a pas de/d'.....

des usines · un théâtre · la police · des terrasses de café

des bureaux · des pigeons · des zones piétonnes

le métro · des immeubles · des arbres · des voitures

des discothèques · un club de sport · des bicyclettes · un port

un centre commercial · un supermarché · des magasins

une université · des chiens · des musiciens dans la rue · un fleuve

B1

a. Ecoutez : un monument d'Orange se présente.

b. Quels mots avez-vous entendus ? Cochez.

- ☐ le Théâtre Antique
- ☐ les platanes
- ☐ 49 avant Jésus-Christ
- ☐ la rue Clémenceau
- ☐ les terrasses de café
- ☐ le cinéma
- ☐ le carrefour
- ☐ 63 après Jésus-Christ
- ☐ le Pont Neuf
- ☐ l'office du tourisme

c. Suivez sur le plan le chemin décrit. Quel monument parle ?

d. Avec ces mots et ces photos, parlez de la ville d'Orange.

A Orange, il y a…
Au centre ville, on trouve…

L'Arc de Triomphe

Une statue romaine

Le Théâtre Antique

B2

Complétez à l'aide de la cassette.

Mais venez quand même me rendre visite. Voici comment me trouver : vous êtes Place Clémenceau et la cathédrale est .... vous. .... la petite rue .... et continuez jusqu'à la rue Victor Hugo. Là, vous tournez .... et vous .... tout droit jusqu'au carrefour. Traversez alors le .... de Langes, je suis au bout de l'avenue. Je vous attends. Me reconnaissez-vous ? Qui suis-je ?

B3 a. Complétez. Pour vous aider, regardez l'exercice B2.

Viens !	Venez ! Kommt! Kommen Sie!
Prends !	....
Continue !	....
Tourne !	....
Traverse !	....
Va !	....

Welche Formen werden als Imperativ gebraucht? Die ...... Person Singular und die .... Person Plural.
Beachten Sie:
Bei den Verben auf *-er* trägt der Imperativ Singular kein *-s*.

b. Comprenez-vous ces panneaux ?

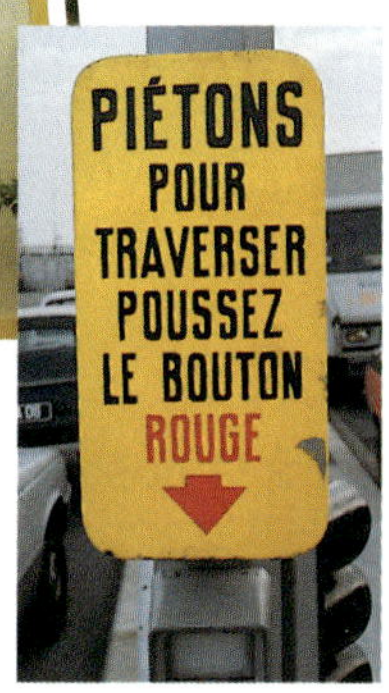

Faites attention !
Im Französischen ist der Gebrauch des Imperativs im persönlichen Gespräch nicht sehr höflich. Man findet ihn eher in der Werbung, auf Verkehrsschildern, in Wegbeschreibungen und... in den Anweisungen von Lehrbüchern.

c. Cherchez cinq consignes à l'impératif dans la leçon.

B4 a. Regardez les panneaux et cherchez sur le plan d'Orange d'autres noms de rues ou de places.

du Pontillac..	de la République	de l' Hôpital......	des Frères..........
....	....	....	....
....	....	....	....

b. Complétez et comparez.

de + le = du	
de + la = de la	
de + l' = de l'	
de + les = des	

Wie *de* so verschmilzt auch *à* mit dem bestimmten Artikel.

à + le = ...	*partir au travail*
à + la = ...	*jusqu'à la rue Victor Hugo*
à + l' = ...	*jusqu'à l'avenue*
à + les = ...	*tournez aux feux à droite*

c. Voici les noms de rues les plus courants en France. Combien de combinaisons trouvez-vous en trois minutes ? Connaissez-vous d'autres noms de rues françaises ?

Quai	du	Mairie
Rue	de la	Europe
Avenue	de l'	République
Boulevard	des	Paix
Place		Paradis
Impasse		Champs-Elysées
Square		Mimosas
Chemin		Université
	Victor Hugo	
	Alsace-Lorraine	
	Jean Jaurès	
	St. Michel	

5 a. Voici d'autres expressions de lieu avec *de*.

à gauche de... à droite de... au milieu de... en face de... à côté de... près de...

b. Complétez les descriptions du chemin pour aller à la poste dans deux villes différentes.

La poste ? C'est à côté .... Eglise St. Jacques, en face .... pharmacie. C'est tout près d'ici. Vous allez jusqu'...... prochain carrefour, et vous tournez à droite. La poste est au bout .... rue.

La poste ? Ce n'est pas loin. Elle est près .... jardin japonais, en face .... supermarché. C'est facile à trouver. Allez jusqu'........ feux. Prenez la rue .... Musée, en face .... vous, et ensuite, la rue .... Platanes, à gauche. Vous continuez jusqu'........ avenue Charles de Gaulle. La poste est sur la droite.

c. Vérifiez vos résultats à l'aide de la cassette.

6 **Choisissez secrètement un lieu sur le plan d'Orange. Votre partenaire est en face de l'Arc de Triomphe. Expliquez-lui le chemin pour arriver jusqu'à vous, puis inversez les rôles.**

7 **Reprenez le plan d'Orange p. 56 et répondez aux trois personnes qui demandent leur chemin. Jouez les dialogues.**

8

a. Répondez aux questions suivantes.

1. Quelle est votre ville préférée ?
2. Quelles sont ses spécialités ?
3. Quel est le nombre d'habitants de cette ville ?
4. Quels sont ses monuments importants ?

b. Posez les questions 2, 3 et 4 à votre voisin/e pour deviner sa ville préférée.

9

Complétez avec les quatre formes de *quel... ?* (welcher ...?).

Singular		Plural	
männlich	weiblich	männlich	weiblich
.... nombre	.... ville	.... monuments	.... spécialités

10

a. Vous préparez un voyage en France. Pour avoir des informations sur une ville, complétez les questions suivantes.

1. .... est le département ?
2. .... est le nombre d'habitants ?
3. .... est le musée le plus connu ?
4. .... est l'industrie principale ?
5. .... sont les monuments à voir ?
6. .... est la distance de Paris à ... ?
7. .... fleuve traverse la ville ?
8. .... sont les spécialités régionales ?

b. Echangez les informations sur Rouen et Toulouse. Joueur A reste sur cette page, joueur B va à la page 151.

OULOUSE
. La Haute-Garonne (31)
2. ....
3. ....
4. L'aéronautique
5. Le Capitole, la Basilique St. Sernin
6. ....
7. La Garonne
8. ....

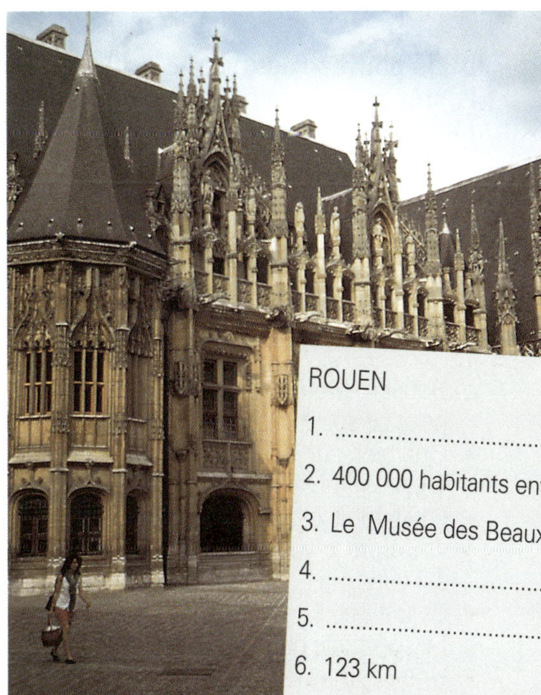

ROUEN
1. ....
2. 400 000 habitants environ
3. Le Musée des Beaux-Arts
4. ....
5. ....
6. 123 km
7. ....
8. Le camembert, le calvados

11

Préparez un prospectus sur votre ville pour des amis français et proposez un circuit touristique dans la ville.

1 **a. Vous avez du temps libre. Vous aimez le théâtre, la chanson, la musique classique, les expositions originales, le sport, les cultures étrangères ? Où allez-vous ? Choisissez parmi ces annonces.**

J'aime la peinture, alors je vais au Louvre.

Louvre

Palais du Louvre
75001 Paris
Tél. (1) 40 20 51 51
Métro : Palais-Royal, Louvre

- Antiquités égyptiennes, orientales, grecques, étrusques et romaines. Peintures. Sculptures. Mobilier et Objets d'art. Arts Graphiques. Ouvert de 9h à 18h. Nocturne les lundi et mercredi jusqu'à 21h 45. Fermé le Mardi.
- Le hall Napoléon, les salles d'Histoire du Louvre, les fossés médiévaux, l'Auditorium, la librairie et les restaurants sont ouverts tous les jours de 9h à 22h. Les expositions temporaires du Hall Napoléon de 10h à 22h. Minitel : 36 15 Louvre.

EGLISE/MUSÉE DES AUGUSTINS

Concerts d'Orgue du Mercredi Soir

En phase avec l'exposition "L'Abbaye de Saint-Gall" ce mois de décembre sera consacré au manuscrit 530, la tabulature de Fridolin Sicher, qui est préservé dans la bibliothèque de l'Abbaye et dont vous trouverez quelques informations dans l'annonce du concert-conférence du 6 décembre.

PROGRAMME :

Mercredi 7 décembre - 20 h 30 : Jan Willem Jansen, œuvres de musique espagnole et de F. Sicher.

Mercredi 14 décembre - 20 h 30 : Michel Bouvard, œuvres de Hofhaimer.

Mercredi 21 décembre - 20 h 30 : Franck Besingrand, œuvres de Josquin des Prez.

Mercredi 27 décembre - 20 h 30 : Jan Willem Jansen, œuvres de Buchner et Noëls Français.

DÉCEMBRE

Eglise Musée des Augustins
21, rue de Metz
Entrée libre pour les jeunes et les étudiants

THEATRE DE TOONE

Bruxelles (B) D6

Musée, spectacles et visites guidées !
Marionnettes de tradition populaire bruxelloise • Estaminet : bières et autres spécialités bruxelloises
Ouvert tous les jours de 12.00 à 24.00 h • *Spectacles à 20.30 h (sauf dim. et lun.) - Durée : 2x40 min + entracte* • *Prix : 400 FB (étud., 3e âge etc. 250 FB sauf ven. et sam.)* • *Musée gratuit à l'entracte* • *Sur demande : visites guidées et spect. privés (F, NL, GB, D)* • *B-1000 Bruxelles, Petite rue des Bouchers 21 - Impasse Schuddeveld* • *Réservations sur place : 02/511.71.37 - 513.54.86 ou secrétariat tél.: 02/217.04.64 - 217.27.53 - Fax : 02/218.55.78.*

MARSEILLE AQUAFORUM®
59, avenue Georges Pompidou Prado Plage 13008 Marseille
Tél. 91.71.00.46 Lignes bus : 19 - 74 - 83 Ouverture à 10 H.
Nocturnes durant tout l'été.

CYCLISME

GRAND PRIX CYCLISTE DU XV*^e^*. Départ samedi à 19 h 45, rue Frémicourt, 75 015 Paris. M° Commerce. Gratuit. ◆ *La traditionnelle épreuve parisienne réunit un plateau de 80 à 100 coureurs sur un parcours de 85 km. Arrivée vers 22 h.*

EQUITATION

COUPE DE FRANCE OPEN 1re ET 2e CATÉGORIE. De vendredi à dimanche à partir de 9 h, Hippodrome de Maisons-Laffitte, avenue de la Pelouse. Tél. : 39.62.68.96. Accès SNCF : Saint-Lazare - Maisons-Laffitte. Entrée libre. ◆ *Épreuve de dressage le samedi, cross et concours de saut d'obstacle le dimanche.*

b. Où pouvez-vous aller le matin, l'après-midi, le soir ? Y a-t-il des jours de fermeture ? Lesquels ?

2 **Lisez et écoutez les dialogues, puis faites-les correspondre aux annonces précédentes.**

1.
○ Bonsoir, Monsieur. Il y a encore des places pour ce soir ?
◆ Oui, bien sûr.
○ C'est combien ?
◆ C'est 400 F et 250 F tarif réduit.
○ Oh, alors je voudrais deux places à 400 F, s'il vous plaît.
◆ Ça fait 800 F... Merci.
○ Le spectacle dure combien de temps ?
◆ Une heure et demie, environ.
○ Merci beaucoup, au revoir, Monsieur.
◆ Bonne soirée, Madame.

2.
○ Allô ?
◆ Allô ? Marc ? C'est moi, tu vas bien ?
○ Oui, et toi ?
◆ Bof, je n'ai pas le moral...
○ On peut sortir ce soir, si tu veux.
◆ Oui, je veux bien. Tu as une idée ?
○ A l'Eglise des Augustins, il y a un concert d'orgue, ça te dit ?
◆ Oui, mais c'est à quelle heure ?
○ Attends, je regarde... C'est à huit heures et demie.
◆ Bon, rendez-vous à l'entrée, à huit heures et quart ? Il y a un tarif étudiant ?
○ Oui, pour les étudiants, c'est toujours gratuit.
◆ Alors, à ce soir !
○ Bonne journée ! Salut !

3 Trouvez dans les dialogues, p. 60, les expressions pour se renseigner sur un spectacle.

demander le prix
demander l'heure
demander la durée
donner le prix
donner l'heure

4 a. Faites correspondre les heures des dialogues aux horloges.

 ....  ....

b. Regardez le cadran et lisez les heures.

Quelle heure est-il ? *Il est huit heures du matin.*
Il est huit heures du soir.
Il est vingt heures.

Il est midi/minuit.
Il est une heure.
Il est deux heures.
Il est........................

c. Traduisez et comparez.

Quelle heure est-il ?

....

Il est une heure.

....

A quelle heure ?

....

A huit heures.

....

5 a. Observez le cadran et donnez les heures.

14:30 *Il est deux heures et demie.*
14:45 *Il est trois heures moins le quart.*
10:10 ....
23:30 ....
15:40 ....
07:25 ....
18:50 ....

heures
moins cinq
cinq
moins dix
dix
moins le quart [mwɛ̃lkaʀ]
et quart [ekaʀ]
moins vingt
vingt
moins vingt-cinq
vingt-cinq
et demie [edmi]

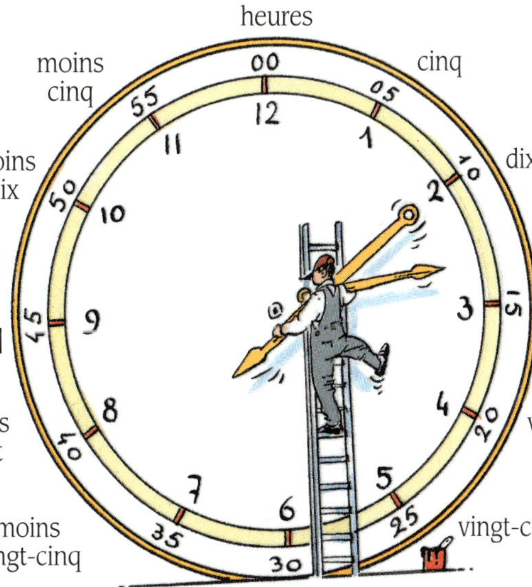

b. Ecoutez et notez les heures.

6

a. Répondez aux questions.

- Le cours de français se termine à quelle heure ? Et maintenant, quelle heure est-il ?
- Chez vous, à quelle heure est-ce que vous dînez ? et au restaurant ?
- A quelle heure partez-vous au travail ?
- Selon vous, jusqu'à quelle heure peut-on téléphoner à un/e ami/e ? à un/e collègue ?

b. Selon vous, en France...

- Le soir, à quelle heure est-ce qu'on va au restaurant ?
- L'école se termine à quelle heure ?
- Jusqu'à quelle heure peut-on faire les courses ?
- A quelle heure prend-on l'apéritif ?

> Hier finden Sie die drei Formen der Fragestellung wieder, diesmal mit einem Fragewort.
> Das Fragewort kann am Satzanfang oder am Satzende stehen.
> Bei Fragen mit Inversion oder *est-ce que* muß es am Satzanfang stehen, z. B.:
> *A quelle heure partez-vous au travail ?* oder: *A quelle heure est-ce qu'on va au restaurant ?*
> Bei Intonationsfragen steht das Fragewort am Satzende: *On prend l'apéritif à quelle heure ?*

Cherchez d'autres exemples en a et b.

7

a. Ecoutez l'interview et répondez aux questions.

Quelle est sa profession ? ....

Quels sont ses horaires
le mardi ? ....
le mercredi ? ....
le jeudi ? ....
le vendredi ? ....
le samedi ? ....

Quels sont ses jours de congé ? ....

Elle travaille combien d'heures par semaine ? ....

b. Connaissez-vous les horaires des magasins en France ? Cochez.

	Heures d'ouverture			Heures de fermeture		
Hypermarchés	☐ 9h	☐ 9h30	☐ 10h	☐ 20h30	☐ 21h	☐ 22h
Petits magasins le matin	☐ 7h30	☐ 8h	☐ 9h	☐ 12h30	☐ 13h	☐ 14h
l'après-midi	☐ 14h	☐ 15h	☐ 16h	☐ 19h	☐ 19h30	☐ 20h

c. Contrôlez avec la cassette.

8

a. Vous voulez sortir ce soir. Quelle annonce de la page 60 vous intéresse le plus ?

b. Prenez rendez-vous avec une personne du groupe.
Imaginez un dialogue et présentez-le au groupe.

9

Observez la prononciation de *ne* et *de*. Ecoutez et répétez.

Je ne suis pas là.
Il ne part pas.
Elles ne mangent pas de fromage.
Aujourd'hui, nous ne faisons pas les courses.
Tu ne prends pas de sucre ?
Je suis au milieu de la place.

FAITES CONNAISSANCE

Choisissez une de ces personnes et imaginez des questions à lui poser. Ecrivez-les au tableau.

A l'aide de ces questions, interviewez une personne du groupe.

6 Les amis d'abord

AMICALEMENT

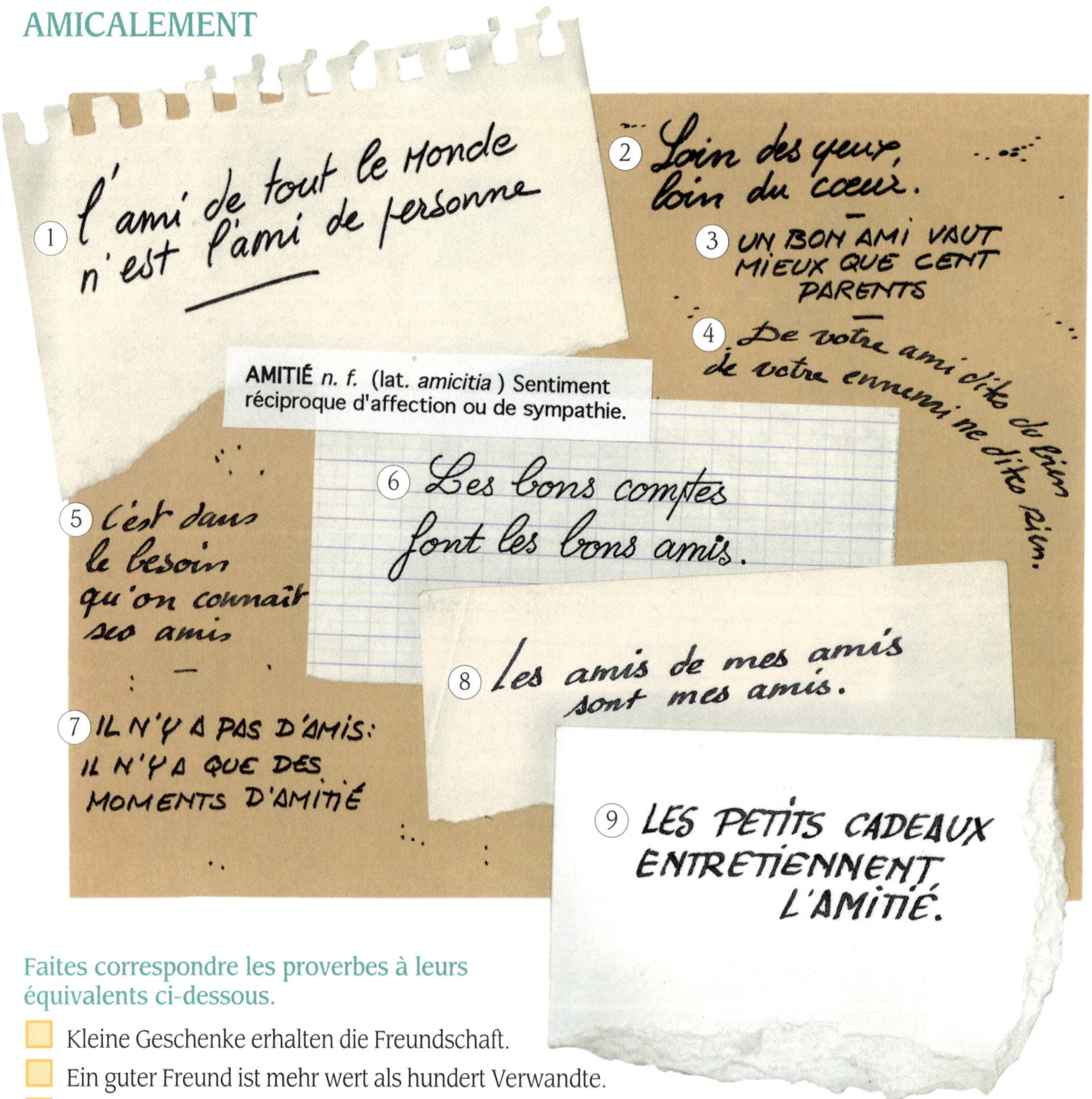

Faites correspondre les proverbes à leurs équivalents ci-dessous.

- ☐ Kleine Geschenke erhalten die Freundschaft.
- ☐ Ein guter Freund ist mehr wert als hundert Verwandte.
- ☐ Klare Rechnung, gute Freunde.
- ☐ Die wahren Freunde lernt man in der Not kennen.
- ☐ Sage Gutes über deinen Freund, sage nichts über deinen Feind.
- ☐ Deine Freunde sind auch meine Freunde.
- ☐ Es gibt keine Freunde, es gibt nur Augenblicke der Freundschaft.
- ☐ Jedermanns Freund ist niemandes Freund.
- ☐ Aus den Augen, aus dem Sinn.

Quelle phrase préférez-vous ?

A1 **Décrivez la photo. Qui trouve le plus de phrases en cinq minutes ? Selon vous, quels proverbes correspondent à la photo ?**

A2 **Ecoutez et lisez le texte.**

Ah, c'est une photo que j'aime beaucoup ! Ce sont mes amis de Montpellier. Alors, là, à gauche, c'est Luc. Il est toujours mal rasé et il rigole tout le temps. Il aime faire le clown. Eric et lui, ils font du théâtre ensemble. Eric, c'est celui avec les superbes yeux bleus, il est un peu réservé, mais terriblement sympa.
A côté de lui, à droite, avec les cheveux mi-longs, c'est Chantal, sa copine. Je ne la connais pas très bien, mais je crois qu'elle est pilote.
La grande blonde, à côté de Luc, c'est Martine. Je l'aime beaucoup, on peut vraiment compter sur elle. On adore faire les boutiques ensemble. Elle a beaucoup de goût.
Entre Martine et moi, le beau brun avec les lunettes, c'est Olivier. C'est le cuisinier de la troupe, il fait toujours des plats exotiques et sa spécialité, c'est le couscous royal.
Et moi, entre Olivier et Eric, je ne sais pas pourquoi, j'ai l'air un peu triste, non ?

A3 **Relevez les prénoms dans le texte. Trouvez un prénom pour la personne qui parle.**
A l'aide du texte, faites correspondre les prénoms aux personnes de la photo.

A4 **Pouvez-vous caractériser ces personnes ? Retrouvez les expressions dans le texte p. 65 et comparez vos résultats avec un autre groupe.**

	Luc	Eric	Chantal	Martine	Olivier
physique					
caractère					
activité					

A5 **Complétez à l'aide du texte p. 65.**

Il est ....

Il est ....

Il a les yeux marron.

Elle a les cheveux frisés et bruns.

Il est presque chauve.

Il a l'air gai.

Il a ....

Il a ....

Il a une barbe et des cheveux courts.

Elle a l'air ....

Elle a ....

Il est petit.

Puis, d'après la photo p. 65, faites le portrait de la personne qui parle.

A6 Décrivez une personne de votre groupe. Qui est-ce ? Les autres devinent.

A7

a. Observez ces pronoms et complétez le tableau.

… Eric et lui, … … à côté de lui, …

… compter sur elle … … Et moi, je …

… Entre Martine et moi, …

Pronomen	
betont	unbetont
…………	je
toi	tu
…………	il
…………	elle
nous	nous/on
vous	vous
eux	ils
elles	elles

Die betonten Pronomen stehen nach einer Präposition *(à côté de lui)*, oder wenn das Subjekt eines Satzes besonders betont werden soll *(moi, je…)*.

b. Complétez avec les pronoms.

1. ○ Martine, c'est une fille très sympathique.
   ◆ Oui, et on peut toujours compter sur ……………………

2. ○ Venez-vous avec …………………… ?
   ◆ Oui, bien sûr.

3. ○ Avec Jean et Jacques, on s'amuse bien.
   ◆ Oui, c'est vrai, on rigole bien avec ………………

4. ○ J'aime bien travailler avec ……………………, tu as toujours des idées !
   ◆ Et ……………, tu es toujours de bonne humeur.

5. ○ Marielle et Lucie sont là !
   ◆ Alors, on va manger avec …………………… ?

6. ○ Vous venez pour mon anniversaire ? Je compte sur ……………………
   ◆ Bien sûr ! ……………………, on adore faire la fête avec ……………………

7. ○ Vous voulez un café ?
   ◆ Non merci, ……………………, je ne prends pas de café, mais Janine oui.

A8 D'accord ou pas d'accord ? Discutez entre vous, à l'aide des expressions suivantes…

…et sur les sujets suivants :

aller au théâtre – les yeux bleus – les cheveux courts – faire les courses – les chiens – les discothèques

A9 Quel est votre signe du zodiaque ? Formez des groupes du même signe et faites un portrait avec les adjectifs suivants.

communicatif/-ve • autoritaire • optimiste • difficile • romantique • studieux/-ieuse • dynamique • sensible • jaloux/-se • aventureux/-euse • spontané/e • impatient/e • fidèle • indépendant/e • courageux/-euse • idéaliste

A10 a. Vous pouvez préciser vos jugements avec les mots suivants.

*Il est **un peu** réservé.*
*Elle n'est **pas du tout** autoritaire.*

pas du tout	- -
pas très	-
un peu	- +
vraiment	+
très	+ +
terriblement	+ + +

b. Faites le portrait d'un/e ami/e : son physique et son caractère, le groupe devine son signe.

B1

a. Des Français parlent de leurs activités avec leurs amis.
Quels mots entendez-vous ? Ecoutez et cochez.

- ☐ faire la fête
- ☐ partir en vacances

- ☐ téléphoner
- ☐ jouer au tennis
- ☐ aller au restaurant
- ☐ aller au cinéma
- ☐ chanter dans une chorale
- ☐ regarder la télévision
- ☐ faire une balade
- ☐ cuisiner
- ☐ jouer de la clarinette

- ☐ prendre un verre

- ☐ faire du sport
- ☐ jouer aux cartes
- ☐ apprendre une langue étrangère
- ☐ faire du vélo
- ☐ discuter
- ☐ faire du jogging
- ☐ aller danser

b. Relevez les expressions avec *faire* et *jouer*.

faire le/la/une	faire du/de la	jouer à	jouer de

c. Mimez une de ces activités, le groupe devine.

B2

a. Et vous, quelles sont vos activités ? Cochez vos réponses.

	jamais nie	de temps en temps manchmal	souvent oft
faire du vélo	☐	☐	☐
aller au restaurant	☐	☐	☐
aller danser	☐	☐	☐
jouer aux cartes	☐	☐	☐
faire du sport	☐	☐	☐
aller au cinéma	☐	☐	☐

b. Interviewez vos voisin(e)s sur leurs activités et établissez ensuite tous ensemble une statistique des activités préférées du groupe.

B3

Qu'est-ce que vous voulez faire le week-end prochain ? Proposez une activité à une personne du groupe.

Je vais au cinéma samedi soir.
Avez-vous envie de venir avec moi ?

Dites ensuite ce que vous faites et avec qui.

4 a. Françoise Sagan et Bernard Frank sont deux écrivains français, ils sont amis depuis longtemps. Lisez ce que Françoise Sagan dit de leur amitié.

Françoise Sagan parle de son vieil ami Bernard Frank : "Notre amitié a plus de 30 ans. Bien sûr, on se dispute[1] de temps en temps. On ne se confie rien[2]. Ou très peu. Si j'ai des problèmes d'argent, je préfère aller me plaindre[3] à mon banquier. Les amis, ce n'est pas fait pour ça."

© Nouvel Observateur

[1] se disputer : streiten
[2] on ne se confie rien : wir führen keine vertraulichen Gespräche
[3] se plaindre : sich beklagen

b. A votre avis, les amis à quoi ça sert ?

Les amis, c'est fait pour...
ce n'est pas fait pour...

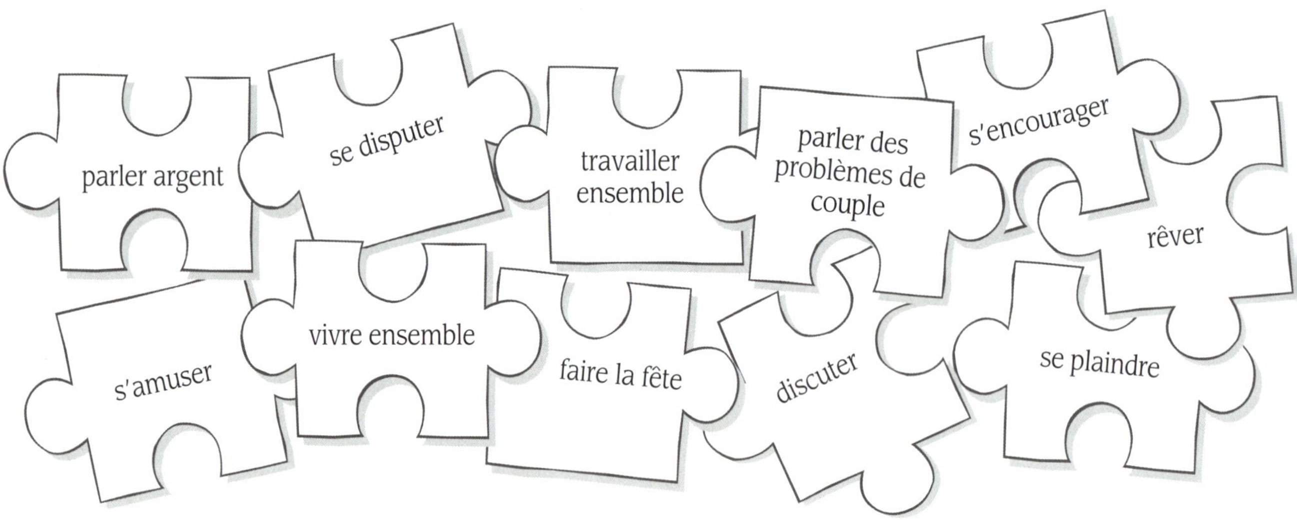

5 a. Dans les phrases suivantes, indiquez les liaisons.

Elles‿aiment faire la fête de temps en temps.
Ils ont une maison en Provence.
Ce sont mes amis et ils sont très sympathiques.
C'est ton amie ?
Ils aiment jouer aux cartes.
Vous avez de superbes yeux bleus.
Nous habitons à côté d'Orange.
Les amis de mes amis sont mes amis.

b. Contrôlez vos résultats avec la cassette.

1 Lisez la lettre d'Etienne à son amie Marie-Paule.

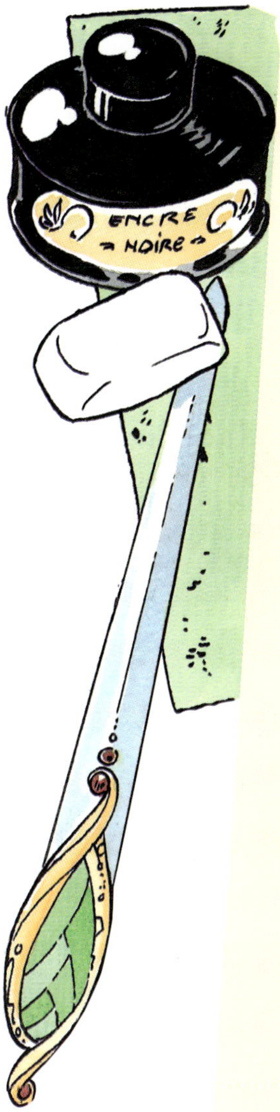

Périgueux, le 25 mars

Chère Marie-Paule,

Merci pour ta lettre tant attendue.
J'ai beaucoup pensé à toi ces dernières semaines et
je suis vraiment content pour toi! Je sais que
tu as travaillé très dur pour ce résultat.
Toutes mes félicitations!

Tu as déjà fait des projets? Raconte un peu.
Moi, ça va. Le travail, c'est toujours la même chose.
En février, j'ai pris une semaine de vacances et
j'ai rénové l'appartement. Je suis très content.
Le week-end dernier, André a fêté ses cinquante ans
et on a bien ri.

Nous avons beaucoup parlé de toi, il a demandé de
tes nouvelles.
Félicitations de sa part!
Nous avons l'intention de faire du vélo dans la
vallée de la Loire cet été.
As-tu envie de venir avec nous?
Bonne chance pour la suite. Mes amitiés à Jérôme.
Je t'embrasse bien fort.

Etienne

2 a. Qu'est-ce que cette lettre nous apprend sur Etienne ?

Comment s'appellent ses amis ?
Quels sont ses projets de vacances ?

et sur Marie-Paule ?

b. Imaginez Etienne et Marie-Paule. Comment sont-ils ?
Quelles sont leurs relations avec André et Jérôme ?

c. Trouvez une phrase-clef pour chaque paragraphe et comparez avec votre voisin/e.

c3 **Vous trouvez dans la lettre d'Etienne les phrases suivantes qui expriment une "possession". Complétez le tableau.**

"Merci pour ta lettre."
"Toutes mes félicitations."
"André a fêté ses 50 ans."
"Il a demandé de tes nouvelles."
"Félicitations de sa part."
"Mes amitiés à Jérôme."

Besitz im Singular		Besitz im Plural
männlich	weiblich	
mon	ma	....
ton	....	....
son	....	....
notre		nos
votre		vos
leur		leurs

Vergleichen Sie:

son chien
ihr Hund

sa veste
seine Jacke

Was fällt Ihnen auf?

Beachten Sie: Im Französischen richten sich die Possessivbegleiter in Geschlecht und Zahl nach dem Substantiv, auf das sie sich beziehen.

c4 **Imaginez qu'Etienne vouvoie Marie-Paule. Transformez la lettre.**

c5 **a. Trouvez dans la lettre ce qu'on écrit en français dans les situations suivantes.**

sich für einen Brief bedanken	jemanden beglückwünschen	eine Absicht äußern	Grüße ausrichten lassen	einen Brief beenden

b. Dans cette bande dessinée (B.D.), trouvez deux autres possibilités pour terminer une lettre. Quelles sont les différences ?

un timbre

6 **a. Voici des expressions utiles pour écrire une carte de vœux. Dans quelles cartes pouvez-vous utiliser ces expressions ?**

Félicitations !

Meilleurs vœux !

Je suis désolé/e de cette triste nouvelle.

Tous nos vœux de bonheur !

Tous mes vœux de bon rétablissement !

b. Choisissez une des cartes et écrivez un mot à un/e ami/e en trois ou quatre phrases.

7 Dans sa lettre, Etienne utilise aussi un temps du passé : le passé composé. Complétez à l'aide du texte p. 71 et n'oubliez pas les accents.

"J'........ beaucoup .... à toi."
"Je sais que tu .... très dur."
"Tu .... déjà .... des projets ? "
"J'....... .... une semaine de vacances et
j'....... .... l'appartement. "
"André .... ses cinquante ans et on
...... bien ...."
"Nous .... beaucoup .... de toi,
il .... de tes nouvelles."

Das *passé composé* besteht aus ..... Elementen: dem Hilfsverb .... bzw. *être* und dem Partizip. Sehen Sie sich nochmals die Formen des Partizips von *travailler* und *parler* an.
Wie lautet die Partizipendung für die Verben auf *-er*: ....
Prendre und *faire* sind unregelmäßig.
Ihre Partizipformen sind:
prendre : .... *faire :* ....

8 a. Voici des événements de la vie. Faites correspondre.

1. ein Haus kaufen	☐	arrêter de fumer
2. aufhören zu rauchen	☐	terminer ses études
3. einen Arbeitsplatz finden	☐	rencontrer l'homme/la femme de sa vie
4. im Lotto gewinnen	☐	décider de faire le tour du monde
5. das Studium beenden	☐	acheter une maison
6. den Mann/die Frau des Lebens finden	☐	trouver un emploi
7. eine Weltreise planen	☐	gagner au loto

b. Imaginez la bonne nouvelle de Marie-Paule.

Selon moi / A mon avis, Marie-Paule a rencontré l'homme de sa vie.

9 Voici la carte de Marie-Paule. Complétez avec les verbes au passé composé.

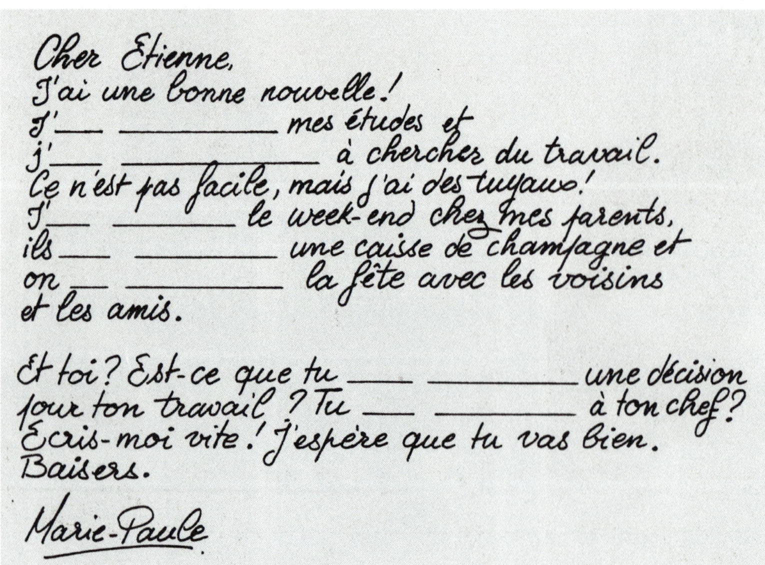
Cher Etienne,
J'ai une bonne nouvelle !
J'___ __________ mes études et
j'___ __________ à chercher du travail.
Ce n'est pas facile, mais j'ai des tuyaux* !
J'___ ________ le week-end chez mes parents,
ils ___ ________ une caisse de champagne et
on ___ ________ la fête avec les voisins
et les amis.

Et toi ? Est-ce que tu ___ ________ une décision
pour ton travail ? Tu ___ ________ à ton chef ?
Ecris-moi vite ! J'espère que tu vas bien.
Baisers.
Marie-Paule

terminer
commencer

passer
acheter
faire

prendre
parler

* J'ai des tuyaux. : Ich habe ein paar Tips bekommen. le tuyau : das Rohr

Chanson : "La même lune que moi", Enzo Enzo

Regardez le dessin et imaginez une histoire.

Formez deux groupes. Un groupe cherche des mots qui riment avec AMI, l'autre groupe des mots qui riment avec TOI. Ecrivez tous les mots au tableau et inventez des petits poèmes avec ces mots.

Faites une phrase avec ces trois mots : lune – ami – fenêtre.

Ecoutez la chanson de ENZO ENZO "La même lune que moi". Retrouvez le refrain tous ensemble.

Ami ami ami – de se revoir – une lumière dans le noir – dis-moi si la nuit – comme un signe, un espoir – tu vois la même lune que moi – toi qui vis loin d'ici

Quel proverbe de la page 64 contredit la chanson ?

7 Le plat du jour

Vous désirez ?

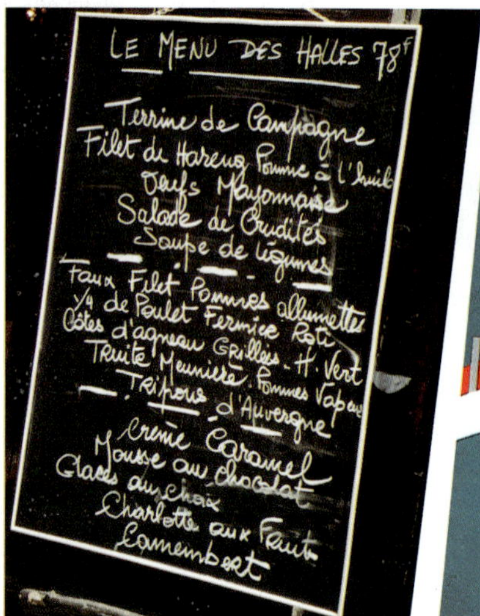

RESTAURANT
Le Procope
Fondé en 1686

Depuis plus de 300 ans, dans cette salle, peut-être à votre place, se sont restaurés Voltaire, Beaumarchais, Marat, Danton, Robespierre, Franklin, Verlaine et Gambetta, peut-être même un certain Bonaparte. Comme eux, soyez les bienvenus chez Procope.

Menu d'Eté

169,00

service compris

6 Huîtres Creuses de Bretagne
ou
Fondant de Chèvre à l'Artichaut
ou
Terrine de Foies de Volaille
ou
Melon Glacé au Parfum de Menthe

Coq au Vin Tradition
ou
Brochette de Poissons Fins, Sauce Vierge
ou
Faux-Filet Grillé "Maître d'Hôtel"
ou
Saumon Frais, Sauce Champagne

Parfait Café en Mazagran
ou
Sorbet au Fruit du Jour
ou
Tarte Fine aux Abricots, Glace Vanille
ou
Soupe de Fraises à la Menthe Poivrée

LES CRÊPES SALÉES À LA FARINE DE SARRASIN

LA SAVOYARDE
Jambon cru, fromage raclette

LA FORESTIÈRE
Jambon blanc, champignons, béchamel

L'INDIENNE
Curry de légumes, œuf miroir

LA NAPOLITAINE
Jambon blanc, sauce tomate, mozzarella

L'ANGLO-SAXONNE
Œuf miroir, bacon, fromage fondu, crème fraîche

LES CLASSIQUES

A L'ŒUF
AU FROMAGE
AU JAMBON
JAMBON-FROMAGE
ŒUF-FROMAGE
JAMBON-ŒUF
LA COMPLÈTE (JAMBON, FROMAGE, ŒUF)
BOHÉMIENNE

L'ASSIETTE DE FROMAGE

DESSERTS:

PÂTISSERIES, GLACES, CRÊPES,
CAFÉ, DÉCAFÉINÉ, THÉS, CAPPUCCINO, CHOCOLAT VIENNOIS,
SIROP, BIÈRE, EAUX MINÉRALES, SODAS

Ecoutez et faites correspondre les ambiances à chaque restaurant.

A1 Choisissez votre restaurant.

Où allez-vous si…

…vous voulez faire un repas sympa et pas cher entre amis ?
…vous aimez les spécialités françaises et les grands vins ?
…vous voulez dîner en musique ?
…vous avez envie de dîner un dimanche dans un cadre raffiné ?

RASPOUTINE
LE RESTAURANT-CABARET RUSSE DES CHAMPS ELYSEES
50 artistes et musiciens tziganes et balalaïkas
56, rue de Bassano - 75008 Paris
47 20 04 31

LA VARANGUE DE L'ILE MAURICE
Spécialités mauriciennes *(indiennes et créoles)*
Déj. Dîners env. 100 F – Sce traiteur
2, rue Française – 1er – 40.26.49.14
M° Etienne-Marcel – Halles

PIZZA BRUNO
Cuisine italienne. Pizza feu de bois.
11, bd Montmartre (2e) 7/7 jusq. 1h
face Musée Grévin 42.36.98.61

LA HAUTE GASTRONOMIE CHINOISE DE TRADITION

DUN-HUANG
RESTAURANT CHINOIS
敦煌酒樓
42, av. de Champel 1206 Genève
tél. (022) 46 34 21

Le Grand Corona
LE ROI DES FRUITS DE MER PLACE DE L'ALMA ? NE CHERCHEZ PLUS ! C'EST CHEZ NOUS !
BANC D'HUITRES - CASSOULET - FOIE GRAS MAISON
Ouvert non-stop tous les jours jusqu'à 1h du matin
MENU 128 F - CARTE 190 F environ
Carte des vins exceptionnelle
3, place de l'Alma (8e) • **47 23 49 70**

LES ARGONAUTES
Gastronomie Grecque
Son décor typique – 5 salles
16, rue du Colisée – 45.62.84.82
tous les jours sauf dimanche

DARKOUM

Une cuisine de Femme au DARKOUM. Spécialités marocaines d'un grand raffinement. Pastillas aux fruits de mer, Tajines de poissons, couscous… Déjeuner - Dîner tous les jours. Open 7/7.
44, rue Sainte-Anne, Paris 2ème • Tél. : 42 96 83 76

TAVERNE SUISSE
Les meilleures spécialitées Suisses, dans un cadre très raffiné. A la carte 120 F, meunu 85 F et formule à 68 F.
Fermé samedi midi et dimanche midi.
48 rue de Ponthieu Paris 8ème • Tél. : 43.59.84.81

A2 a. La cuisine s'internationalise. Complétez à l'aide des annonces.

LAND	ADJEKTIV		NATIONALITÄT
	männl. Sing.	weibl. Sing.	
	le restaurant	la cuisine	
la France	français	française	un Français/une Française
la Chine	…………………	…………………	un Chinois/une Chinoise
la Suisse	suisse	…………………	un Suisse/une Suisse
la Russie	…………………	…………………	un Russe/une Russe
l'Italie	italien	…………………	un Italien/une Italienne
le Maroc	marocain	…………………	un Marocain/une Marocaine
l'Ile Maurice	mauricien	…………………	un Mauricien/une Mauricienne
la Grèce	grec	…………………	un Grec/une Grecque

b. Comparez les adjectifs aux nationalités. Que remarquez-vous ?
Comment traduisez-vous :

un musicien russe	Il est Russe.
………………………………………………	………………………………………………

A3 **Connaissez-vous ces plats ? Retrouvez leur origine.**

Les tacos, c'est une spécialité mexicaine.

russe • chinois/e • indien/ne • marocain/e • alsacien/ne • espagnol/e • mexicain/e • français/e • suisse • belge • grec/que • italien/ne

A4 a. Lisez et écoutez.

Et vous, quel type de cuisine préférez-vous ? Pourquoi ?

b. Regardez les photos de A3. Commentez les plats.

A5 Prenez rendez-vous avec votre voisin/e pour aller au restaurant : choisissez un restaurant parmi les annonces, page 77. Fixez le jour, l'heure et le lieu du rendez-vous. Téléphonez pour réserver une table. Pour vous aider, voici quelques expressions.

Allô ? Je voudrais réserver une table pour... Pour combien de personnes ? Au revoir.
Entendu, c'est noté. A quelle heure ? Une table pour deux. A quel nom ?

B1 Aimez-vous la cuisine française ? Connaissez-vous des restaurants français dans votre région ? Quels plats français connaissez-vous ?

B2 a. Ecoutez l'interview avec Cyril Blavier, restaurateur français en Allemagne.

b. Ecoutez une seconde fois l'interview et relevez les deux dates importantes.

Cyril Blavier est arrivé à Stuttgart en .... 19...

Il a ouvert le restaurant en .... 1991.

B3 a. Cyril Blavier parle des spécialités de son restaurant. Ecoutez et cochez sur la carte les plats que vous entendez.

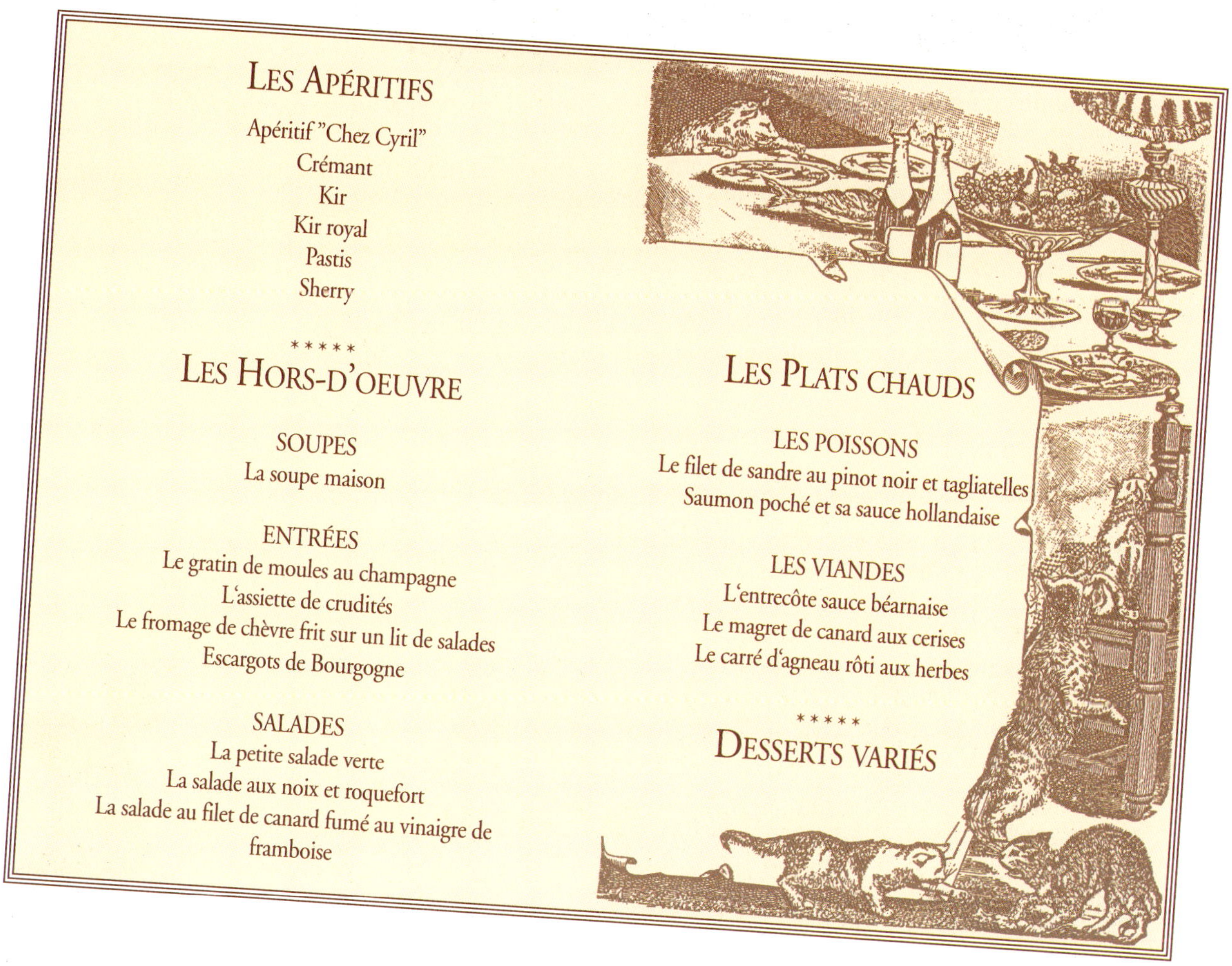

LES APÉRITIFS

Apéritif "Chez Cyril"
Crémant
Kir
Kir royal
Pastis
Sherry

* * * * *

LES HORS-D'OEUVRE

SOUPES
La soupe maison

ENTRÉES
Le gratin de moules au champagne
L'assiette de crudités
Le fromage de chèvre frit sur un lit de salades
Escargots de Bourgogne

SALADES
La petite salade verte
La salade aux noix et roquefort
La salade au filet de canard fumé au vinaigre de framboise

LES PLATS CHAUDS

LES POISSONS
Le filet de sandre au pinot noir et tagliatelles
Saumon poché et sa sauce hollandaise

LES VIANDES
L'entrecôte sauce béarnaise
Le magret de canard aux cerises
Le carré d'agneau rôti aux herbes

* * * * *

DESSERTS VARIÉS

b. Les plats cités sont de quelles régions françaises ?

B4

a. Connaissez-vous l'ordre d'un menu français au restaurant ? Numérotez.

- ☐ le dessert
- ☐ l'entrée/le hors-d'œuvre
- ☐ le fromage
- ☐ le digestif
- ☐ l'apéritif
- ☐ le plat principal
- ☐ le café

b. Voici quelques plats très fréquents dans un menu français. Faites correspondre.

- ☐ le pâté
- ☐ le coq au vin
- ☐ les crudités
- ☐ la côte d'agneau
- ☐ la tarte aux fraises
- ☐ l'escalope de veau
- ☐ le saumon

c. Demandez à votre voisin/e les plats qu'il/elle aime et proposez-lui un menu.

d. Qu'est-ce que vous n'aimez pas du tout ? Pour éviter les mauvaises surprises au restaurant, cherchez ces mots dans le dictionnaire ou demandez à votre professeur.

B5

Ecoutez Cyril Blavier. Quelles sont les préférences de ses clients ? Et Cyril Blavier lui-même : quelle est sa cuisine préférée ?

B6

Soulignez les formes du passé composé et écoutez.

"Je suis allée dans un restaurant français, en Allemagne."
"Je crois que je suis arrivé au mois de mai 1990."

Que remarquez vous ?

Sie haben in Lektion 6 bereits das *passé composé* mit *avoir* kennengelernt. Einige Verben wie *aller* und *arriver* bilden das *passé composé* mit *être*. Vergleichen Sie.

j'ai travaillé	je suis allé/e
tu as travaillé	tu es allé/e
il/elle a travaillé	il/elle est allé/e
nous avons travaillé	nous sommes allé(e)s
vous avez travaillé	vous êtes allé(e)s
ils/elles ont travaillé	ils/elles sont allé(e)s

B7 a. Les verbes suivants sont des verbes de mouvement et ils se conjuguent avec *être* au passé composé. Retrouvez les formes des participes passés.

Partizipien der Verben auf:
-er → *é (parlé)*
-re → *u (descendu)*
-ir → *i (parti)*

aller ....

entrer ....

sortir ....

venir
je suis venu/e

monter
....

rester
....

descendre
je suis descendu/e

partir
....

b. Imaginez : vous êtes allé(e)s à Paris. Racontez votre voyage à l'aide des éléments suivants.

Nous sommes arrivé(e)s à Paris le 10 mai, à 10 h, et nous sommes allé(e)s... Ensuite, nous...

le... (date)
à ... h
Ensuite, ...
Et puis, ...
Un peu plus tard, ...

partir
manger
arriver
visiter
aller
acheter
entrer
prendre
rester
revenir

Les Galeries Lafayette

Le Jardin du Luxembourg

Les Deux Magots

La Fermette Marbœuf

B8 **Complétez au passé composé, puis interrogez votre voisin/e.**

Qu'est-ce que vous .... (prendre) comme boisson au petit-déjeuner ?

Dans quel restaurant est-ce que vous .... (manger) dernièrement ?

Qu'est-ce que vous .... (faire) le week-end dernier ?

Jusqu'à quelle heure est-ce que vous .... (travailler) hier ?

A quelle heure est-ce que vous .... (arriver) au cours de français aujourd'hui ?

B9 **Voici la fin de l'interview avec Cyril Blavier.**
Ecoutez et retrouvez les expressions dans votre langue.

Je vous remercie beaucoup.

Je vous remercie aussi.

Je vous souhaite bonne continuation.

Ça m'a fait grand plaisir.

C1 **a. Quelles boissons aimez-vous ?**

b. Le café est une boisson à l'arôme et au goût différents dans chaque pays.
Voici quelques informations utiles. Ecoutez et lisez.

La boisson "café" vient du Proche-Orient. Aujourd'hui encore, en Grèce, au Maroc, en Tunisie ou en Egypte par exemple, on boit le *moka*. On mange alors des gâteaux au miel et aux amandes. En Italie et en France, *l'espresso* ou *l'expresso* sont des classiques. C'est un café très fort et très noir. Il se boit après le déjeuner ou le dîner, ou même toute la journée, debout au bar ou assis à la terrasse d'un café. En France, on l'appelle aussi le *petit noir*, mais le petit noir avec du lait devient le *café crème* !

Le *café au lait* est la boisson du petit-déjeuner. Avec leur café au lait, les Français prennent en général des croissants, des tartines avec du beurre et de la confiture – qu'ils aiment tremper dans leur bol ! – parfois de la brioche ou des pains au chocolat.

"Venez prendre le café à la maison..." En Allemagne et en Autriche, on boit le café l'après-midi, avec des gâteaux et de la chantilly. En France, on le sert après le déjeuner, avec un pousse-café... Aux Pays-Bas, on invite à boire le café après le dîner.

En Belgique, on a inventé le *café liégeois* et bien sûr, en Irlande, *l'Irish coffee.* Et maintenant, on prend un petit café, non ?!?

2 **A quels pays correspondent ces scènes de café ? Complétez avec les noms de pays. Qu'est-ce que ces personnes commandent ?**

....

....

....

....

....

....

3 **a. Relevez les noms de pays dans le texte p. 82 et complétez.**

Bei weiblichen Ländernamen und Ländernamen, die mit einem Vokal beginnen, steht die Präposition:

.... *France* .... *Egypte*

Bei männlichen Ländernamen:

.... *Maroc*

Bei Ländernamen im Plural:

.... *Pays-Bas*

b. Retrouvez les spécialités culinaires de chaque pays. Pour vous aider, retournez à la page 78.

Au Maroc, on mange le couscous.

4 **Quand et comment buvez-vous le café ? Pour vous aider, voici les formes du verbe *boire*.**

BOIRE	
je	bois
tu	bois
il/elle	boit
nous	buvons
vous	buvez
ils/elles	boivent

5 **Cherchez les expressions correspondantes dans le texte, p. 82.**

mit Butter und Marmelade ....

mit Kuchen und Sahne ....

Bei unbestimmten Mengenangaben steht im Französischen der sogenannte Teilungsartikel oder *partitif*. Und im Deutschen?

6

a. De quoi se composent le café liégeois et l'Irish coffee ?

Dans le café liégeois, il y a du café et...
Pour faire un café liégeois, on prend du café et...

la chantilly	le café
la crème	la glace
le sucre	le chocolat
le whisky	

b. Regardez les cocktails et imaginez les recettes.

7

a. Que prenez-vous pour le petit-déjeuner ? Voici quelques exemples. Regardez aussi dans le texte, p. 82.

b. Qu'est-ce que vous prenez au petit-déjeuner si...
... vous voulez maigrir ?
... vous partez en voyage ?
... vous êtes végétarien/ne ?

c. Dites ce qu'on prend au petit-déjeuner en Angleterre, en Allemagne, en Espagne, aux Etats-Unis... Les autres devinent de quel pays vous parlez.

Au petit-déjeuner, on boit..., on mange... . C'est où ?

8

Faites attention à la différence entre [e] et [ɛ]. Ecoutez et répétez.

Hier, j'ai fait la fête. – On fête ton anniversaire ? – Je voudrais un thé au lait. – J'ai fait du café. – J'aime la crème anglaise. – Je fais un thé ? – Vous aimez le lait ? – C'est très français.

VOUS AVEZ CHOISI ?

Complétez avec les phrases suivantes.

deux menus à 148 F – Bien sûr, Monsieur ! – Au revoir ! – un beaujolais nouveau – une table pour deux – L'addition, s'il vous plaît ! – une eau minérale – Vous avez réservé ? – un expresso

Par groupes de trois, choisissez un restaurant, page 76 et jouez la scène.

8 En route

BON VOYAGE !

Faites correspondre.

- la voiture
- le tramway
- la bicyclette
- l'avion
- le train
- le métro
- la péniche/le bateau
- le cheval
- le bus
- à pied
- le ferry
- le chameau
- la mobylette

Connaissez-vous d'autres moyens de transport typiques pour certains pays ?
Quel est votre moyen de transport préféré ?

A1 **a. Ecoutez trois Parisiens parler de leur moyen de transport préféré.**

b. Quels sont les moyens de transport cités par les personnes interviewées ?

c. Faites correspondre.

- ☐ la circulation
- ☐ le T.G.V.
- ☐ un embouteillage/un bouchon
- ☐ le stationnement
- ☐ le scooter
- ☐ le deux-roues
- ☐ être à l'heure
- ☐ être pressé/e
- ☐ faire du stop

A2 **a. Complétez en utilisant les mots suivants et discutez.**

rapide – agréable – cher – pratique – ensoleillé

A Paris, le moyen de transport le plus ...., c'est ....
le moins ...., c'est ....
le plus ...., c'est ....
le moins........................., c'est ....

En Europe, la ville la plus ...., c'est ....

> Der Superlativ wird im Französischen mit *le/la plus* oder *le/la moins* + Adjektiv gebildet.

b. D'après vous, dans votre pays : quelle est la ville la plus belle ? Quel est l'écrivain le plus connu ? Quelle est la région la plus touristique ? et la moins touristique ?

A3 **a. Ecoutez les interviews de deux femmes à la campagne.**
Quel moyen de transport utilisent-elles pour faire les courses ? pour voyager ?

b. Quel moyen de transport prenez-vous pour...
aller au travail ? faire les courses ? sortir le soir ? venir au cours de français ?
partir en week-end/en vacances ?

A4 Ecoutez les haut-parleurs ou les bruits et numérotez.

☐ le métro ☐ la péniche ☐ l'aéroport ☐ la gare ☐ l'autoroute

A5 Qu'est-ce qu'il faut faire avant de prendre le train, l'avion ou la voiture ?

Quand on prend l'avion, il faut ...

réserver une place – faire le plein – acheter un billet – s'informer sur les horaires – prendre une carte routière – contrôler les pneus – composter le billet – être là une heure avant le départ – présenter son passeport

A6 Choisissez votre destination et jouez le dialogue au guichet de la gare, à l'aide des éléments suivants.

Est-ce qu'il faut changer de gare ?

Vous voulez réserver ?

Est-ce qu'il y a un wagon-lit ?

Compartiment fumeur ou non-fumeur ?

Il y a une voiture-restaurant ?

C'est un train à supplément ?

Un aller-retour pour... s'il vous plaît.

Vous avez une réduction ?

Combien coûte la couchette ?

Le train arrive à quelle heure à ... ?

Vous voulez partir à quelle heure ?

B1 Quelles îles de la côte française connaissez-vous ?

B2 a. Lisez le texte.

Passage vers les îles

Il n'est pas toujours facile d'aller sur les îles... On peut prendre le bateau, mais en hiver, la mer est dangereuse, surtout en Bretagne, du côté des îles du Ponant, comme l'île d'Ouessant, l'île de Bréhat, l'île de Sein... De nos jours, on peut aussi prendre l'avion... si l'île est assez grande pour avoir un aéroport. Pour atteindre plus facilement les îles de la Côte Atlantique, on a construit des ponts : l'île de Noirmoutier, l'île d'Oléron et l'île de Ré sont maintenant accessibles en voiture. Mais, allez-vous penser, ce ne sont plus de vraies îles... Pour préserver l'environnement, on a interdit la voiture sur la petite île d'Aix, entre Ré et Oléron, et sur Bréhat, où on transporte les touristes en tracteur. Visiter les îles françaises, à pied ou à bicyclette, rester quelques jours en chambre d'hôte à Bréhat, regarder le retour des pêcheurs dans un port corse, bronzer sur la plage des coquillages d'Aix, admirer les roses trémières devant les maisons blanches de l'île de Ré... C'est aller à la découverte d'un autre rythme de vie et apprendre à prendre son temps.

b. Quelles îles sont citées dans le texte ? Repérez-les sur la carte. Quel moyen de transport peut-on prendre pour aller sur ces îles ? Connaissez-vous d'autres îles où les voitures sont interdites ?

B3 Comparez.

"On a construit des ponts."	Brücken wurden gebaut.
"On transporte les touristes en tracteur."	Touristen werden mit dem Traktor befördert.

Que remarquez-vous ?

Wie kann man im Französischen das deutsche Passiv wiedergeben?

....

B4 a. D'après le texte, qu'est-ce qu'on peut faire sur ces îles ?

b. Imaginez : vous êtes sur une île, qu'est-ce que vous faites ?

5 **Remettez les mots dans l'ordre et comparez avec votre voisin/e. Attention : il y a plusieurs possibilités.**

1. sur la plage – on – bronzer – peut – à Oléron

   ....

2. beaucoup de vent – à Ouessant – toujours – il y a

   ....

3. regardent – souvent – dans le port – les touristes – les pêcheurs

   ....

4. aiment – les enfants – des coquillages – en général – ramasser

   ....

Welche Satzteile können an verschiedenen Stellen stehen?
Finden Sie Beispiele im Text, S. 89.

6 **a. Joueur A : complétez le texte sur Bréhat ; joueur B : complétez le texte sur la Corse, p. 151.**

Joueur A : lisez et complétez avec les mots suivants.
1,5 km – l'île rose – 250 – trois – bonjour – 6000 – Bar des Corsaires

A Bréhat

Jardin secret délicieusement ouvert sur la mer, voici ...., un monde de silence, de calme, de sérénité.

Longue de 3,5 km et large de ...., avec ses petites rues et ses maisons de poupées de granit rose, Bréhat est une île miniature. Loin des grandes villes, du bruit et du stress, on retrouve le charme des sonnettes de vélo et le plaisir de dire "..............................." tout simplement.

Au ...., Martial, le vieux marin, raconte : "La vie a bien changé sur l'île. Il reste seulement .... marins et une seule ferme. Mais il faut vivre avec son temps. Aujourd'hui, le touriste est roi. L'hiver, l'île compte environ .... habitants, pour .... en été."

b. Echangez vos informations sur Bréhat et sur la Corse. Posez des questions pour savoir...

le surnom de l'île – la grandeur de l'île – le nombre d'habitants – la situation géographique – ce qu'il faut aller voir – les bruits typiques.

c. Imaginez : comment est la vie en été sur ces îles ? et en hiver ?

B7

a. Trouvez des expressions avec *en*, *à* et *sur* dans les textes B2 et B6.

en	été	à	pied	sur	la mer
en	....	à	....	sur	....
en	....	à	....	sur	....
en	....				
en	....				
en	....				

b. Faites attention : quelle préposition utilisez-vous : vous êtes sur le moyen de transport ? ou dans le moyen de transport ?

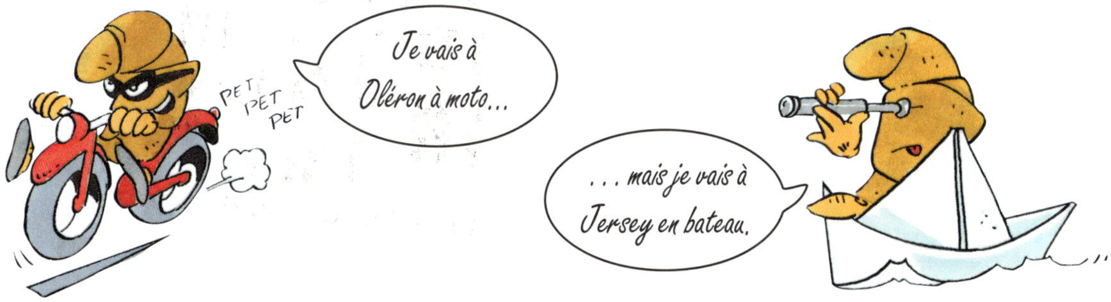

c. Regardez page 86 : quels moyens de transport avez-vous déjà utilisés ? pour aller où ?

Moi, je suis allé/e à Prague en train.

B8

Ecoutez et notez les réponses données par des Français à la question : "Vous partez sur une île déserte, qu'est-ce que vous emportez ?"

Et vous, qu'est-ce que vous emportez ?

BLOIS
CHATEAU ROYAL

NOUVEAU

Afin de mieux vous accueillir, le Château ouvre ses portes jusqu'à 20 h du 15 juin au 31 août.

Visite du Château : 4 thèmes différents chaque jour

Visite de la vieille ville : circuits différents chaque jour.

Visite du haras les jeudis d'août et le 7/09.

C1 Informez-vous sur la vallée de la Loire. Cherchez les mots pour :

Auskünfte – Buchung – Halbpension – Doppelzimmer – voller Preis – Verleih – täglich

et soulignez-les dans le texte.

A BICYCLETTE

Découvrez la Vallée de la Loire et ses châteaux – Circuit 6 nuits/7 jours : 2890 F. Circuit 4 nuits/5jours : 2010 F (prix par personne en chambre double en hôtel** ou *** en demi-pension, un abri pour le vélo, transport des bagages d'une étape à l'autre, la location de la bicyclette et un dossier touristique). – **Circuit "Marguerite"** (hébergement dans un seul et même hôtel*** avec piscine, tennis, terrasse) – prix par personne en chambre double : à partir de 1 jour/2 nuits : 870 F jusqu'à 7 jours/8 nuits : 3655 F. **Circuit cocktail "Vallée de la Loire, Sologne, Vallée du Cher"** 8 nuits/9 jours : 3455 F avec hébergement en hôtel ** ou *** en demi-pension.

SENTIERS PEDESTRES

Des centaines de kilomètres de sentiers pédestres balisés, à parcourir à pied, à cheval ou à vélo :
Week-ends-randonnée en **Vallée du Loir** : à partir de 295 F (prix par personne en chambre d'hôte).
Week-ends-randonnée en **Vallée du Cher** : à partir de 355 F (prix par personne en chambre d'hôte).

EN HELICOPTERE

Découvrez les châteaux de la Loire vus du ciel.
Renseignements et réservations : Tél. 54 74 06 49

EN MONTGOLFIERE

Châteaux, villages, vallées et forêts... Toute la magie d'un vol en montgolfière. Possibilité de vol toute l'année tous les jours, matin et soir. Durée des vols : de 1 h à 1h30.
Plein tarif : 1300 F/pers. Groupe (+ 6 pers.) : 1150 F/pers.
Renseignements et réservations : Tél. 54 71 75 40 – Fax 54 71 75 78.

4 x 4

Randonnées-découvertes touristiques et gastronomiques du Loir-et-Cher en 4 x 4 pour particulier ou groupe, avec ou sans location de 4 x 4.
Renseignements et réservations : Concept Evasion – Tél. 54 50 04 08 – Fax 54 78 97 90.

CIRCUIT EN AUTOCAR

Circuit Châteaux. Au départ de la gare S.N.C.F. de Blois, au choix : navette pour Chambord et Cheverny (plein tarif : 65 F/pers.) ou circuit Chaumont-sur-Loire/Chenonceau/Amboise (plein tarif : 110 F/pers.). Renseignements et réservations : Tél. 54 78 15 66.

C2 a. Ecoutez la conversation à l'office de tourisme de Blois. Quelles sont les activités proposées au couple de touristes ?

b. Formez deux groupes. Le groupe A se concentre sur la première moitié du texte jusqu'à "vous savez...", le groupe B écoute de : "Vous voulez réserver ?" à "...chaque fois la même chose." Chaque groupe note ensuite le plus de mots et de phrases possibles.

c. Chaque groupe essaye de reconstituer son texte.

d. Après une mise en commun des résultats, écoutez encore une fois la cassette.

3 a. Faites correspondre.

Wie sagen Sie, daß Sie noch überlegen wollen?
daß es vom Wetter abhängt?
Wie fragen Sie, ob es Führungen gibt?
nach dem Preis?
nach der Dauer der Führung?
Wie können Sie auf *merci* antworten?

La visite guidée dure combien de temps ?
Quels sont les prix ?
Je vous en prie.
Il y a des visites guidées ?
Nous allons réfléchir encore un peu.
Ça dépend du temps.

b. Imaginez un des dialogues suivants à partir des informations, p. 92, et jouez-le.

- Vous êtes à l'office de tourisme de Blois. Joueur A se renseigne et joueur B donne des informations.
- Imaginez la discussion du couple à la sortie de l'office de tourisme et prenez une décision pour leur week-end.

4 a. Quel verbe reconnaissez-vous dans les phrases suivantes ?

"Attendez, je *vais* prendre la brochure."
"... nous *allons* rester dans la région."
"Ils *vont* commencer la visite dans dix minutes."

Das *futur composé* besteht aus der Verbform von .... und dem Infinitiv eines zweiten Verbs.
Man benutzt diese Zeitform, um eine Absicht auszudrücken.
Zum Vergleich übersetzen Sie diese Beispiele ins Deutsche.

b. Demandez à votre voisin/e ce qu'il/elle va faire...

demain — ce soir — dans dix ans — pendant les vacances — à Noël — ce week-end — après le cours

5 a. Connaissez-vous toutes ces formules d'hébergement ?

Où allez-vous si...
... vous voulez rencontrer des gens ?
... vous voulez loger chez des personnes de la région ?
... vous faites de la randonnée ?
... pour vous, le confort n'est pas le plus important ?
... vous voulez dépenser le minimum ?
... vous ne trouvez plus de chambre libre ?

b. Et vous, où logez-vous en général pendant vos vacances ? Pourquoi ?

6 **a. A tour de rôle, faites une réservation par téléphone pour le logement de votre choix, p. 93. Utilisez les expressions suivantes.**

Je voudrais réserver une chambre/un emplacement/un gîte…
A quel nom ?
Ça coûte combien ?
Pour combien de personnes ?
Pour la période du ..... au ....
Avec salle de bains ou douche ?
Une chambre simple ou double ?
Quel est votre numéro de fax ?
Vous pouvez confirmer par télécopie ?
Est-ce que le petit-déjeuner est inclus dans le prix ?

b. Complétez la télécopie pour confirmer la réservation.

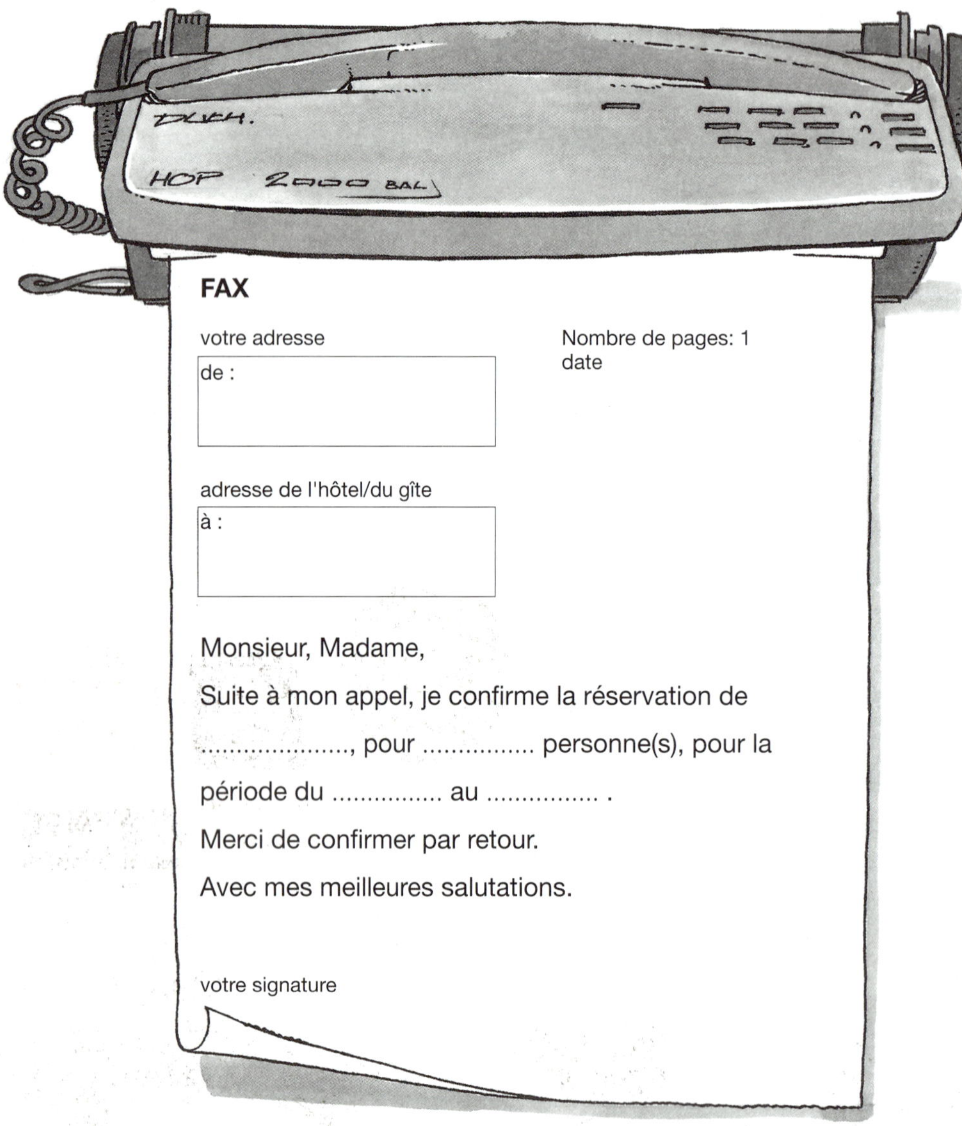

FAX

votre adresse

de :

Nombre de pages: 1
date

adresse de l'hôtel/du gîte

à :

Monsieur, Madame,

Suite à mon appel, je confirme la réservation de ...., pour .... personne(s), pour la période du .... au ....

Merci de confirmer par retour.

Avec mes meilleures salutations.

votre signature

7 **a. Ecoutez et soulignez le mot que vous entendez.**

nous pouvons – nous buvons
le poisson – la boisson
pont – bon
le pain – le bain

b. Lisez les phrases ci-dessous et faites attention à la différence entre [p] et [b].

Je peux prendre le petit-déjeuner dans la chambre ?
Vous pouvez partir bientôt.
Je vais à Blois à pied.

A destination de…

A l'aide des photos et des documents, racontez l'histoire d'un voyage. Où est-on ? Qu'est-ce qui s'est passé ? Qu'est-ce qui va se passer ?

ENTRACTE 2

1. Bilan

Sie haben nun auf Ihrem Lernweg eine große Strecke zurückgelegt. Ziehen Sie Bilanz und ordnen Sie die französischen Sätze den angegebenen Lernzielen zu.

Unter anderem haben Sie gelernt:

- ☐ nach dem Preis einer Sache zu fragen
- ☐ einen Vorschlag zu machen
- ☐ zu erzählen, was Sie getan haben
- ☐ einen Tisch im Restaurant zu bestellen
- ☐ jemanden (äußerlich und charakterlich) zu beschreiben
- ☐ nach dem Weg zu fragen
- ☐ anzugeben, wo sich etwas befindet
- ☐ jemanden zu beglückwünschen
- ☐ Bedauern auszudrücken
- ☐ einen (offiziellen) Brief zu beenden
- ☐ zu fragen, wie lange etwas dauert
- ☐ die Uhrzeit zu erfragen

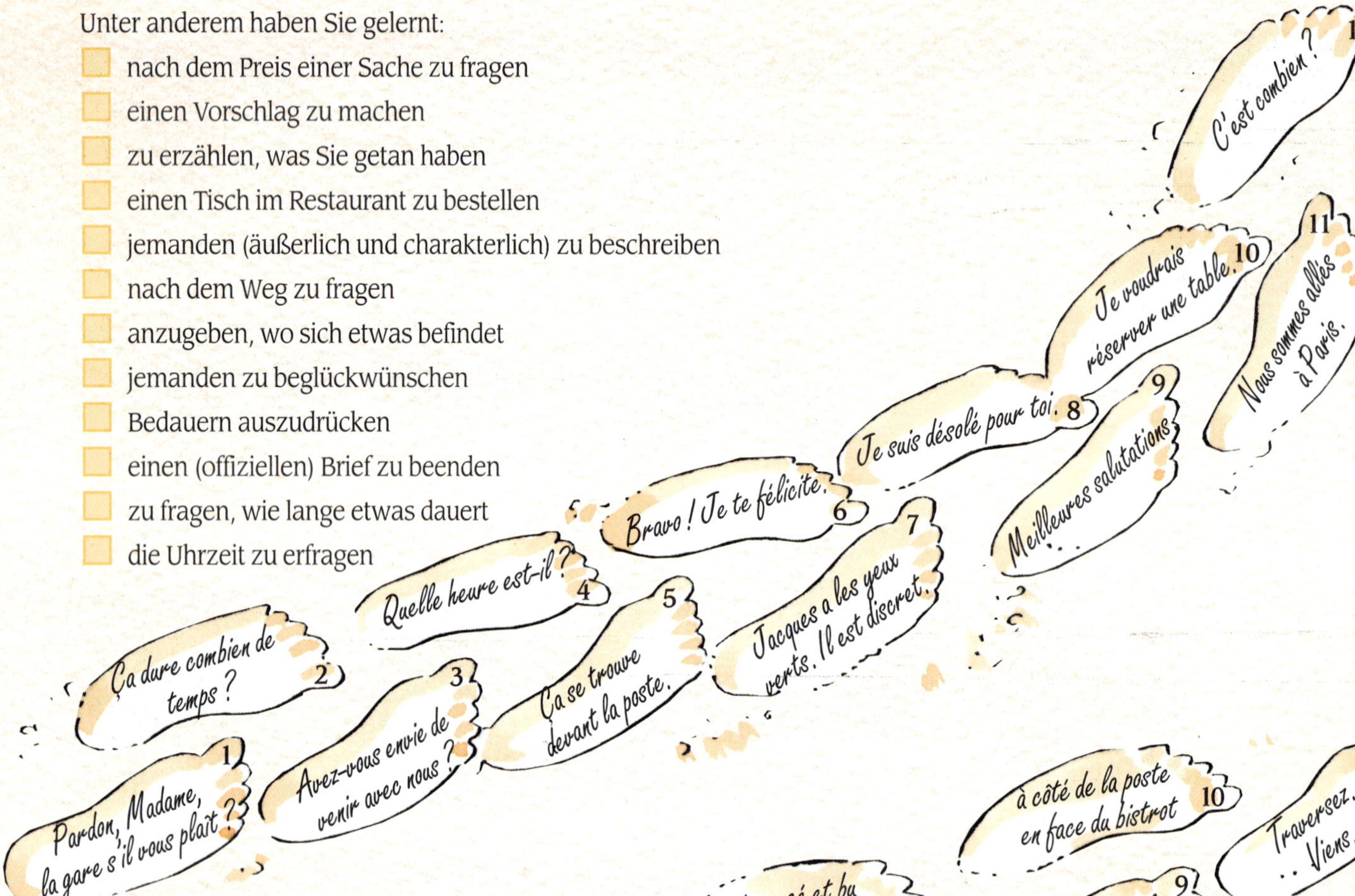

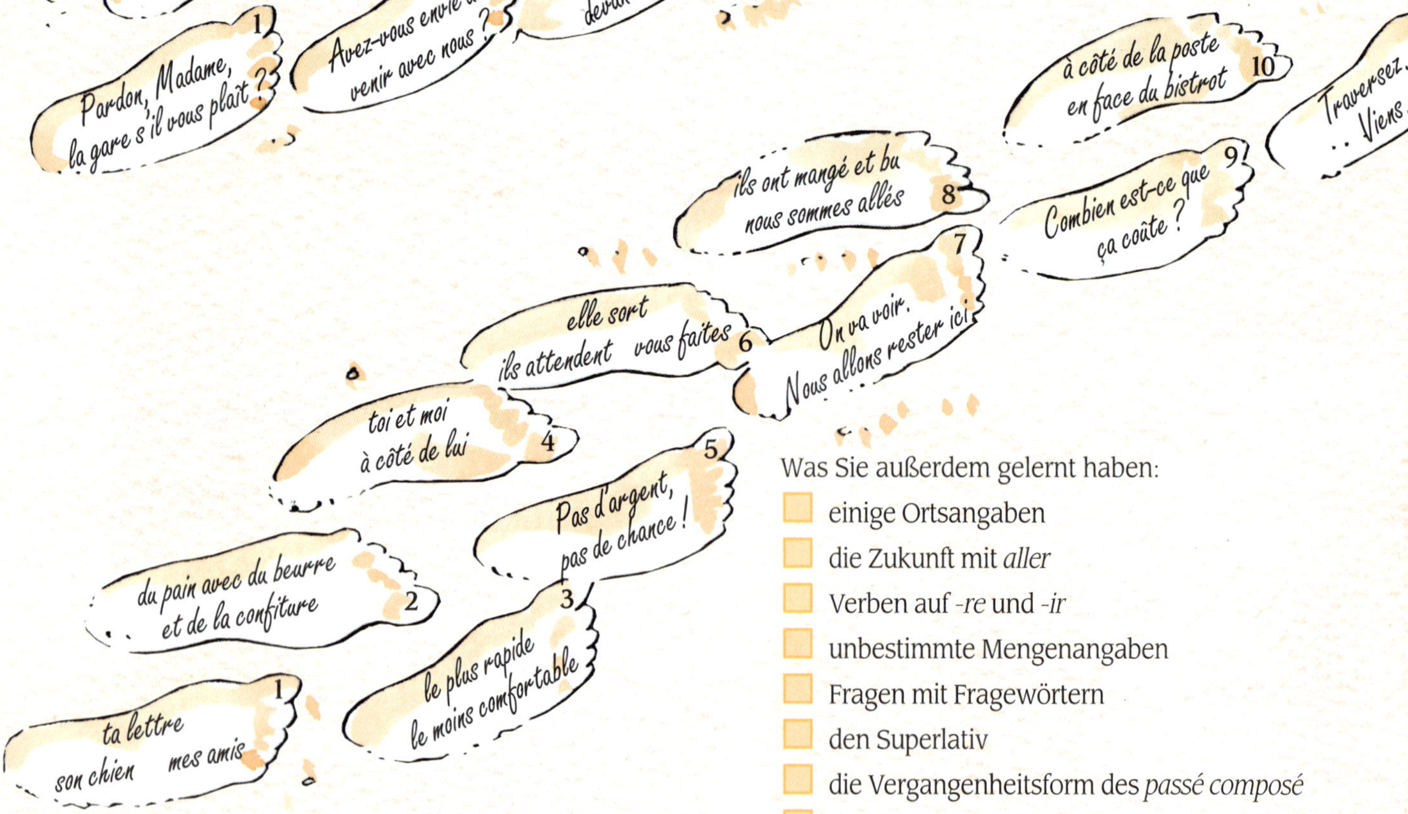

Was Sie außerdem gelernt haben:

- ☐ einige Ortsangaben
- ☐ die Zukunft mit *aller*
- ☐ Verben auf *-re* und *-ir*
- ☐ unbestimmte Mengenangaben
- ☐ Fragen mit Fragewörtern
- ☐ den Superlativ
- ☐ die Vergangenheitsform des *passé composé*
- ☐ die betonten Personalpronomen
- ☐ den Imperativ
- ☐ die Verneinung „kein"
- ☐ die Possessivpronomen

ENTRACTE 2

2. Lire et agir : l'écrit dans la rue

Auf der Straße - in Frankreich und anderswo - begegnen uns verschiedene schriftliche Aufforderungen, Warnungen und Informationen. Es ist nicht nötig, jedes einzelne Wort zu verstehen, denn vieles erklärt sich aus dem Zusammenhang. Es kommt aber darauf an, gegebenenfalls das Richtige zu tun oder zu sagen.

Suchen Sie sich eine/n Partner/in und sehen Sie sich die folgenden „Texte" an. Wählen Sie drei davon aus und finden Sie möglichst viele Äußerungen und Überlegungen, die dazu passen, z.B.:

Attention, il faut ralentir ! *Ce n'est pas cher, mais...*

Die Äußerungen zu jedem einzelnen Text werden an der Tafel festgehalten und miteinander verglichen.

3. L'Amant

Der folgende Textauszug ist dem Roman „L'Amant" der französischen Schriftstellerin Marguerite Duras (1914 –) entnommen. Lesen Sie den Text und stellen Sie sich die Situation vor.

L'homme élégant est descendu de la limousine, il fume une cigarette anglaise. Il regarde la jeune fille au feutre[1] d'homme et aux chaussures d'or. Il vient vers elle lentement. C'est visible, il est intimidé. Il ne sourit pas tout d'abord. Tout d'abord il lui offre une cigarette. Sa main tremble[2]. Il y a cette différence de race, il n'est pas blanc, il doit la surmonter[3], c'est pourquoi il tremble. Elle lui dit qu'elle ne fume pas, non merci. Elle ne dit rien d'autre, elle ne lui dit pas laissez-moi tranquille. Alors il le lui demande : mais d'où venez-vous ? Elle dit qu'elle est la fille de l'institutrice de l'école de filles de Sadec. Il réfléchit et puis il dit qu'il a entendu parler de cette dame[4], sa mère [...]

Il lui dit que le chapeau lui va bien, très bien même, que c'est... original... un chapeau d'homme, pourquoi pas ? elle est jolie, elle peut tout se permettre[5].

Elle le regarde. Elle lui demande qui il est. Il dit qu'il revient de Paris où il a fait ses études, qu'il habite Sadec lui aussi, justement sur le fleuve, la grande maison avec les grandes terrasses aux balustrades de céramique bleue. Elle lui demande ce qu'il est. Il dit qu'il est chinois, que sa famille vient de la Chine du Nord, de Fou-Chouen. Voulez-vous me permettre de vous ramener chez vous[6] à Saigon ? Elle est d'accord. Il dit au chauffeur de prendre les bagages de la jeune fille dans le car et de les mettre dans l'auto noire.

Szene aus dem gleichnamigen Film (1992)

[1] Filzhut
[2] Seine Hand zittert.
[3] überwinden
[4] ... daß er von dieser Frau gehört hat.
[5] ... sie kann sich alles erlauben.
[6] Darf ich Sie nach Hause bringen ...?

4. Les cinq sens

In der nächsten Lektion geht es um Wahrnehmung. Kennen Sie schon die französischen Bezeichnungen für unsere Sinnesorgane?

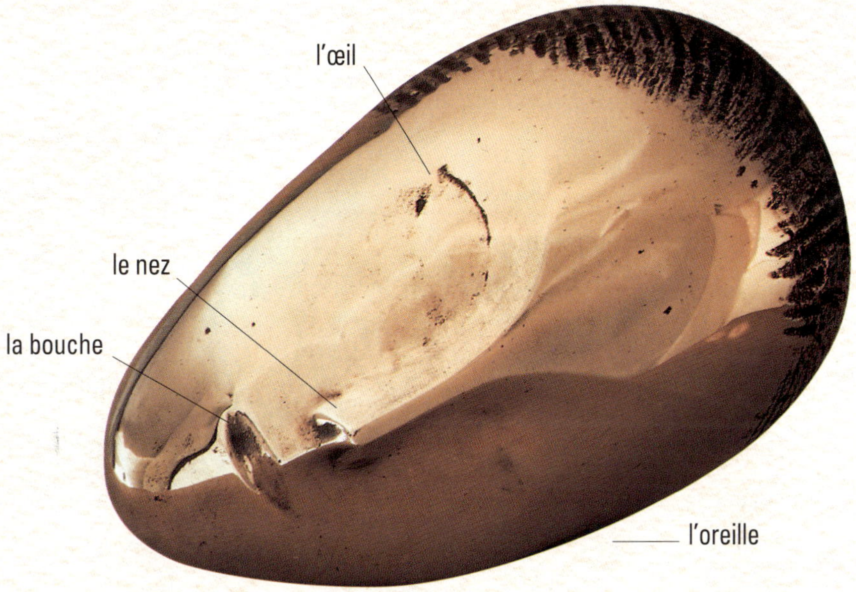

Ordnen Sie den Verben der Sinneswahrnehmung folgende Begriffe zu und ergänzen Sie diese durch Wörter Ihrer Wahl.

lavande – chien – gaz – croissant – fleur – fromage – tableau – parfum – robe – téléphone – télévision – silence

sentir — goûter — voir/regarder — écouter/entendre — toucher

9 PLAISIR DES SENS

LAISSONS-NOUS TENTER

Faites correspondre chaque verbe à une photo du collage.

sentir – goûter – regarder – écouter – toucher

Et vous, qu'est-ce que vous aimez manger, regarder, sentir, écouter et toucher ? et qu'est-ce que vous détestez ? Formez cinq groupes (un par verbe) et associez le plus de mots possibles à ce verbe (voir modèle, p. 49). Echangez vos résultats.

A1

Vous cherchez une recette. Quels sont vos critères de choix ? Mettez-vous d'accord avec votre voisin/e sur les trois critères les plus importants.

C'est facile à faire. C'est économique. Ce n'est pas long à préparer.
Ça plaît à ma famille. Les ingrédients sont faciles à trouver.
J'ai les ingrédients à la maison. Je peux préparer ce plat la veille.
C'est bon pour la santé. J'adore ça.

A2

a. Lisez la recette.

Fromage de chèvre chaud sur salade

pour 4 personnes

Ingrédients :

4 petits fromages de chèvre de 80 g

2 cuillères à café d'huile d'olive

poivre noir

Pour la vinaigrette :
4 cuillères à soupe d'huile de noix
1 cuillère à soupe de vinaigre
sel, poivre

300 g de salade verte mélangée (frisée, laitue, mâche)

4 tranches fines de baguette

Préparation :

La veille :
Mettez les fromages dans une assiette avec l'huile d'olive et le poivre. Retournez-les plusieurs fois et laissez reposer une nuit au frais.

Le jour même :
Préparez la salade. Faites la vinaigrette avec l'huile, le vinaigre, le sel et le poivre.
Mélangez-la à la salade et répartissez le tout sur quatre assiettes.
Faites griller les tranches de baguette. Mettez un fromage de chèvre sur chaque toast et mettez au four très chaud pendant cinq minutes. Disposez un fromage sur chaque assiette et servez avec une bouteille de muscadet ou de vin blanc sec.

b. Cette recette correspond-elle à vos critères ?

c. Quels sont les produits qui vous manquent pour réaliser la recette ? Etablissez votre liste de courses...

... puis dites ce qu'il vous faut :

Il me faut un/une..., du..., de la..., des..., de l'...

A3 Avec votre liste, faites vos courses et utilisez les expressions suivantes.

A la boulangerie

Bonjour ! Madame/Monsieur...

Bonne journée !

A l'épicerie

Bonjour, vous désirez ?

Et avec ça ?

Au marché

Ça fait .... Francs.

Merci, au revoir.

Je voudrais
un/une...
du/de la/des...
un kilo de...
100 grammes de...
une bouteille de...
un paquet de...

C'est tout.

Ça fait combien ?

A4 Complétez à l'aide de la recette, p. 101.

"300 g .... salade"
"une bouteille .... vin blanc sec"
"une cuillère à soupe .... huile"
"4 tranches .... baguette"

Im Französischen steht nach bestimmten Mengenangaben (wie *300 g, une bouteille, 4 tranches* usw.) immer ....
Was steht bei unbestimmten Mengenangaben?
Vergleichen Sie mit dem Teilungsartikel auf S. 83.

A5 a. Complétez avec *du, de la, des, de l'* ou *de, d'*.

1. ○ Qu'est-ce qu'il faut pour faire un croque-monsieur ?
   ◆ Bon, alors, il faut deux tranches .... pain de mie, une tranche .... jambon, ... fromage et .... beurre.
2. ○ Alors, ton régime, c'est comment ?
   ◆ Le matin, j'ai droit à un verre .... jus de fruits, ... biscottes avec .... margarine, et un bol .... thé. Le midi, un peu ..... viande et .... pommes de terre à l'eau ou ..... riz, et le soir, un bouillon ..... légumes.
   ○ Ce n'est pas trop dur ?

b. Contrôlez avec la cassette.

A6 a. Relisez la préparation de la recette, p. 101, et numérotez les dessins dans l'ordre chronologique.

☐ ....

1 ....

☐ ....

☐ ....

☐ ....

☐ ....

☐ ....

☐ ....

☐ ....

☐ ....

☐ ....

☐ ....

b. Notez les verbes correspondants sous chaque dessin.

c. Retrouvez l'infinitif de ces verbes.

d. Voici les formes du verbe *répartir*. Complétez.

RÉPARTIR	
je	répartis
tu	répartis
il/elle	répartit
nous	répartissons
vous	....
ils/elles	répartissent
Passé composé :	j'ai réparti

Ebenso:
finir (beenden)
réfléchir à (nachdenken)
remplir (ausfüllen)
choisir (auswählen)

e. Ecrivez au tableau tous les verbes en *-ir* que vous connaissez. Mettez-vous en cercle et jouez avec une balle. Joueur A fait une phrase au présent ou au passé composé avec un des verbes et lance la balle à joueur B. B répète la phrase de A et ajoute une autre phrase. Puis B lance la balle à C...

A7 Quelle est votre recette préférée ? Proposez une bonne recette et rédigez-la. Si nécessaire, cherchez le vocabulaire dans le dictionnaire ou demandez à votre professeur. Puis échangez vos recettes.

B1 Discutez : selon vous, qu'est-ce qui doit être beau ? qu'est-ce qui doit être pratique ?

une ville – une maison – une voiture – des meubles – des lunettes – un chien – un manuel de français – des vêtements

B2 Faites correspondre les mots aux vêtements et aux objets des valises.

- une robe
- un chemisier
- une jupe
- un collier
- un jean
- un parapluie
- un maillot de bain
- un foulard
- une ceinture
- un imperméable
- une trousse de toilette
- un tailleur

- des chaussettes
- une chemise
- une cravate
- des chaussures
- un pantalon
- un rasoir
- des bretelles
- un pyjama
- une brosse à dents
- un pull

B3 Quels vêtements ou accessoires choisissez-vous dans ces valises pour les situations suivantes ?

un dîner à deux — un long voyage en train/en avion — un week-end au bord de la mer — un repas d'affaires — un cours de français — un dimanche à la maison

Pour un repas d'affaires, je choisis le tailleur.

B4 a. Soulignez les mots français sur les étiquettes.

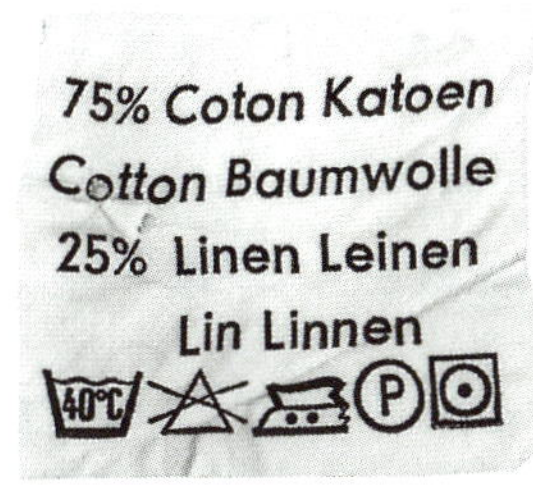

b. Quel type de vêtements aimez-vous porter ? Quelles matières préférez-vous ? et quelles couleurs ? Notez vos réponses sur une feuille de papier. Votre professeur ramasse les feuilles et les redistribue. Lisez la description à voix haute et devinez qui c'est.

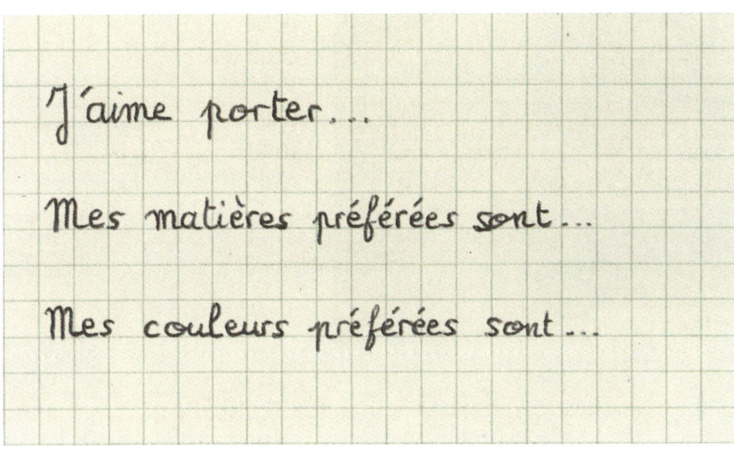

B5 Ecoutez le dialogue dans le magasin et cochez les bonnes réponses.

La cliente veut acheter
- [ ] une robe bleue.
- [ ] des chaussures.
- [ ] un pantalon.

Comme pointure, elle fait du
- [ ] 38.
- [ ] 39.
- [ ] 40.

Il reste seulement
- [ ] des bleues.
- [ ] des noires.
- [ ] des rouges.

Elle trouve que le deuxième modèle
- [ ] est plus original.
- [ ] a un talon trop haut.
- [ ] est trop cher.

La cliente
- [ ] achète le deuxième modèle.
- [ ] n'achète rien.
- [ ] dit qu'elle va réfléchir.

6 La cliente compare deux modèles, elle utilise les expressions suivantes.

"Elles sont plus jolies."
"Ah, elles sont moins chères que les autres."

Welche Satzelemente drücken einen Vergleich aus?

Der Komparativ wird gebildet, indem man .... oder .... vor das Adjektiv stellt.

Das Bezugswort wird mit .... angeschlossen.

7 Comparez vos chaussures à celles du tableau et utilisez les mots suivants.

Vieux souliers aux lacets (1886). Vincent van Gogh

le cuir
le talon
la pointure
la couleur
confortable
sportif
élégant
grand
classique
petit
ordinaire
joli
usé
foncé
clair

8

a. Observez les phrases du dialogue dans le magasin et dites à quels mots se rapportent les pronoms *le* et *les*.

- ◆ Voici un modèle italien.
- ○ Ah oui, je le trouve plus original.

- ◆ Ces chaussures coûtent combien ?
- ○ 389 Francs.
- ◆ Alors je les prends.

b. Lisez les phrases suivantes et soulignez les deux autres pronoms. Dites à quels mots ils se rapportent.

- ◆ La cravate jaune est trop classique.
- ○ Non, moi, je la trouve bien.

- ◆ Ta jupe est très élégante, je l'aime bien.

c. Complétez la règle.

Die Pronomen ...., ..., ... und .... nennt man direkte Objektpronomen. Sie stehen für ein Substantiv, das schon erwähnt wurde. Sie stimmen mit diesem in Geschlecht und Zahl überein. Meistens stehen sie .... dem Verb. Das gilt auch für verneinte Sätze: *Je les prends. / Je ne les prends pas.*

d. Dans la recette p. 101, retrouvez deux pronoms employés avec un verbe à l'impératif. Où se trouve le pronom par rapport au verbe ?

B 9 Regardez les vitrines et discutez à l'aide des adjectifs suivants.

cher	élégant
jeune	sportif
joli	"moche"
classique	original
foncé	clair
moderne	"vieillot"
bon marché	

○ *Comment trouvez-vous la robe rouge ?*
◆ *Je la trouve moche.*

B 10 Circulez dans la classe et faites un compliment aux personnes que vous rencontrez.

J'aime bien votre cravate !

Votre collier me plaît beaucoup !

Elles sont jolies, vos lunettes !

Votre robe vous va très bien, je trouve.

B 11

a. Entraînez-vous à prononcer les sons [wi] et [ɥi].

La truite est trop cuite.
Ajoutez dix-huit cuillères d'huile d'olive.
Il y a du bruit au 108 !
La nuit, dans la cuisine, Louis écoute la pluie.
Oui, je veux bien un biscuit.
Ta jupe est en cuir ?
Et puis, le week-end, nous mangeons des sandwiches.

b. Contrôlez avec la cassette.

C1

a. Associez les mots suivants aux cinq thèmes : sport (S), nature (N), alimentation (A), corps (C), âme (M).

- ☐ les légumes
- ☐ manger léger
- ☐ les fleurs
- ☐ la natation
- ☐ les saisons
- ☐ la musique
- ☐ le chien
- ☐ la douche
- ☐ les sports de plein air
- ☐ la piscine
- ☐ le massage
- ☐ la gymnastique
- ☐ le jogging
- ☐ les randonnées
- ☐ la marche
- ☐ les oiseaux
- ☐ le message de la nature
- ☐ le shampooing
- ☐ la dimension spirituelle
- ☐ l'eau

b. Discutez entre vous de vos résultats et complétez la liste avec d'autres mots que vous connaissez.

C2

a. Ecoutez les réponses de trois Parisiens à la question : "Qu'est-ce que vous faites pour vous maintenir en forme ?"

b. Formez trois groupes – un par personne interviewée. Retrouvez en C1 les mots entendus dans les interviews et notez-les dans les bulles.

SABINE

JEAN

CLAIRE

c. Présentez vos résultats aux autres groupes. Qu'est-ce que Sabine, Jean et Claire font pour se maintenir en forme ?

C3

a. Sur une feuille, écrivez votre prénom et autour les activités que vous faites pour vous maintenir en forme.

b. Trouvez les personnes qui ont noté les mêmes activités que vous et discutez de vos habitudes.

4 Ecoutez à nouveau les interviews et complétez les phrases suivantes.

"Je .... occupe des plantes de mon balcon."
"Que faites-vous pour .... maintenir en forme ?"
"Alors, pour .... détendre, déjà, je .... change."
"C'est vrai que j'aime bien .... lever tranquillement [...], donc c'est vrai que ça .... passe essentiellement le week-end."
"Qu'est-ce que tu fais pour .... occuper de ta santé ?"
"Je .... amuse à penser que..."
"Je .... éveille à la nature."

Ergänzen Sie die Tabelle mit dem reflexiven Verb *s'amuser.*

S'AMUSER		
je	.....	....
tu	.....	....
il/elle/on	s'	....
nous	nous	....
vous	.....	....
ils/elles	s'	....

In der Lektion 1 haben Sie bereits ein reflexives Verb kennengelernt: *s'appeler*. Bilden Sie nun alle seine Formen und achten Sie auf die Aussprache.

5 Que faites-vous pendant l'année, pour votre santé ? Utilisez si possible les verbes pronominaux réfléchis et faites correspondre vos activités aux quatre saisons.

en hiver

au printemps

en été

en automne

6 Voici comment parler de la santé. Faites correspondre.

1. J'ai un rhume.	☐ Er ist allergisch gegen Erdbeeren.
2. Tu as mal à la tête ?	☐ Ich bin in Höchstform.
3. Je suis bien dans ma peau.	☐ Sie hat die Grippe.
4. Il est allergique aux fraises.	☐ Ich habe eine Erkältung.
5. J'ai des problèmes de dos.	☐ Er hat einen gebrochenen Arm.
6. Elle a la grippe.	☐ Hast du Kopfschmerzen?
7. Je suis en pleine forme.	☐ Ich habe Rückenprobleme.
8. Il a le bras cassé.	☐ Mir ist übel.
9. J'ai mal au cœur.	☐ Ich fühle mich wohl in meiner Haut.

7 a. Voici le vocabulaire du corps humain.

Le Baiser (1886). Auguste Rodin.

b. Notez tous les mots sur des papiers et mélangez-les. Livre fermé, reconstituez la forme d'un corps avec les papiers.

8 Avez-vous des problèmes de santé ?
Faites-vous donner un conseil par votre voisin/e.

L'ESPACE THERMAL evian

9 a. Ecoutez et relaxez-vous.

b. Racontez votre expérience.

PARTAGER SES SENSATIONS

Faites correspondre des objets de la page 100 aux situations des photos ci-dessous.

Choisissez une situation et imaginez un dialogue.

10 Autrefois aujourd'hui

COMMENT VIVONS-NOUS AUJOURD'HUI ?

Regardez les photos et commentez-les.
Pouvez-vous trouver d'autres situations qui caractérisent la vie d'aujourd'hui ?

A1

a. Lisez le slogan. De quoi s'agit-il ?

b. Inventez d'autres phrases sur le même modèle.

"Pour réussir un fils/une fille,

il faut un père/une mère ....

et beaucoup de ...."

Et pour réussir un père/une mère ?

"Pour réussir un fils, il faut un père exceptionnel et beaucoup de fromage."

A2

a. Ecoutez les interviews de quatre hommes au sujet de leur rôle de père. Notez les prénoms et les âges.

....	....	....	....
.... ans	.... ans	.... ans	.... ans

b. Formez quatre groupes (un par prénom). Ecoutez à nouveau les interviews et notez le plus de mots possibles.

c. Faites ensuite tous ensemble le portrait des quatre pères.

A3

a. Faites correspondre une des idées suivantes à chacun des pères.

1. L'éducation des enfants, c'est le rôle de la mère.
2. La réussite des enfants à l'école est très importante.
3. Un père doit surtout donner beaucoup de tendresse à ses enfants.
4. Un père doit apprendre aux enfants les choses les plus importantes de la vie.

b. Etes-vous d'accord avec ces idées ? Pourquoi ?

A4 Ecoutez deux phrases des interviews et complétez avec les pronoms *lui* ou *leur*. Dites à quels mots se rapportent ces pronoms.

"Je veux donner à mes enfants tout l'amour et toute la tendresse que je peux. [...] je .... fais des bisous."

"Etre père, c'est être responsable de ma fille, je veux .... transmettre ma culture et .... montrer le monde."

Wie die direkten Pronomen *le, la, les* stehen auch die indirekten Pronomen *lui, leur* für ein bereits erwähntes Substantiv. Jedoch gebraucht man die indirekten Pronomen nur bei Verben mit der Präposition *à*, zum Beispiel:

transmettre quelque chose à quelqu'un — *demander quelque chose à quelqu'un*
montrer quelque chose à quelqu'un — *écrire/téléphoner à quelqu'un*

Wo stehen die indirekten Pronomen im Satz?

A5 Complétez avec les pronoms *lui* ou *leur*.

1. ○ Tu as écrit à Thierry ?
   ◆ Non, je .... envoie une carte demain.
2. ○ On téléphone aux parents ?
   ◆ Oui, on peut .... dire qu'on est bien arrivés.
3. ○ Dis bonjour à ta sœur de ma part.
   ◆ D'accord, je vais .... transmettre tes salutations.
4. ○ Tu as dit à Pierre-François de venir ?
   ◆ Oui, je .... ai demandé, mais il ne peut pas.

A6 Lisez le texte du poète libanais Khalil Gibran et donnez votre avis.

Vos enfants ne sont pas vos enfants.
Ils sont les fils et les filles du désir de vie en lui-même.
Ils viennent par vous mais non de vous. [...]
Vous pouvez leur donner votre amour mais non vos pensées.
Car ils ont leurs propres pensées.
Vous pouvez loger leurs corps, mais non leurs âmes.
Car leurs âmes habitent la demeure de demain [...]

B 1 Dans son livre "Le Voile noir", la comédienne Anny Duperey essaie de retrouver le souvenir de ses parents, morts tragiquement quand elle avait huit ans. Elle s'inspire des photos, réalisées par son père, Lucien Legras, dans les années cinquante.

Décrivez les photos.

1

2

3

4

5

B2 Faites correspondre les textes aux photos, p. 115.

☐ C'est une toute simple, toute bête photo de famille, mais on sait dans toutes les familles combien elles sont difficiles à faire. [...] il manque toujours quelqu'un !

Ce jour-là, ma grand-mère avait avec elle ses deux filles, ses deux garçons, leurs conjoints et tous ses petits-enfants nés à ce jour. [...] Elle pouvait ainsi contempler tout son monde [...]

☐ Ma grand-mère maternelle à sa machine à coudre. C'est ainsi que je la trouvais sans doute – puisque ma mémoire opaque ne m'offre aucune image d'elle – en rentrant de l'école tous les soirs.

Et puis, derrière, à demi-fondue dans l'ombre, pas conquérante du tout, ma grande-tante Juliette, sa sœur, éternelle suivante à l'arrière-plan.

☐ Pépé Duperray était un homme formidable. Je sais que mon père adorait le photographier. [...] C'était un homme qui aimait jouer avec les enfants. Il était musicien. [...] Son instrument préféré était la mandoline. [...] Et puis, il inventait des choses, des jouets, avec des bouts de bois, des ficelles. Il nous apprenait à jouer aux dominos. [...] Vers le goûter, nous nous retrouvions tous, invariablement, autour d'un chausson aux pommes, spécialité de ma grand-mère.

☐ Ils étaient amoureux, ils étaient gais, c'était l'après-guerre. On faisait des choses amusantes sur les plages, on prenait des poses. Et puis on se mariait.

☐ La photo me dit qu'il faisait beau, qu'il y avait du vent dans mes cheveux, que la lumière de la côte normande devait être magnifique ce jour-là.

B3 Retrouvez le vocabulaire de la famille dans les textes et complétez.

les grands-parents : le grand-père + la ....

les parents : le .... + la ....

les frères et sœurs : le .... + la ....

les .... : le petit-fils + la petite-fille

les enfants : le fils + la ....

les cousins : le .... + la ....

les oncles et tantes : l'................................ + la ....

B4 Trouvez dans la classe quelqu'un qui a...

... encore une grand-mère ou un grand-père
... un oncle en Amérique
... une fille qui fait de la musique
... un cousin ou une cousine à l'étranger
... plus de deux frères et sœurs
... une tante excentrique

B5 a. Dans les textes, p. 116, vous avez rencontré une nouvelle forme du passé : l'imparfait. Relevez les verbes pour chaque pronom.

je/j'

il/elle/on

nous

ils

Zur Bildung des *imparfait* benötigen Sie den Stamm der 1. Person Plural Präsens (z. B.: *nous ador - ons*). Ergänzen Sie mit Hilfe der Beispiele in B5 a. die Endungen, die an den Stamm angehängt werden.

j'	ador- ....
tu	ador- ais
il/elle/on	ador- ....
nous	ador- ....
vous	ador- iez
ils/elles	ador- ....

Das *imparfait* dient dazu, Situationen, Zustände und Stimmungen in der Vergangenheit zu beschreiben oder gewohnheitsmäßige Handlungen wiederzugeben.

b. Décrivez une personne de votre enfance ou de votre famille, à l'aide des verbes et des expressions suivants.

être – aimer – faire – avoir – jouer – habiter – prendre – écouter – travailler – rire – voyager – aller – parler (de) – souvent – tous les jours – le matin – régulièrement – de temps en temps – tous les lundis – le dimanche

Mon grand-père aimait beaucoup la musique. Le matin, il écoutait la radio.

B6 Parlez de votre enfance à votre voisin/e.

Quand vous étiez enfant, où habitiez-vous ? Où passiez-vous souvent vos vacances ? Qu'est-ce que vous n'aimiez pas faire ? Qu'est-ce que vous rêviez de devenir ?

c1 **a. Quand vous aviez 10 – 15 – 20 ans, quel était votre livre, votre auteur préféré ? est-ce que vous aimiez les livres d'aventure ?**

b. Faites correspondre les mots suivants aux quatre catégories : aventure (1), nature (2), art (3) et repas (4).

☐ avaler ☐ un avion ☐ un fauve ☐ tracer ☐ un peintre ☐ piloter
☐ un serpent ☐ dormir ☐ mâcher ☐ faire peur ☐ dessiner
☐ la digestion ☐ une proie ☐ abandonner ☐ la jungle ☐ voler
☐ la forêt vierge ☐ un chef-d'œuvre ☐ un crayon de couleur ☐ un dessin

c2 **Le livre préféré de beaucoup de Français était – et est encore – "Le Petit Prince" d'Antoine de Saint-Exupéry. Lisez le début du premier chapitre.**

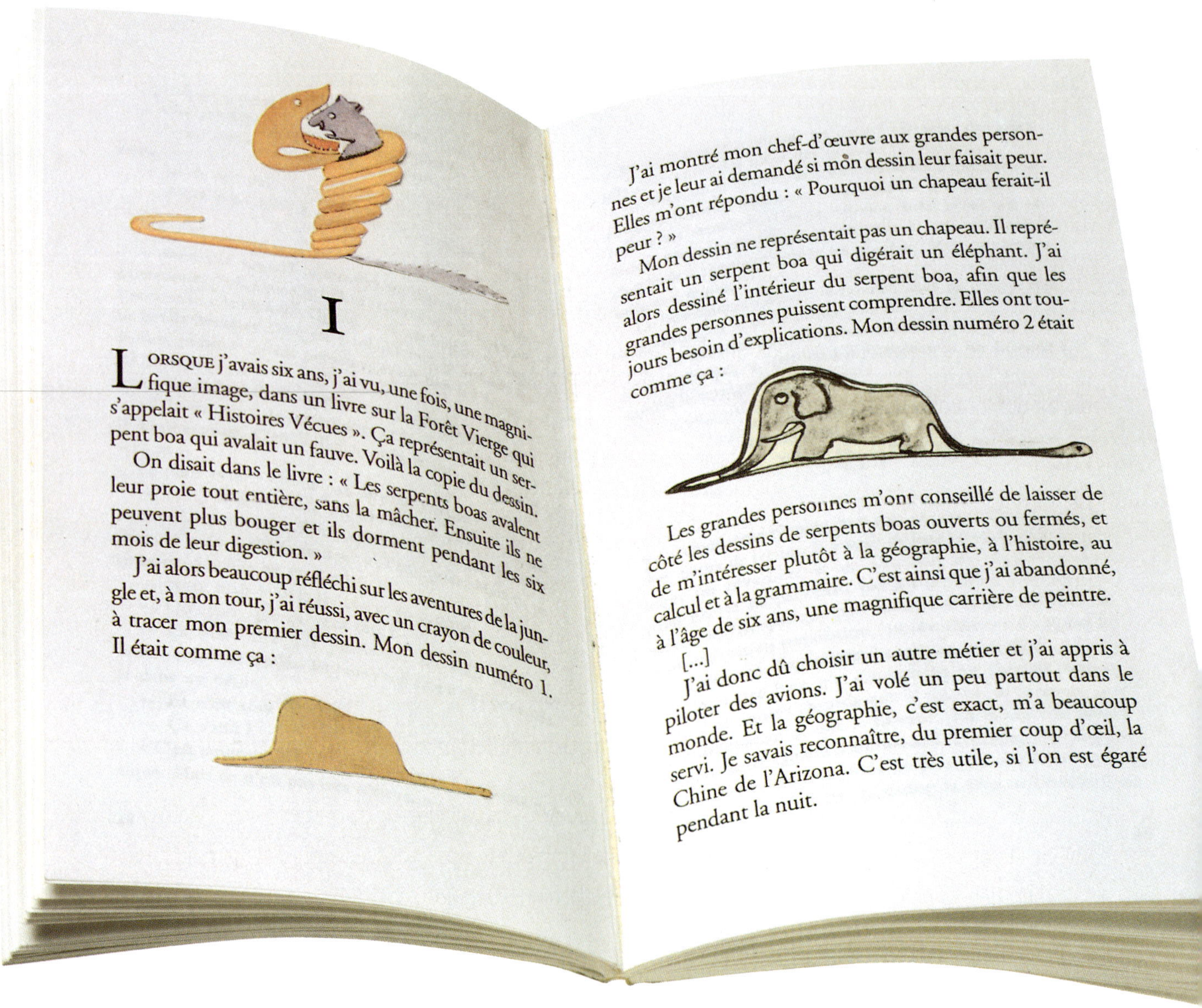

I

LORSQUE j'avais six ans, j'ai vu, une fois, une magnifique image, dans un livre sur la Forêt Vierge qui s'appelait « Histoires Vécues ». Ça représentait un serpent boa qui avalait un fauve. Voilà la copie du dessin.

On disait dans le livre : « Les serpents boas avalent leur proie tout entière, sans la mâcher. Ensuite ils ne peuvent plus bouger et ils dorment pendant les six mois de leur digestion. »

J'ai alors beaucoup réfléchi sur les aventures de la jungle et, à mon tour, j'ai réussi, avec un crayon de couleur, à tracer mon premier dessin. Mon dessin numéro 1. Il était comme ça :

J'ai montré mon chef-d'œuvre aux grandes personnes et je leur ai demandé si mon dessin leur faisait peur. Elles m'ont répondu : « Pourquoi un chapeau ferait-il peur ? »

Mon dessin ne représentait pas un chapeau. Il représentait un serpent boa qui digérait un éléphant. J'ai alors dessiné l'intérieur du serpent boa, afin que les grandes personnes puissent comprendre. Elles ont toujours besoin d'explications. Mon dessin numéro 2 était comme ça :

Les grandes personnes m'ont conseillé de laisser de côté les dessins de serpents boas ouverts ou fermés, et de m'intéresser plutôt à la géographie, à l'histoire, au calcul et à la grammaire. C'est ainsi que j'ai abandonné, à l'âge de six ans, une magnifique carrière de peintre.

[...]

J'ai donc dû choisir un autre métier et j'ai appris à piloter des avions. J'ai volé un peu partout dans le monde. Et la géographie, c'est exact, m'a beaucoup servi. Je savais reconnaître, du premier coup d'œil, la Chine de l'Arizona. C'est très utile, si l'on est égaré pendant la nuit.

Antoine de Saint-Exupéry

c3 a. Qu'est-ce que le narrateur rêvait de devenir ?
Qu'est-il finalement devenu ?
Pourquoi a-t-il changé d'avis ?
Retrouvez dans le texte ce qui est important dans la vie pour les grandes personnes et pour les enfants.

b. Qu'est-ce qui était important pour vous quand vous étiez enfant ?
Et qu'est-ce qui est important pour vous maintenant ?

c4 Comment traduisez-vous ces deux phrases du "Petit Prince" dans votre langue ?

"Je leur ai demandé si mon dessin leur faisait peur."

....

"C'est très utile, si l'on est égaré pendant la nuit."

....

Si kann .... oder .... heißen.

c5 a. Dans le texte du "Petit Prince", p. 118, soulignez d'une couleur les verbes au passé composé et d'une autre couleur les verbes à l'imparfait.

b. Dans un récit, quand utilise-t-on le passé composé ou l'imparfait ? Observez le texte et cherchez des exemples pour les catégories suivantes.

description (Zustand, Beschreibung)	action accomplie (einmalige und abgeschlossene Handlung)

6 **a. Voici un texte inspiré du deuxième chapitre du "Petit Prince" : la rencontre entre le pilote et le Petit Prince. Mettez les verbes entre parenthèses au passé composé.**

Il y a six ans, j'......... .... (avoir) une panne dans le désert, avec mon avion. ♠

Le premier soir, j' .... (dormir) sur le sable. ♥

Au lever du jour, une drôle de petite voix m'........ .... (réveiller). ♣

J'....... bien .... (regarder) et j'........ .... (voir) un petit bonhomme tout à fait extraordinaire. ♦

b. Pour donner plus d'intérêt au texte ci-dessus, ajoutez pour chaque symbole une phrase descriptive à l'imparfait, à l'aide des quatre dessins suivants.

♣ La voix ....

♠ ....

♥ ....

♦ Il ....

c. Relisez votre nouveau texte avec les quatre phrases à l'imparfait.

7 **a. Ajoutez *j* ou *g*, puis lisez à voix haute.**

...isèle a fait un ...âteau ...énial.

La ...irafe a ...oué dans le ...ardin. C'est la ...ungle ici ?

Coura...e ! La vie n'est pas tou...ours ...aie, mais avec une ...uitare, tout s'arran...e.

En ...énéral, ...uliette et ...érard font le ména...e le ...eudi.

Pour ...agner de l'ar...ent, ...'enseigne la ...éo...raphie et la ...ymnastique.

Quelle ma...ie ! Prendre le ...oûter sur la pla...e !

b. Contrôlez la prononciation à l'aide de la cassette.

COMMENT VIVIONS-NOUS AUTREFOIS ?

Regardez les photos : comparez-les aux photos, page 112.
Qu'est-ce qui a changé ? Comment trouvez-vous ces changements ?

Choisissez deux photos pour aujourd'hui et autrefois et trouvez trois points positifs et trois points négatifs sur la vie d'autrefois.

11

SE RENDRE UTILE

AU BOULOT !

① TRAVAILLER POUR LA GLOIRE.

② SE TOURNER LES POUCES.

③ AVOIR DU PAIN SUR LA PLANCHE.

④ FAIRE LE PONT.

⑤ SE TUER AU TRAVAIL.

⑥ TUER LE TEMPS.

⑦ AVOIR UN POIL DANS LA MAIN.

⑧ METTRE LA MAIN À LA PÂTE.

Faites correspondre les expressions aux définitions.

- ☐ Ne pas aller au travail le vendredi ou le lundi quand le jeudi ou le mardi sont jours fériés.
- ☐ Ne rien faire.
- ☐ Etre paresseux.
- ☐ Travailler sans être payé.
- ☐ Travailler trop.
- ☐ Se mettre au travail.
- ☐ S'occuper de choses sans importance.
- ☐ Avoir beaucoup de travail en perspective.

A1

Début de carrière ! Mettez ces différentes actions dans un ordre chronologique et comparez avec votre voisin/e.

- ☐ devenir responsable du service
- ☐ faire des petits boulots
- ☐ faire une formation
- ☐ s'inscrire à la faculté
- ☐ ne pas trouver de travail
- ☐ penser à l'avenir
- ☐ trouver du travail
- ☐ passer un examen
- ☐ faire des études
- ☐ avoir de l'expérience

A2

a. Lisez les deux textes sur Michel et Marie-José.

J'ai d'abord fait plusieurs petits boulots. Puis je me suis décidé. J'ai fait une formation et à vingt-cinq ans, j'ai passé un examen pour conduire les taxis. Après, j'ai attendu quatre ans pour avoir mon taxi à moi. C'est vrai qu'au début, c'était plutôt difficile au point de vue financier. Et puis, le trafic dans Paris est vraiment impressionnant. Il faut avoir les nerfs solides... Mais parfois je tombe sur un client sympa qui engage la conversation, qui s'intéresse à mon métier. Je ne regrette rien, même si je travaille jusqu'à soixante-cinq heures par semaine.
Maintenant, j'ai trente-deux ans, et j'aimerais fonder une famille.

D'après : *Artisan – un métier en main,*
Onisep/Les Dossiers, 1994

J'ai fait mes études à Nancy. Je me suis inscrite dans une école d'infirmières. C'était passionnant d'écouter les médecins qui nous donnaient les cours. Le plus agréable dans mon métier, c'est de pouvoir aider les malades, d'être utile aux autres. J'ai trouvé du travail à l'hôpital Broussais à Paris. Ce qui me plaît surtout, c'est la petite taille de l'hôpital. C'est très humain. Mon avenir ? Eh bien, je n'ai que vingt-huit ans. Je souhaite d'abord aller dans les autres services pour avoir plus d'expérience et, plus tard, peut-être devenir responsable de toutes les infirmières qui travaillent à l'hôpital.

D'après : *Profession Parents,* mai 1994

b. Qu'est-ce qu'on apprend sur Michel et Marie-José ? Répondez aux questions.

MICHEL

Quel âge a-t-il ?
Quel est son métier ?
Qu'est-ce qui lui plaît dans son métier ?
Quelles sont les difficultés de son métier ?
Comment voit-il son avenir ?

MARIE-JOSÉ

Quel âge a-t-elle ?
Quel est son métier ?
Quelle est sa formation ?
Quels sont les avantages de son métier ?
Comment voit-elle son avenir ?

c. Comparez les résultats dans la classe.

A3 Que pensent Marie-José et Michel de leur travail ?
Recherchez dans les textes les expressions qu'ils emploient pour exprimer des jugements, des regrets ou une satisfaction.

jugements (Urteile)

regrets (Bedauern)

satisfaction (Zufriedenheit)

A4 Observez les phrases de Michel et de Marie-José et complétez la règle.

"Mais parfois je tombe sur un client qui engage la conversation, qui s'intéresse à mon métier."
"C'était passionnant d'écouter les médecins qui nous donnaient des cours."

Wie lauten die deutschen Entsprechungen für das Relativpronomen *qui* ?

............, ..., ...

Zwischen dem deutschen und dem französischen Relativsatz mit *qui* gibt es einen Unterschied in der Satzstellung. Welchen?

A5 a. Complétez, puis discutez.

Un bon chauffeur de taxi, c'est quelqu'un qui ....

Une bonne infirmière, ...

Un bon comptable, ...

Un bon professeur, ...

Un/e collègue sympathique, ...

Un/e ami/e, ...

Une bonne voiture, c'est une voiture qui ....

Une bonne formation, c'est une formation qui ....

Un travail intéressant, c'est un travail qui ....

b. Comparez les résultats dans la classe.

A6 **Qu'est-ce qui est important pour vous dans votre métier ? Parmi les exemples ci-dessous, choisissez trois priorités et donnez vos raisons. Laissez-vous inspirer par les photos.**

voyager beaucoup – bien gagner sa vie – avoir des collègues sympathiques – travailler à l'extérieur – être son propre patron – être créatif – être en contact avec le public – avoir des responsabilités – avoir beaucoup de vacances – avoir la sécurité de l'emploi – avoir une bonne protection sociale – pouvoir travailler à temps partiel – travailler à la maison

1

2

3

4

5

A7 **Relevez dans les textes, p. 123, les deux phrases où sont employés les verbes *se décider* et *s'inscrire*. A quel temps sont ces verbes ? Que remarquez-vous ? Complétez la règle.**

Das .... der reflexiven Verben wird mit dem Hilfsverb .... gebildet.

A8 **Complétez la B.D. avec les verbes suivants au passé composé.**

s'amuser – se coucher – se détendre –s'inscrire – s'intéresser – se laver – se lever – s'occuper – se réveiller

A9 a. A l'aide des textes, p. 123, dites quels sont les avantages et les inconvénients de la profession de chauffeur de taxi ou d'infirmier/-ière ?

b. Choisissez une de ces douze professions et présentez ses avantages et ses inconvénients. La classe devine de quelle profession il s'agit.

garçon de café — cuisinier — ingénieur — coiffeur/-euse — chef de service — employé/e de bureau — homme/femme au foyer — instituteur/-trice — vendeur/-euse dans un hypermarché — pilote d'avion — conducteur/-trice de poids lourds — étudiant/e

c. Formez deux groupes, chaque groupe note les professions de ses membres. Les groupes échangent leurs listes. A tour de rôle, un groupe mime une des professions de la liste et l'autre groupe devine de quelle profession il s'agit.

B1 A l'aide des expressions suivantes, dites ce que font ces personnes et si elles sont en train de travailler ou non.

- ☐ planter un arbre
- ☐ surveiller des enfants
- ☐ réparer un terrain de jeux
- ☐ faire la lecture à un aveugle
- ☐ rédiger une lettre pour quelqu'un

B2 Lisez l'annonce et dites ce que propose l'association "Réseau d'Echanges de Savoirs". Comment trouvez-vous cette idée ?

Chômage – Retraite – Solitude
Vous voulez être utile ?

Venez nous voir, nous vous proposerons des activités qui sont
- utiles
- agréables
- échangeables contre les petits services dont vous avez besoin.

Vous savez faire des choses, d'autres aussi, alors pourquoi ne pas faire des échanges ?

Vous surveillerez des enfants, vous planterez des arbres, vous réparerez des terrains de jeux, vous lirez aux aveugles, vous rédigerez des lettres aux services publics, bref vous participerez à la vie des autres.

Vous aurez un "crédit" pour vos prestations, p. ex. une après-midi de baby-sitting, et vous en profiterez pour en "acheter" à d'autres, p. ex. une petite réparation chez vous. Et tout cela sans avoir un sou à dépenser !

Pas sûr ? Intéressé ? Curieux ?
Venez nous voir ou téléphonez-nous au

RÉSEAU D'ÉCHANGES DE SAVOIRS
7, rue Voltaire
03200 Vichy
☎ 70.31.83.21
permanence de 9 à 12h30

Tous nos collaborateurs sont bénévoles !

B3 a. Ecoutez l'appel téléphonique. Qui parle ? De quoi s'agit-il ?

b. Quelles activités sont proposées ? Cochez.

- [ ] lire un conte à des enfants
- [ ] faire une conférence sur le yoga
- [ ] fabriquer des costumes de théâtre
- [ ] donner un cours de couture
- [ ] s'occuper du chien d'une dame
- [ ] soigner un vieux monsieur
- [ ] faire du baby-sitting
- [ ] enregistrer une cassette pour les aveugles
- [ ] préparer un buffet

4 a. De quoi avez-vous besoin et que savez-vous faire ? Rédigez une annonce comme ci-dessous.

b. Lisez les annonces du groupe et prenez contact pour échanger vos services.

5 a. Retrouvez dans l'annonce, p. 128, cinq verbes au futur.

nous proposerons	....	....
....	....	....

b. A l'aide des exemples, complétez le tableau suivant.

je participerai	nous participe........	Das Futur (*je participerai*) drückt eine Vorhersage aus, das *futur composé* (*je vais participer*) eher eine Absicht. Vgl. auch S. 93.
tu participeras	vous participe..........	
il/elle participera	ils/elles participeront	

B6 Choisissez une situation future et dites ce que vous ferez.

Que ferez-vous quand...

... vous aurez fini vos études/votre formation/votre cours de français ?

... vous serez à la retraite ?

... vous aurez 30, 50 ou 70 ans ?

... vous serez marié/e ?

... vous aurez des enfants ?

B7 Voulez-vous être bénévole comme 20 % des Français ? Choisissez l'association française ou internationale qui vous correspond le plus et imaginez les futures activités de cette association.

MVE ◆ MOUVEMENT POUR LES VILLAGES D'ENFANTS

Amnesty international
ÉCRIRE CONTRE L'OUBLI

sol en si
solidarité enfants sida

SECOURS POPULAIRE FRANÇAIS

LES RESTAURANTS DU COEUR
LES RELAIS DU COEUR

MEDECINS SANS FRONTIERES

B8 a. Quelles phrases entendez-vous ? Cochez.

☐ Ils ont treize amis.	☐ Ils sont très amis.
☐ C'est sur la Côte d'Azur.	☐ C'est sûr, la côte est sûre.
☐ Il n'hésite plus, il l'épouse mardi.	☐ Il n'hésite plus, il les pousse mardi.
☐ La première phase est terminée.	☐ La première face est terminée.
☐ Elles appellent Françoise.	☐ Elle s'appelle Françoise.
☐ Jacques vient ce soir.	☐ Chacun vient s'asseoir.
☐ Il a une Peugeot.	☐ Il a un peu chaud.

b. Prononcez toutes les phrases.

c1 **Ecoutez et lisez la chanson de Kent : "On fait ce qu'on peut." (1994).**

1
Levé matin
La salle de bains tient dans l'évier[1],
Tient dans la main,
Petit-déjeuner y'a plus de pain
Café debout pour se mettre en train.
Dans le frimas[2] presser le pas
Dans l'autobus se mettre en tas.
C'est pas Tokyo ni Calcutta
On fait ce qu'on peut avec ce qu'on a.

2
Bonjour, collègue ! Ça va la forme ?
Moi ça va mais faudrait que je dorme.
Sur le bureau des dossiers énormes
A classifier selon les normes.
Les heures s'alignent sans éclat
Entre des chiffres et des cawa[3].
C'est pas le Goulag, c'est pas Zola
On fait ce qu'on peut avec ce qu'on a.

3
C'est l'heure de la pause
Ticket restau
Chez le Chinois ou chez Mario.
Excusez-moi les gars mais je ne suis pas du lot
J'ai un rencart dans un bistro.
J'ai rendez-vous avec une fleur
Qui m'a rencontré par erreur.
C'est pas Binoche ni Basinger
On fait ce qu'on peut avec son cœur.
[...]

4
Mais faut y aller quand faut y aller
Quatre heures encore et je partirai.
Avant de courir en faculté
Au cours du soir pour y arriver.
Combler le retard d'un mauvais choix
Cesser de s'en mordre les doigts.
J'suis pas Einstein ni Grand Lama
On fait ce qu'on peut avec ce qu'on a.

5
Rentré bercail[4] déjà la nuit
La solitude drague l'ennui.
Le frigo[5] manque d'appétit.
Je mets la télé en signe de vie.
Les chaînes[6] s'enchaînent sans choix
Des variétés qui ne varient pas.
Et puis parfois...
On fait ce qu'on peut avec ce qu'on vit.
On fait ce qu'on peut avec ce qu'on vit.

1 l'évier : Waschbecken
2 le frimas : Rauhreif
3 le "cawa" : Kaffee
4 le bercail : Heim
5 le "frigo" : Kühlschrank
6 les chaînes (de télévision) : Fernsehprogramme

c2 **a. Retrouvez dans le texte de la chanson les lieux de l'action et les différents moments de la journée du personnage.**

b. Quelles personnes rencontre-t-il et comment se termine sa journée ?

3 Voici les phrases-clefs des quatre strophes. De quoi parlent-elles ? Comment les comprenez-vous ?

1re strophe : "C'est pas Tokyo ni Calcutta."
2e strophe : "C'est pas le Goulag, c'est pas Zola."
3e strophe : "C'est pas Binoche ni Basinger."
4e strophe : "J'suis pas Einstein ni Grand Lama."

4 a. Faites correspondre les expressions suivantes aux dessins.

- ☐ je ne suis pas du lot
- ☐ j'ai un rencart
- ☐ se mettre en train
- ☐ tenir dans la main
- ☐ draguer
- ☐ s'en mordre les doigts

b. Retrouvez l'équivalent de ces expressions dans votre langue.

c. Comment peut-on dire autrement ?

"J'ai un rencart." ....

"Je ne suis pas du lot." ....

5 Faites le portrait du personnage de la chanson : décrivez son caractère, ses goûts, sa profession, sa formation, ses désirs. Imaginez quelle matière il étudie le soir, et dans quel but.

GAGNER SA VIE

A l'aide du dessin, imaginez un parcours professionnel et essayez d'utiliser dans votre récit quelques expressions de la page 122.

12 Rêves et projets

UN JOUR VIENDRA

A l'aide de ces illustrations, dites quels sont vos espoirs et vos craintes pour l'avenir.

Un jour viendra où il y aura... *Un jour viendra où il n'y aura plus de...*

A1

a. Lisez les titres de journaux français et classez-les selon les catégories suivantes.
technologie – politique – économie – tourisme – communications – culture

Eurotunnel : hausse du trafic en juillet

Le textile portugais en pleine mutation

LE ROI MARK EN DIFFICULTÉ

Si vous n'aimez pas votre job, changez-le.

MARCHÉ INTERNATIONAL DES CAPITAUX
L'Irlande et la Belgique se font rares

La rétrospective consacrée à Claude Monet remporte un grand succès à Chicago

L'ÉVÉNEMENT
Exclusif : un entretien avec le candidat de la gauche
Si je gagne...

Ariane joue son rythme
Elle doit placer sur orbite le lourd satellite de communications Panamsat 4.

L'Allemagne ne veut plus être la vache à lait de l'Europe

Une « euro-identité » en langue anglaise ?

Le Maroc et l'Union européenne n'ont pas réussi à conclure un nouvel accord de pêche

Un prix amical pour visiter l'Ecosse en famille.

MONDE
Un entretien avec le Premier ministre turc
« Si l'Europe nous rejette... »

b. De quels pays et de quels problèmes particuliers parle-t-on dans ces titres de journaux ?

A2

Faites correspondre les deux parties de ces phrases trouvées dans les journaux.

1. Si vous n'aimez pas votre job, ...	☐ ...j'organiserai un référendum sur le quinquennat.
2. Si je gagne, ...	☐ ...nous ne pouvons pas sortir de la crise.
3. Si l'Europe nous rejette, ...	☐ ...changez-le.

Welche Zeit steht im *si*-Satz? ....

Und im Hauptsatz? ....

A3

a. Ecrivez quatre phrases avec *si* sur l'avenir de l'Europe dans les domaines suivants : technologie – culture – tourisme – communications.
Coupez vos phrases en deux et mélangez tous les papiers. Essayez ensuite de construire des phrases cohérentes.

b. Lisez les meilleures phrases à voix haute. Etes-vous d'accord avec cette vision de l'Europe ?

A4 a. Voici de grands journaux européens. De quels pays viennent-ils ?

b. Qui sont les habitants de l'Europe ? Retrouvez leurs nationalités.

A5 Faites le portrait-robot de l'Européen de demain.
Où habitera-t-il ? Où travaillera-t-il ? Quelle(s) langue(s) parlera-t-il ?
Quels sports pratiquera-t-il ? Quels seront ses loisirs ? Où passera-t-il ses vacances ?
Quels seront les moyens de transport qu'il utilisera pour voyager en Europe ?

B1 a. Ecoutez trois Français parler des changements qui ont bouleversé leur vie. Associez leurs prénoms – Huguette, Laurent et Michel – aux photos.

b. Notez leur âge, leur profession et leur état civil (marié/e – célibataire – veuf/-ve – divorcé/e).

c. Quels sont les changements qui ont bouleversé leur vie ? Cochez les bonnes réponses.

HUGUETTE
- ☐ Elle a perdu son mari.
- ☐ Elle est partie à la retraite.
- ☐ Elle a déménagé.
- ☐ Elle a pris des responsabilités dans une association.

LAURENT
- ☐ Il a changé de travail.
- ☐ Il est tombé amoureux et il s'est marié.
- ☐ Il a déménagé.
- ☐ Il a perdu son travail et il est au chômage.

MICHEL
- ☐ Il a déménagé.
- ☐ Il est tombé malade.
- ☐ Il a changé de profession.
- ☐ Il est devenu père.

B2 a. Les expressions suivantes servent à placer les événements dans le temps. A quoi correspondent *vor*, *seit* et *nach* ?

Je travaille à Bruxelles **depuis** trois mois.
Ça fait un an et demi **que** je suis à la retraite.

J'ai arrêté de travailler **au bout de** huit ans.
J'ai rencontré ma femme **il y a** dix ans.

b. Racontez maintenant des événements de votre vie à l'aide de ces expressions.

B3 **a. Ecoutez quatre phrases des interviews et ajoutez les pronoms *y* ou *en*.**

1. "Vous avez pris dernièrement une décision qui a changé votre vie. Pouvez-vous m'....... parler un peu ?"
2. "J'ai décidé de m'expatrier et de quitter mon pays, ma famille, mes amis, pour m'installer dans une ville [...] et en plus, je n'...... connaissais personne."
3. "que j'ai pris des responsabilités au sein d'une association caritative [...] J'....... étais la vice-présidente."
4. "Ça m'a beaucoup manqué, j'...... pense encore parfois."

b. Soulignez les groupes de mots auxquels se rapportent *en* et *y*.

c. Comparez aux phrases avec *y* ou *en* de B3 a.

1. Vous pouvez me parler de votre décision ?
2. Je ne connaissais personne dans cette ville.
3. J'étais vice-présidente d'une association caritative.
4. Je pense à ça.

Das Pronomen ...... steht für Ausdrücke mit *de* (wie: *parler de..., vice-présidente de...*).
Das Pronomen .... steht für Ausdrücke mit *à* oder Ortsangaben (wie: *penser à..., dans cette ville*).

B4 **Lisez et complétez avec *en* ou *y*.**

Laurent
- Je travaillais à Paris, j'...... étais monté pour faire mes études.
- Je ne connaissais personne à Bruxelles quand je suis venu .... vivre.
- La question de se sentir Européen ou Français ? J'...... discute souvent avec mes collègues.

Huguette
- Je suis née au Havre et j'....... passe ma retraite.
- Je faisais partie d'une association et j'....... parlais beaucoup autour de moi.

Michel
- Nous avons déménagé à Vichy et nous nous .... plaisons beaucoup. Mon fils .... a trouvé de nouveaux copains.
- Nous avons quitté la Côte d'Azur, mais nous .... pensons encore souvent.

B5 Ecoutez à nouveau Huguette, Michel et Laurent. Quels étaient leurs rêves d'enfant ? Les ont-ils réalisés ?

B6 a. Vous rappelez-vous ? Imaginez la liste de vos rêves écrite à l'âge de sept ans.

quand je serai grand.e.
je veux devenir ...
je veux être...
je veux me marier avec...
je veux rencontrer...
je veux habiter...
je veux ...

b. Montrez votre liste à votre voisin/e. Avez-vous réalisé vos rêves ? Discutez-en.

○ *Je voulais devenir...*

◆ *Et vous l'avez réalisé ? Vous y êtes arrivé/e ?*

C1 a. Connaissez-vous des gauchers/-ères ? Est-ce qu'il y en a dans votre groupe ?

b. A gauche ou à droite ? Comparez les différences entre la France et votre pays ou entre d'autres pays d'Europe.

A quelle main porte-t-on l'alliance ?
De quel côté se fait la circulation ?
De quel côté les trains roulent-ils ?
Dans quelles villes y a-t-il une rive droite et une rive gauche ?

c2 Lisez la description de "l'île des Gauchers", une île utopique dans le Pacifique Sud, d'après le roman (1995) d'Alexandre Jardin.

ALEXANDRE JARDIN

L'île des Gauchers

Dans un archipel du Pacifique Sud ignoré des géographes, l'île des Gauchers abrite une population où les droitiers sont une petite minorité. Mais ce n'est pas le plus important. Cette minuscule société, fondée par des utopistes français en 1885, a pour but de répondre à une colossale question : comment fait-on pour aimer ? Sur cette terre australe, le couple n'est plus un enfer. C'est l'endroit du monde où l'on trouve, entre les hommes et les femmes, les rapports les plus tendres.

Voilà ce que sont venus chercher, sur l'île des Gauchers, Lord Jeremy Cigogne, aristocrate anglais de trente-huit ans et sa femme Emily. Ils sont arrivés sur l'île en montgolfière et y ont découvert un monde différent.

Il n'y avait pas d'automobiles dans les rues, seulement des voitures à cheval, des chariots et des cavaliers qui circulaient à gauche, évidemment... Les Gauchers avaient refusé l'automobile pour deux raisons : les femmes avaient trouvé qu'un homme à cheval était plus désirable, plus sexy, qu'un conducteur tassé dans une voiture à moteur, la seconde raison était que les automobiles étaient très chères et les Gauchers ne voulaient pas perdre leur temps à travailler, ils voulaient d'abord aimer leur femme.

On avait aussi écarté l'installation du téléphone car les couples préféraient écrire des lettres. A Port-Espérance, chaque maison avait deux boîtes aux lettres, l'une pour l'épouse, l'autre pour le mari.

Dans ce pays, les hommes construisaient avec fierté une maison pour leur femme de leurs mains. Naturellement, l'architecture intérieure devait être à l'image de la maîtresse de maison et suivre les métamorphoses du couple.

Une chose était frappante : la beauté des gens de ce bout de France tropicale. Certes, leurs traits n'étaient pas plus fins que ceux des Parisiens ordinaires, mais leurs visages, leurs regards laissaient filtrer cette harmonie solaire des êtres qui aiment avec délectation et sont aimés en retour...

<u>Quelques dates importantes de l'histoire de l'île des Gauchers :</u>

1952 : Interdiction d'éclairer les restaurants de l'île autrement qu'à la bougie.
1968 : Instauration du mariage à durée limitée.
1969 : Instauration du divorce à durée limitée.
1988 : Les époux peuvent demander réparation devant les tribunaux si leur conjoint consacre un temps excessif à sa vie professionnelle (plus de 25 heures par semaine).
1992 : L'île demande sa réapparition sur les cartes officielles de l'Institut géographique français.
1994 : Suppression des timbres pour les lettres d'amour.

C3 a. Pourquoi l'île s'appelle-t-elle "l'île des Gauchers" ? En quoi cette société est-elle différente ? Formez trois groupes et décrivez les moyens de communication, l'architecture sur l'île et le physique des Gauchers.

b. Chaque groupe résume son thème et le présente aux autres groupes.

C4 a. Retrouvez dans le texte un ou deux exemples pour chaque point grammatical déjà connu.

qui	questions
négation	adjectifs possessifs
comparatif	prépositions
y	passé composé
adjectifs	imparfait

b. Comparez vos résultats avec un autre groupe.

C5 a. Complétez la carte de l'île des Gauchers. Donnez des noms au fleuve, aux montagnes, aux villes et villages.

b. Imaginez la vie quotidienne des Gauchers.

UN JOUR VIENDRA

Un jour viendra où la guerre vous paraîtra aussi absurde et aussi impossible entre Paris et Londres, entre Petersbourg et Berlin, entre Vienne et Turin, qu'elle serait impossible et paraîtrait aujourd'hui absurde entre Rouen et Amiens.

D'après vous, parmi les personnes ci-dessous, qui a écrit ce texte ? Que savez-vous sur ces personnes ?

Victor Hugo
(1802 – 1885)
Ecrivain français
Auteur de
"Notre–Dame de Paris"

Marie Curie
(1867 – 1934)
Physicienne française

[1] les boulets : (Kanonen-) Kugeln
[2] les votes : Wahlen

Un jour viendra où vous France, vous Russie, vous Italie, vous Angleterre, vous Allemagne, vous toutes nations du continent, sans perdre vos qualités distinctes et votre glorieuse individualité, vous vous fondrez étroitement dans une unité supérieure et vous constituerez la fraternité européenne [...]

Un jour viendra où les boulets[1] et les bombes seront remplacés par les votes[2]..."

Coco Chanel
(1883 – 1971)
Créatrice française de haute-couture

Charles de Gaulle
(1890 – 1970)
Président de la République française
(1959 – 1969)

François Mitterrand
(1916 – 1996)
Président de la République française
(1981 – 1995)

Baudouin Ier
(1930 – 1993)
Roi des Belges
(1951 – 1993)

Ecrivez au tableau une phrase, un mot ou une expression sur l'avenir de l'Europe ou du monde. Pour vous aider, servez-vous aussi des phrases inventées, p. 134.

Tous ensemble, combinez ces éléments pour former un poème collectif qui commencera par :

Un jour viendra...

ENTRACTE 3

1. Bilan

Sie sind nun am Ende des Weges angelangt und haben das Ziel erreicht. Ziehen Sie noch einmal Bilanz und ordnen Sie zu.

Sie haben unter anderem gelernt:

- ☐ ein Ereignis, eine Situation oder eine Sache zu bewerten
- ☐ über die eigene Vergangenheit/Kindheit zu sprechen
- ☐ eine vergangene Situation zu beschreiben
- ☐ jemandem ein Kompliment zu machen
- ☐ Einkäufe zu machen
- ☐ eine Erinnerung an eine Person wachzurufen
- ☐ über Pläne und Vorhaben zu sprechen
- ☐ vergangene Ereignisse zeitlich einzuordnen
- ☐ eine Voraussage zu machen

Was Sie außerdem gelernt haben:

- ☐ die bestimmten Mengenangaben
- ☐ den Komparativ
- ☐ die direkten und indirekten Pronomen
- ☐ die reflexiven Verben
- ☐ das Relativpronomen *qui*
- ☐ das *imparfait*
- ☐ das Futur
- ☐ eine neue Gruppe von Verben auf *-ir*
- ☐ die Pronomen *en* und *y*
- ☐ einige Zeitangaben

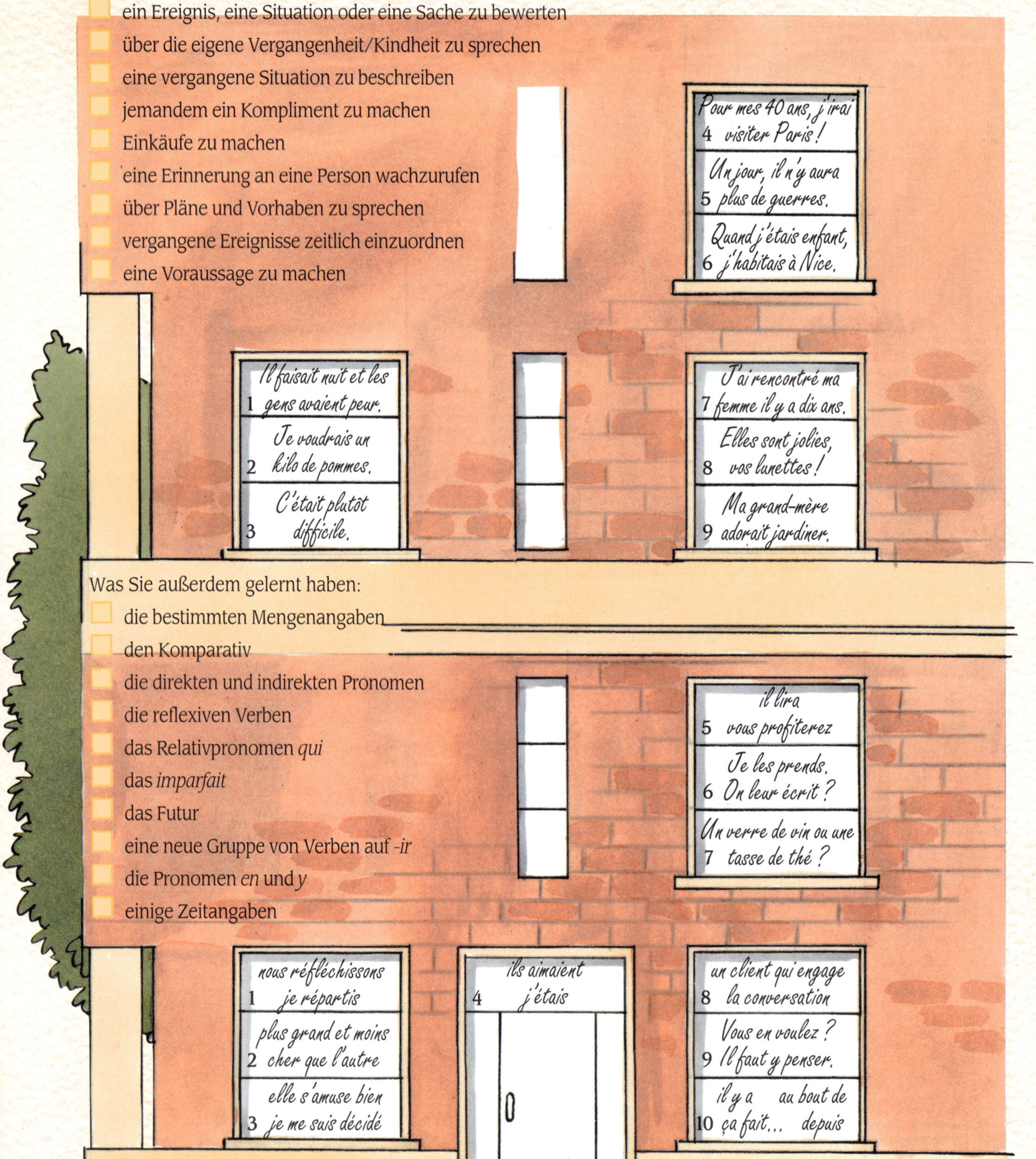

Entracte 3

2. Le langage du corps

Auch der Körper hat seine Sprache. Die Franzosen verwenden eine Reihe von Gesten. Hier einige Beispiele. Können Sie sie richtig interpretieren? Schreiben Sie jeweils einen passenden französischen Satz darunter. Die deutschen Entsprechungen werden Ihnen dabei helfen.

Wir haben gewonnen! – Nein, so nicht! – Es schmeckt ausgezeichnet! – Ich rufe dich an. – Das glaube ich dir nicht. – Da fällt mir etwas ein...

....

....

....

....

....

....

3. La mélodie de la phrase

Auch mit einfachen Sätzen kann man viel ausdrücken. Dabei kommt es oft auf die Satzmelodie an. Hören Sie folgende Beispiele. Der gleiche Satz wird mehrmals gesprochen. Welches Gefühl wird dabei ausgedrückt? Numerieren Sie.

☐ neutre

☐ colère

☐ joie

☐ étonnement/surprise

☐ confidence

☐ demande d'information

Nun sind Sie dran. Versuchen Sie, folgende Sätze mit einer passenden Satzmelodie zu sprechen. Sie dürfen ruhig etwas übertreiben.

tu n'es pas d'accord — vous voulez du pain — il fait trop chaud — c'est l'automne — elles parlent espagnol

Hören Sie die Cassette und vergleichen Sie.

4. Le monde en poèmes

Lesen Sie folgende Gedichte.
Wovon träumen die Menschen?

L'Enfant anonyme

Dans dix ans j'aurai une barbe
et je serai capitaine.
Dans cinq ans
j'aurai des chaussures
et un costume de laine.
Dans cinq ans
je ne dessinerai plus la mer
sur la tôle[1] de notre chambre.
Mon père aura plus d'un cheval
et ma mère sera reine[2].
Ma petite sœur aura une île,
un diadème et des cerises.
[...]

Tahar Ben Jelloun (1944 –)

[1]*la tôle : Blech(wand)*
[2]*la reine : Königin*

La Place de la Concorde

Il n'y avait ce jour-là
il n'y avait ce jour-là
que deux personnes dans Paris
dans Paris
un petit Monsieur à Montmartre
une petite dame à Montsouris
à Montsouris.

Du sud au nord du nord au sud
de bon matin ils sont partis
sont partis
sur la place de la Concorde
sur la place de la Concorde
ils se sont rencontrés à midi
à midi.

Bonjour Monsieur bonjour Madame
bonjour Madame bonjour Monsieur
ah je vois bien dit-il dit-elle
c'est pour ça que nous étions partis
étions partis.

Mais nom de nom dit-il dit-elle
mais où sont donc les habitants ?
les habitants ?

Elle lui répond il lui répond :
chacun mon bon, chacun ma belle,
chacun croit qu'il n'y a personne
sinon l'amour de lui pour elle
sinon l'amour d'elle pour lui,
d'elle pour lui.

C'est ainsi mon bon ma belle
c'est ainsi ma belle mon bon
c'est ainsi qu'il n'y a personne
c'est ainsi qu'on est des millions
des millions.

Jean Tardieu (1903 – 1994)

ENTRACTE 3

5. Le grand jeu

Zum Abschluß testen Sie, was Sie gelernt haben. Nehmen Sie es aber nicht zu ernst, es ist nur ein Spiel!

REGLES DU JEU

1. **Mettez les pions sur la case *Départ.***
2. **Lancez le dé. Le 6 commence. Avancez les pions sur les cases, selon le chiffre indiqué par le dé.**
3. **Si vous arrivez sur une case verte ou rose, vous devez répondre aux questions correspondantes : cases vertes pour un test de communication, cases roses pour un test de grammaire ou de vocabulaire.**
4. **Les autres joueurs décident alors si vous avez répondu correctement à la question posée. Si oui, avancez sur la prochaine case jaune ; si non, reculez sur la case jaune précédente.**
5. **Si vous arrivez sur une case où un autre joueur se trouve déjà, saluez-le, puis avancez d'une case. Si c'est une case verte ou rose, répondez alors à la question.**
6. **Le premier joueur qui arrive directement sur la case *Arrivée* a gagné. Si vous n'y arrivez pas directement, avancez et reculez selon le chiffre indiqué par le dé.**

QUESTIONS

1 La fille de votre père, c'est votre...

3 Vous téléphonez à un/e ami/e qui n'est pas à la maison. Vous lui laissez un message sur le répondeur. Vous avez 30 secondes à votre disposition.

4 Citez trois adjectifs qui désignent le caractère d'une personne.

5 Vous venez d'écrire une lettre ou une carte. Quelles formules de politesse connaissez-vous pour la terminer ? Citez au moins trois possibilités.

6 Citez trois noms ou adjectifs qui forment le pluriel masculin en *-x.*

8 Quelqu'un vous offre de vous emmener en voiture. Qu'est-ce que vous répondez si vous voulez accepter ? et si vous voulez refuser ?

9 Citez cinq prépositions ou adverbes de lieu.

10 Dites quelle heure il est.

12 Vous êtes sur le marché en France. Achetez trois produits de votre choix et indiquez bien les quantités.

14 Formez le futur d'*être.*

17 Un soir, vous rentrez chez vous et sur la table de votre salon, vous trouvez un grand couteau et une rose rouge. Racontez ce qui s'est passé.

19 Faites trois prophéties pour l'an 3000.

22 Imaginez : vous êtes au restaurant. Commandez un hors-d'œuvre, un plat principal, une boisson et un dessert.

23 Quels sont les contraires de *bon, facile* et *grand* ?

25 Vous voulez inviter quelqu'un chez vous ou à faire quelque chose ensemble. Formulez trois invitations différentes.

27 Décrivez la maison de votre enfance.

30 Indiquez les infinitifs des formes verbales suivantes : *j'irai, il a pris, on part.*

32 Donnez la définition d'une profession, p.ex. : *Un architecte, c'est quelqu'un...*

33 Donnez des conseils à un/e Français/e qui a trois jours pour visiter votre région.

35 53 + 42, ça fait...

DÉPART
3000
19
20
21
18
33
34
17
32
ARRIVÉE
16
31
30
15
14
13

ENTRACTE 3

Au revoir

BOLERO
MAURICE RAVEL
MARCEL
Jean
N° 5
CHANEL
EURO TUNNEL
BRUT
ROSÉ
PONT NEUF

Leçon 3

A5 **b. Tauschen Sie Ihre Informationen aus.**

Quel temps fait-il à Limoges ?

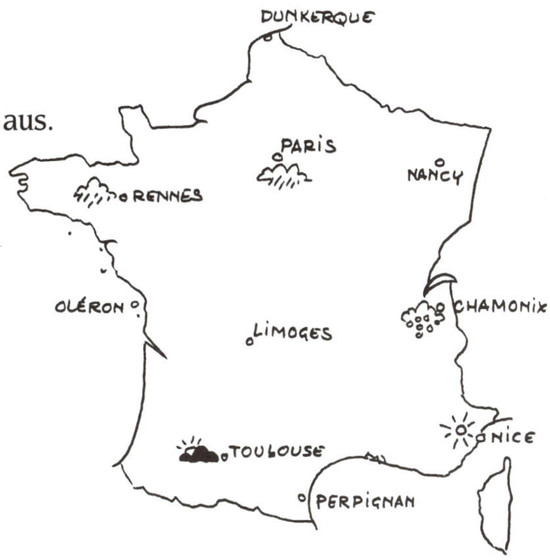

Leçon 5

B10 **b. Joueur B : échangez les informations sur Rouen et Toulouse.**

TOULOUSE

1. ....
2. 550 000 habitants environ
3. Le Musée des Augustins
4. ....
5. ....
6. 700 km
7. ....
8. Le cassoulet, le foie gras

ROUEN

1. La Seine-Maritime (76)
2. ....
3. ....
4. La métallurgie, le textile
5. La cathédrale, le monument à Jeanne d'Arc
6. ....
7. La Seine
8. ....

Leçon 8

B6 **a. Joueur B : lisez et complétez avec les mots suivants.**

Bastia – l'île de beauté – calme – Napoléon Bonaparte – 250 000 – 183 – plages

En Corse

Découvrir la Corse par la mer est un plaisir rare. .... apparaît alors comme une haute montagne plantée dans l'eau cristalline de la Méditerranée. Longue de .... km et large de 75 km, avec ses falaises abruptes, ses .... ensoleillées et la végétation sauvage du maquis, la Corse est une île de contrastes. La majorité des .... Corses habite dans les trois principales villes de l'île : Ajaccio, ... et Calvi. A Ajaccio, on peut visiter la maison natale du Corse le plus célèbre : .... En été, à pied, loin des centres touristiques, on découvre une autre Corse : on apprécie le .... des villages de montagne. Ici, on dort comme une souche, bercé par le chant des grillons.

Grammatikterminologie

Erklärung der grammatischen Bezeichnungen

Verwendete Bezeichnung	Weitere Bezeichnungen	Deutsches Beispiel	Französisches Beispiel
Adjektiv	Eigenschaftswort	*groß, klein*	*petit, grand*
adverbiale Bestimmung	Umstandsbestimmung (der Zeit, des Ortes)	*heute abend,* *in Frankreich*	*ce soir,* *en France*
Artikel **– bestimmter** **– unbestimmter**	Geschlechtswort	 *der, die, das* *ein, eine*	 *le, la, les* *un, une, des*
Aussagesatz	—	*Er kommt.*	*Il vient.*
Fragewort	Fragebegleiter und Fragepronomen	*welcher? welche? wer?*	*quel ? quelle ? qui ?*
Futur	Zukunft	Er *wird kommen.*	Il *viendra.* Il *va venir.*
Grundzahlen	—	*eins, zwei, drei*	*un, deux, trois*
Hilfsverb	Hilfszeitwort	Er *ist* gekommen. Sie *hat* gegessen.	Il *est* venu. Elle *a* mangé.
Höflichkeitsform	Sie-Form	*Sie, Ihnen, Ihr*	*vous, votre*
Imperativ	Befehlsform	*Warte! Hören Sie zu!*	*Attends. Ecoutez.*
Infinitiv	Grundform (des Verbs), Nennform	*gehen, essen*	*aller, manger*
Intonationsfrage	—	—	*Tu viens ?*
Inversionsfrage	—	*Kommst du?*	*Viens-tu ?*
Komparativ	Steigerungsform (bei Adjektiven)	*größer, billiger*	*plus grand, moins cher*
ein Verb konjugieren	ein Verb beugen	(er) *geht*, (sie) *gehen*	(il) *va*, (ils) *vont*
Konjunktion	Bindewort	*und, daß, ob*	*et, que, si*
Konsonant	Mitlaut	*b, d, f, g, ...*	*b, d, f, g, ...*
Lautschrift	phonetische Umschrift	—	[paʀle]
Neutrum	sächliches Wort	*das Haus*	—
Objekt **– direktes**	Ergänzung im Akkusativ (im Frz. ohne Präposition)	*jemanden* lieben, *etwas* essen	aimer *quelqu'un*, manger *quelque chose*
Objekt **– indirektes**	Ergänzung im Dativ (im Frz. mit Präposition)	*jemandem* schreiben	écrire *à quelqu'un*
Objektpronomen	Stellvertreter einer Ergänzung	Er schreibt *ihr.* Sie liebt *ihn.*	Il *lui* écrit. Elle *l'*aime.

Verwendete Bezeichnung	Weitere Bezeichnungen	Deutsches Beispiel	Französisches Beispiel
Ordnungszahlen	—	*erste(r), zweite(r)*	*premier,-ère, deuxième*
Partizip Perfekt	Mittelwort der Vergangenheit	Ich habe *gegessen.*	J'ai *mangé.*
Passiv	Leideform	Ein Restaurant *ist eröffnet worden.*	wird oft mit *on* wiedergegeben: *On a ouvert un restaurant.*
Personalpronomen **- verbunden (unbetont)** **- unverbunden (betont)**	persönliches Fürwort	 *ich, du, Sie* *ich, du, Sie*	 *je, tu, vous* *moi, toi, vous*
Plural	Mehrzahl	*die Häuser, Autos*	*les maisons, des voitures*
Possessivbegleiter	besitzanzeigendes Fürwort	*mein* Garten, *euer* Hund	*mon* jardin, *votre* chien
Prädikat	Satzaussage	Er *ist groß.* Der Tourist *schaut* dem Fischer zu.	Il *est grand.* Le touriste *regarde* le pêcheur.
Präposition	Verhältniswort	*auf, in, unter*	*sur, dans, sous*
Präsens	Gegenwart	Du *schreibst.*	Tu *écris.*
reflexive Verben	rückbezügliche Verben	*sich waschen*	*se laver*
Reflexivpronomen	rückbezügliches Fürwort	Sie wäscht *sich.*	Elle *se* lave.
Relativpronomen	bezügliches Fürwort	die Frau, *die* mich liebt	la femme *qui* m'aime
Singular	Einzahl	*der Baum, ein Kind*	*l'arbre, un enfant*
Subjekt	Satzgegenstand	*Der Tourist* schaut dem Fischer zu.	*Le touriste* regarde le pêcheur.
Substantiv	Hauptwort, Nomen	die *Malerei*	la *peinture*
Superlativ	höchste Steigerungsform (beim Adjektiv)	der *stärkste* Mann	l'homme *le plus fort*
Teilungsartikel	—	—	*du* café, *de l'*eau, *de la* confiture
Verb	Zeit-, Tätigkeitswort	*essen, gehen*	*manger, aller*
Vokal	Selbstlaut	*a, e, i, o, u*	*a, e, i, o, u*

Die Laute im Französischen

VOKALE

Laut in phonetischer Umschrift	Deutsches Beispiel	Französische Beispiele
[a]	Mann	Madame, voilà, château, repas, plat, femme
[ɑ]	—	pâte, association, foie gras
[ɑ̃]	—	champignon, banque, grand, dans, restaurant, employé, temps, en, argent
[e]	Schnee	aimer, effectuer, répéter, freiner, les, et, écoutez
[ɛ]	ändern	faire, s'il vous plaît, monnaie, français, il fait, cher, médecin, chèque, crêpe, Seine, tu es, il est, billet
[ɛ̃]	—	faim, main, peinture, bien, important, intéressant, vingt, un, parfum
[ə]	bitte	je regarde, nous prenons, ne...pas de
[i]	viel	merci, île, gentil, j'écris, lit, riz, égoïste, y
[o]	Boden	aussi, chaud, il faut, faux, beau, Bordeaux, rose, allô, trop, gros, bistrot
[ɔ]	offen	offrir, hôpital, maximum
[ɔ̃]	—	nom, plomb, on, blond, pont
[ø]	böse	un peu, les yeux, les œufs
[œ]	Wörter	meuble, sœur
[u]	gut, Butter	ou, où, coûter, beaucoup, goût, août
[y]	Mühe, süß	j'ai eu, rue, sûr, ne...plus, salut

HALBVOKALE

Laut in phonetischer Umschrift	Deutsches Beispiel	Französische Beispiele
[j]	Million	bien, travail, se réveiller, famille, il y a
[ɥ]	—	huile, nuit
[w]	—	week-end, jouer
[wa]	—	avoir, soie, trois, droit
[wɛ̃]	—	pointure

KONSONANTEN

Laut in phonetischer Umschrift	Deutsches Beispiel	Französische Beispiele
[b]	Buch	beau, robe
[d]	Dose	dame, grande
[f]	Farbe	fille, photo
[g]	Garten	regarder, guitare, collègue
[ʒ]	Journalist	bonjour, les gens, nous mangeons
[k]	Kanne	cours, chorale, kilo, le coq au vin, qui
[l]	Liebe	livre
[m]	Mund	manger
[n]	Nase	nom, automne
[ɲ]	—	montagne
[ŋ]	lang	camping
[p]	Politik	partir, observer
[ʀ]	—	rose, porc, bord, nerf, corps, hors d'œuvre, port
[s]	weiß	cinéma, français, sortir, scène, passage, nationalité, dix
[z]	Sonne	maison, zone piétonne
[ʃ]	Fisch	chercher
[t]	Tag	table, thé
[v]	Vitamin	vin, wagon

2

2.1 Die Personalpronomen

Singular:		
1. Person	**je/ j'**	ich
2. Person	**tu**	du
3. Person	**il**	er
	elle	sie
	on	man/ wir
Plural:		
1. Person	**nous**	wir
2. Person	**vous**	ihr/ Sie
3. Person	**ils**	sie
	elles	

1. *Je* wird vor Vokal und „stummem h" zu *j'*:
   J'aime la France ; **j'**habite en France.
   Ich liebe Frankreich; ich wohne in Frankreich.
2. Das Personalpronomen *on*, das zusammen mit *il/ elle* die 3. Person Singular bildet, hat zwei Bedeutungen:
   a) Es kann einerseits „man" heißen:
   En France, **on** parle français.
   In Frankreich spricht man Französisch.
   b) Andererseits kann man *on* in der gesprochenen Sprache in der Bedeutung von *nous* „wir" verwenden (vgl. **S. 39, A 6**):
   On va au restaurant ?
   Gehen wir ins Restaurant?
3. *Vous* hat im Französischen zwei Bedeutungen:
   a) Wenn man mehrere Personen duzt, steht *vous* in der Bedeutung von „ihr".
   b) Siezt man eine oder mehrere Personen, verwendet man *vous* in der Bedeutung von „Sie".
   Der Satz *Vous voyagez beaucoup.* kann also heißen „Ihr reist viel." oder „Sie (Singular oder Plural) reisen viel.".

   Attention !
   Auch als Höflichkeitsform wird *vous* nicht groß geschrieben.
4. *Elles* bezeichnet ein weibliches Substantiv im Plural. *Ils* kann sowohl auf ein männliches Substantiv im Plural als auch auf Substantive verschiedenen Geschlechts (wie etwa *Paul et Anne)* verweisen.

2.2 Verben auf *-er*

	parl**er**	[paʀ**le**]	
Je	parl**e**	[paʀl]	allemand.
Tu	parl**es**	[paʀl]	français ?
Il / Elle / On	parl**e**	[paʀl]	italien.
Nous	parl**ons**	[paʀ**lɔ̃**]	allemand.
Vous	parl**ez**	[paʀ**le**]	allemand et français ?
Ils / Elles	parl**ent**	[paʀl]	français et italien.

Ebenso:
adorer
aimer
rester
visiter
travailler
die meisten anderen Verben auf *-er*

1. Nur bei *nous* und *vous* sowie beim Infinitiv werden die Endungen ausgesprochen (vgl. Fettmarkierung bei der Lautschrift).
2. Vor *a* und *o* fügt man zur Erhaltung der Aussprache bei den Verben auf *-ger* ein *e* ein, bei den Verben auf *-cer* wird *c* zu *ç*:
   voyager → nous voya**ge**ons (reisen, wir reisen)
   manger → nous man**ge**ons (essen, wir essen)
   commencer → nous commen**ç**ons (beginnen, wir beginnen)

2.3 Das Verb *être*

Je	**suis**	Jacqueline.
Tu	**es**	Français ?
Il / Elle / On	**est**	à l'opéra.
Nous	**sommes**	au restaurant.
Vous	**êtes**	en Allemagne ?
Ils / Elles	**sont**	en France.

1. Neben den regelmäßigen Verben (vgl. z. B. **S. 156, 2.2**) gibt es im Französischen auch unregelmäßige Verben. Zu diesen zählt etwa das nebenstehende Verb *être*.
2. **Attention !**
Vous‿êtes wird wie ein Wort ausgesprochen: [vuz‿ɛt]. Damit die Bindung in der Aussprache zwischen *vous* und *êtes* nicht vergessen wird, steht in Lehrbüchern häufig ein die beiden Wörter verbindender Bogen ‿, der aber **nicht** zum Schriftbild gehört.

2.4 Das Substantiv und der bestimmte Artikel

	männlich		**weiblich**	
	vor Konsonant	vor Vokal/ vor „stummem h"	vor Konsonant	vor Vokal vor „stummem h"
Singular	**le** restaurant	**l'** Allemand **l'** hôtel	**la** baguette	**l'** autoroute **l'** harmonie
Plural	**les** restaurants	**les**‿Allemands **les**‿hôtels	**les** baguettes	**les**‿autoroutes **les**‿harmonies

1. Der bestimmte Artikel heißt im Singular in der männlichen Form *le*, in der weiblichen Form *la*. Vor Vokal und „stummem h" werden *le* und *la* zu *l'*. Der Plural von *le*, *la* und *l'* lautet *les*.
2. Achten Sie auf die Aussprache: les‿Allemands [lez‿almɑ̃] les‿autoroutes [lez‿otoʀut] les‿hôtels [lez‿otɛl] les‿harmonies [lez‿aʀmɔni]
3. Im Französischen sind die Substantive entweder männlich oder weiblich. Ein Neutrum wie im Deutschen gibt es nicht. Da man häufig nur am Artikel erkennen kann, ob ein Substantiv männlich oder weiblich ist, sollte dieser immer mitgelernt werden: ***la** place* = **der** Platz, ***la** bière* = **das** Bier.
4. Im Französischen erhält der Plural des Substantivs normalerweise ein *-s (la baguette* → *les baguettes)*. Einige Substantive haben allerdings eine unregelmäßige Pluralbildung. So etwa die Substantive, die auf *-au* oder *-eau* enden. Sie bilden den Plural auf *-x*, das genauso stumm ist wie die Endung auf *-s*: *le gâteau* → *les gâteau**x***.
5. Anders als im Deutschen steht im Französischen der Artikel
   a) bei Ländernamen:
   La France est en Europe. — Frankreich ist in Europa.
   M. Duroc visite **l'**Allemagne. — Herr Duroc besucht Deutschland.
   b) nach *aimer* und *adorer*:
   J'aime **la** choucroute. — Ich mag Sauerkraut.
   Il adore **le** fromage. — Er mag sehr gern Käse.
   c) vor den Wochentagen, wenn angezeigt werden soll, daß etwas immer wieder am gleichen Tag geschieht:
   Le lundi, je reste ici.
   Montags/ Jeden Montag bleibe ich hier (vgl. **S. 41, B 2**).

→ Die anderen neuen Verben der Lektion finden Sie in der Verbliste!

3

3.1 Die Verneinung

Die französische Verneinung wird mit den beiden Elementen *ne* und *pas* gebildet. *Ne*, das vor Vokal und „stummem h" zu *n'* wird, steht vor dem konjugierten Verb, *pas* folgt ihm:

Il	**ne**	pleut	**pas.**		Es regnet nicht.
Il	**ne**	fait	**pas**	beau.	Das Wetter ist nicht schön.
Le temps	**n'**	est	**pas**	magnifique.	Das Wetter ist nicht berauschend.
On	**n'**	aime	**pas**	le vin.	Wir mögen keinen Wein.

3.2 Das Adjektiv

Das Adjektiv stimmt mit dem Substantiv in Geschlecht und Zahl überein. In den meisten Fällen kann das Adjektiv daher in vier Formen vorkommen:

		männlich			**weiblich**	
Singular	Il est	petit	[p(ə)ti].	Elle est	petite	[p(ə)ti**t**].
	Il est	ravi	[ʀavi].	Elle est	ravie	[ʀavi].
	Le chocolat est	chaud	[ʃo].	La quiche est	chaude	[ʃo**d**].
Plural	Ils sont	petits	[p(ə)ti].	Elles sont	petites	[p(ə)ti**t**].
	Ils sont	ravis	[ʀavi].	Elles sont	ravies	[ʀavi].
	Les chocolats sont	chauds	[ʃo].	Les quiches sont	chaudes	[ʃo**d**].

1. Die weibliche Form des Adjektivs erhält man gewöhnlich, indem man an die männliche Form ein *-e* anhängt *(petit → petit**e**; chaud → chaud**e**)*; der Plural ist durch ein *-s* gekennzeichnet *(petit → petit**s**; petite → petite**s**; chaud → chaud**s**; chaude → chaude**s**)*. Bezieht sich das Adjektiv auf mehrere Substantive unterschiedlichen Geschlechts, so nimmt das Adjektiv die Form „männlich Plural" an *(Paul et Anne sont petits.)*.

   Ebenso:
   charmant, grand, joli, passionnant

2. In der Aussprache bewirkt die weibliche Endung *-e* bei vielen Adjektiven, daß der letzte Konsonant hörbar wird *(chaud* [ʃo] → *chaude* [ʃo**d**], *petit* [p(ə)ti] → *petite* [p(ə)ti**t**]).

		männlich			**weiblich**	
Singular	Il est	formidable	[fɔʀmidabl(ə)].	Elle est	formidable	[fɔʀmidabl(ə)].
Plural	Ils sont	formidables	[fɔʀmidabl(ə)].	Elles sont	formidables	[fɔʀmidabl(ə)].

Die Adjektive, die wie *formidable* auch in der männlichen Form auf *-e* enden, haben keine eigene weibliche Form. Den Plural bilden sie wie üblich mit *-s*.

Ebenso:
optimiste, dynamique, magnifique, sympathique, horrible, touristique

		männlich			weiblich	
Singular	Le musée est	super	[sypɛʀ].	La ville est	super	[sypɛʀ].
Plural	Les musées sont	super	[sypɛʀ].	Les villes sont	super	[sypɛʀ].

Super zählt zu den wenigen Adjektiven, die grundsätzlich unveränderlich sind.

Ebenso:
sympa, chic. In der französischen Presse findet man allerdings heute schon häufig *sympa* mit einem *-s* im Plural: *sympas.*

	männlich		weiblich
	vor Konsonant	vor Vokal/ vor „stummem h"	
Singular	le **beau** marché	le **bel** hôtel	la **belle** ville
Plural	les **beaux** marchés	les **beaux** hôtels	les **belles** villes

Vorsicht beim Adjektiv *beau*! Es hat neben der weiblichen Form *belle* eine zweite männliche Form *bel.* Wie alle männlichen Adjektive, die auf *-eau* enden, bildet *beau* seinen Plural auf *-x* (so wie die Substantive, vgl. **S. 157, 2.4**).

	männlich	weiblich
Singular	un **cher** ami	une **chère** amie
Plural	des **chers** amis	des **chères** amies

	männlich	weiblich
Singular	un **gros** bisou	une **grosse** bise
Plural	des **gros** bisous	des **grosses** bises

1. Adjektive, die auf *-er* enden, bilden die weibliche Form mit *-ère (cher → chère).*
2. Substantive, deren männliche Singularform wie *gros* mit *-s* endet, erhalten kein weiteres Plural-*s*.

Für die Herkunftsbezeichnungen vgl. **S. 167, 7.1**.

3.3 Die Entscheidungsfrage

Bei einer Entscheidungsfrage antwortet die gefragte Person mit *oui* oder *non.* Man unterscheidet im Französischen drei Typen der Fragestellung:

Il est Français ?	Intonationsfrage
Est-ce qu'il est Français ?	Est-ce que-Frage
Est-il Français ?	Inversionsfrage

1. Die **Intonationsfrage** ist nur durch die Intonation, d. h. die Satzmelodie, von einem Aussagesatz zu unterscheiden: *Il est Français.* → *Il est Français ?*
2. Die ***est-ce que*-Frage** ist durch das einleitende *est-ce que* gekennzeichnet. Wie bei der Intonationsfrage entspricht die Stellung der Satzglieder dem Aussagesatz.
3. Die **Inversionsfrage**: Das Subjekt tritt hinter das Verb und wird an dieses mit einem Bindestrich angehängt. Diese Frageform kann verwendet werden, wenn das Subjekt ein Pronomen ist.

Attention !
In der gesprochenen Sprache ist die Intonationsfrage die häufigste Frageform. Während die *est-ce que*-Frage sowohl in der gesprochenen als auch in der geschriebenen Sprache möglich ist, entspricht die Inversionsfrage einem gehobenen Sprachniveau und wird vorrangig in der Schriftsprache verwendet.

3.4 Die Grundzahlen von 1 bis 2 000 000

0	zéro	18	dix-huit	80	quatre-vingts*
1	un	19	dix-neuf	81	quatre-vingt-un (kein *et*)
2	deux	20	vingt	90	quatre-vingt-dix*
3	trois	21	vingt et un	91	quatre-vingt-onze
4	quatre	22	vingt-deux	100	cent
5	cinq	23	vingt-trois	101	cent un
6	six	30	trente	102	cent deux
7	sept	31	trente et un	110	cent dix
8	huit	32	trente-deux	180	cent quatre-vingts
9	neuf	40	quarante	200	deux cents
10	dix	41	quarante et un	201	deux cent un
11	onze	50	cinquante	1000	mille
12	douze	51	cinquante et un	1001	mille un
13	treize	60	soixante	2000	deux mille
14	quatorze	61	soixante et un	2030	deux mille trente
15	quinze	70	soixante-dix*	1 000 000	un million
16	seize	71	soixante et onze	2 000 000	deux millions
17	dix-sept	72	soixante-douze		

Attention !
Bei *quatre-vingts* und den vollen Hundertern (z. B. *trois cents)* fällt das *-s* weg, wenn eine weitere Zahl folgt: *quatre-vingt-huit; trois cent quatre.*
Mille ist unveränderlich; es erhält kein *-s* im Plural: *mille; quatre mille; vingt mille.*

* Die Sonderformen *septante* für 70 und *nonante* für 90 werden in Belgien und in der französischsprachigen Schweiz verwendet; *huitante* für 80 kommt nur in der französischsprachigen Schweiz vor.

Die anderen neuen Verben der Lektion finden Sie in der Verbliste!

4

4.1 Der unbestimmte Artikel

	männlich	weiblich
Singular	**un** melon eine Melone **un** ananas eine Ananas	**une** pomme ein Apfel **une** orange eine Orange
Plural	**des** melons Melonen **des** ananas Ananas	**des** pommes Äpfel **des** oranges Orangen

Zum bestimmten Artikel vgl. **S. 157, 2.4**.

1. Die männliche Form des unbestimmten Artikels Singular lautet *un*, die weibliche Form *une*.
2. Anders als das Deutsche hat das Französische eine Pluralform des unbestimmten Artikels. Sie heißt für beide Geschlechter *des*.
3. Vor Vokal und „stummem h" werden die unbestimmten Artikel in der Aussprache immer gebunden: *un‿express* [ɛ̃n‿ɛkspʀɛs], *des‿express* [dez‿ɛkspʀɛs].

4.2 Das Verb *avoir*

J'	**ai**	[ʒe]	30 ans.
Tu	**as**	[ty a]	un pastis ?
Il / Elle / On	**a**	[il a] / [ɛl a] / [ɔ̃n a]	de la chance.
Nous	**avons**	[nuz avɔ̃]	une maison.
Vous	**avez**	[vuz ave]	des glaçons ?
Ils / Elles	**ont**	[ilz ɔ̃] / [ɛlz ɔ̃]	des projets.

Attention !

ils‿**ont** [ilz ɔ̃]
elles‿**ont** [ɛlz ɔ̃]
sie haben

ils **sont** [il sɔ̃].
elles **sont** [ɛl sɔ̃].
sie sind

Il **a** 86 ans.
Er **ist** 86 Jahre alt.

4.3 Farbadjektive

	männlich	**weiblich**
Singular	un costume vert un costume jaune un costume marron	une robe vert**e** une robe jaune une robe marron
Plural	des costumes vert**s** des costumes jaune**s** des costumes marron	des robes vert**es** des robes jaune**s** des robes marron

1. Farbadjektive verhalten sich grundsätzlich wie andere Adjektive auch (vgl. **S. 158, 3.2**). Sie richten sich also in Geschlecht und Zahl nach den Substantiven, die sie näher bestimmen (so z. B. *vert/ e, noir/ e, bleu/ e, violet/ te, blanc/ blanche)*.
2. *Jaune* und *rouge* enden in der männlichen Form auf *-e* und haben folglich keine eigene weibliche Form. Den Plural bilden sie mit *-s*.
3. Farbadjektive, die aus Substantiven (wie z. B. aus Früchten) abgeleitet werden, sind unveränderlich: *une veste* ***marron*** und *des robes* ***orange***.

4.4 Präpositionen und Adverbien des Ortes

Le sucrier est **à côté**, **dans** la salle à manger.	Die Zuckerdose ist nebenan, im Eßzimer.
Le sucrier est **sur** la table, **sous** le livre de Simenon.	Die Zuckerdose ist auf dem Tisch, unter dem Buch von Simenon.
Le sucrier est **à gauche**, le café est **à droite.**	Die Zuckerdose ist links, der Kaffee ist rechts.
Le sucrier est **derrière** le thé et **devant** le café.	Die Zuckerdose ist hinter dem Tee und vor dem Kaffee.

Die anderen neuen Verben der Lektion finden Sie in der Verbliste!

5

5.1 Die Verben auf *-re* und *-ir*

Verben auf *-re*

	vendre		
Je	vends	[vɑ̃]	un journal.
Tu	vends	[vɑ̃]	un journal ?
Il / Elle / On	vend	[vɑ̃]	le journal pour dix francs.
Nous	vendons	[vɑ̃dɔ̃]	"Macadam".
Vous	vendez	[vɑ̃de]	"Macadam" dans la rue ?
Ils / Elles	vendent	[vɑ̃d]	le journal devant le cinéma.

Für die Verben auf *-re* lauten die Personalendungen normalerweise:
-s, -s, -t, -ons, -ez, -ent.

Wenn der Infinitivstamm wie bei *vendre, attendre* und *entendre* auf *-d* endet, fällt das *-t* in der 3. Person Singular weg:
il/ elle/ on vend.

Ebenso:
attendre und *entendre*

Verben auf *-ir*

	partir		
Je	pars	[paʀ]	lundi.
Tu	pars	[paʀ]	mardi ?
Il / Elle / On	part	[paʀ]	mercredi.
Nous	partons	[paʀtɔ̃]	jeudi.
Vous	partez	[paʀte]	vendredi ?
Ils / Elles	partent	[paʀt]	samedi.

Bei den Verben auf *-ir* fällt im Singular der letzte Konsonant des Infinitivstamms weg:

par ~~*t*~~ *s* / *s* / *t*

Im Plural hingegen ist dieser Konsonant vorhanden:

par ***t*** *ons* / *ez* / *ent*

Ebenso:
sortir

5.2 Besonderheiten bei den Verben auf *-er*

	achet**er**		
J'	ach**è**te	[aʃɛt]	un journal.
Tu	ach**è**tes	[aʃɛt]	"Macadam" ?
Il / Elle / On	ach**è**te	[aʃɛt]	un livre.
Nous	achetons	[aʃtɔ̃]	une maison.
Vous	achetez	[aʃte]	une télévision ?
Ils / Elles	ach**è**tent	[aʃɛt]	des lunettes.

Einige Verben auf *-er* haben stammbetonte Formen (1.–3. Person Singular und 3. Person Plural) und endungsbetonte Formen (1. und 2. Person Plural).

Vergleichen Sie die Aussprache:

j'achète	[ʒaʃɛt]	(stammbetont)
nous‿achetons	[nuz‿aʃtɔ̃]	(endungsbetont)

5.3 *ne ... pas de* + Substantiv

Wird *un/ une/ des* + Substantiv verneint, so steht *ne ... pas de* + Substantiv. *Ne ... pas de* hat die Bedeutung von „kein":

Ils ont **un** ordinateur.	→	Ils **n'**ont **pas d'**ordinateur.
Sie haben einen Computer.	→	Sie haben keinen Computer.
Je mange **des** pommes.	→	Je **ne** mange **pas de** pommes.
Ich esse Äpfel.	→	Ich esse keine Äpfel.

Attention !
De wird vor Vokal und „stummem h" zu *d'*. Aus dem gleichen Grund wird auch *ne* zu *n'*.

5.4 *il y a* und *il n'y a pas de*

Il y a entspricht dem Deutschen „ist/ sind/ es gibt" und steht oft mit Ortsbestimmungen.
Die Verneinung von *il y a* lautet *il n'y a pas de*.

A Concarneau, **il y a** un port, mais **il n'y a pas d'**aéroport.
In Concarneau gibt es einen Hafen, aber es gibt keinen Flughafen.

Dans le jardin, **il y a** des fleurs, mais **il n'y a pas d'**arbres.
Im Garten gibt es Blumen, aber es gibt keine Bäume.

5.5 Der Imperativ

Den Imperativ verwendet man, um einen Wunsch, eine Aufforderung oder ein Verbot auszudrücken, um einen Rat oder einen Befehl zu geben. Ein Imperativ-Satz kann sich entweder an eine Person (Du-Form und Sie-Form) oder an mehrere Personen (Plural-Form, die mit der Sie-Form identisch ist) richten. Bei der Plural-Form wird nicht unterschieden, ob die Angesprochenen geduzt (ihr) oder gesiezt (Sie) werden.

Du-Form			**Sie-Form/ Plural-Form**		
Traverse	la rue.	Überquere die Straße!	**Traversez**	la rue.	Überqueren Sie die Straße! Überquert die Straße!
Tourne	à gauche.	Biege nach links ab!	**Tournez**	à gauche.	Biegen Sie nach links ab! Biegt nach links ab!
Viens	ici.	Komm her!	**Venez**	ici.	Kommen Sie her!/ Kommt her!
Fais	attention.	Sei vorsichtig!	**Faites**	attention.	Seien Sie vorsichtig! Seid vorsichtig!
Attends.		Warte!	**Attendez.**		Warten Sie!/ Wartet!

1. Bei der Du-Form des Imperativs ist die Endung nicht hörbar. Sie entspricht der 1. Person Singular: Die Verben auf *-er* enden auf *-e (je traverse* → *Traverse.* [travɛrs]; *je tourne* → *Tourne.* [turn]), die übrigen Verben enden auf *-s (je viens* → *Viens.* [vjɛ̃]; *je fais attention* → ***Fais** attention.* [fɛ]).
2. Bei der Sie- bzw. Plural-Form steht die gleiche Verb-Endung wie bei der 2. Person Plural *(vous traversez* → *Traversez.; vous venez* → *Venez.).*
3. Nach dem Imperativ kann im Französischen im Unterschied zum Deutschen an Stelle des Ausrufezeichens ein Punkt stehen. Vor allem in Briefen sollte das Ausrufezeichen unbedingt vermieden werden.

Attention !
aller: Va. (Geh!) und *Allez.* (Gehen Sie!/ Geht!)

5.6 *De* und *à* + bestimmter Artikel

Folgen in einem französischen Satz die Artikel *le* bzw. *les* direkt auf die Präposition *de*, so können *de + le* bzw. *de + les* nicht stehenbleiben. Es findet eine Verschmelzung beider Teile statt:

Je cherche la rue **du** Marché.	(~~de + le~~)	Il parle **de la** femme allemande.	(de + la)
C'est la rue **des** Carrières.	(~~de + les~~)	Voilà l'impasse **de la** Maison Rouge.	(de + la)
Le cinéma est à côté **du** théâtre.	(~~de + le~~)	J'habite près **de l'**hôpital.	(de + l')
Le restaurant est près **des** feux.	(~~de + les~~)	Au milieu **de la** ville, il y a une zone piétonne.	(de + la)

~~*de + le*~~ → *du* und ~~*de + les*~~ → *des*	*de + la* und *de + l'* bleiben erhalten

Die gleichen Regeln gelten für *à* + Artikel:

Aujourd'hui, je vais **au** théâtre.	(~~à + le~~)	Il va **à la** maison.	(à + la)
La voiture attend **aux** feux.	(~~à + les~~)	Vous allez tout droit jusqu'**à l'**Arc de Triomphe.	(à + l')

~~*à + le*~~ → *au* und ~~*à + les*~~ → *aux*	*à + la* und *à + l'* bleiben erhalten

Für die Präpositionen des Ortes vgl. **S. 161, 4.4.**

5.7 Der Fragebegleiter *quel*

Der Fragebegleiter *quel* entspricht dem deutschen „welcher". *Quel* richtet sich in Geschlecht und Zahl nach dem Substantiv, das es begleitet.

	männlich	weiblich
Singular	**Quel** est le département le plus connu ?	**Quelle** est la ville la plus connue ?
Plural	**Quels** sont les départements à voir ?	**Quelles** sont les villes à voir ?

Beim Sprechen sind die Unterschiede des Schriftbildes normalerweise nicht hörbar. Man spricht in allen Fällen [kɛl]. Im Plural ist jedoch das *-s* bei nachfolgendem Vokal hörbar: *Quels‿apéritifs aimez-vous ?* [kɛlz‿apeʀitif].

Einige Wendungen mit *quel*:

Quel est votre nom ?	Wie heißen Sie?
Tu as quel âge ?	Wie alt bist du?
Quel est votre numéro de téléphone ?	Wie lautet Ihre Telefonnummer?
Vous partez à quelle heure ?	Um wieviel Uhr fahren Sie ab/ fahrt ihr ab?
Quel jour sommes-nous ?	Welcher Tag ist heute?
Quelle heure est-il ?	Wie spät ist es?

Die anderen neuen Verben der Lektion finden Sie in der Verbliste!

6

6.1 Die unverbundenen (betonten) Personalpronomen

	Moi,	j'	aime le thé.
Et	toi,	tu	adores le café ? - Oui.
Et	lui,	il	aime la bière.
	Elle,	elle	ne mange pas de croissants ? - Non.
Mais	nous, nous,	nous on	mangeons des croissants. mange des croissants.
	Vous,	vous	aimez la France ? - Oui.
Mais	eux,	ils	adorent l'Italie.
Et	elles,	elles	restent toujours en Allemagne.

Neben den verbundenen (unbetonten) Personalpronomen *(je, tu, il/ elle/ on, nous, vous, ils/ elles*; vgl. **S. 156, 2.1**) kennt das Französische die unverbundenen (betonten) Personalpronomen *moi, toi, lui/ elle, nous, vous, eux/ elles.*

Diese werden verwendet:
1. wie in den obigen Beispielen zur Verstärkung: eine Person wird vor anderen hervorgehoben. Das unverbundene Personalpronomen wird durch das verbundene wiederaufgenommen *(Moi, je ...).*
2. nach Präpositionen: *avec lui, à côté de nous, après moi, pour eux, compter sur toi ...* .
3. im Satz ohne Verb: *Tu pars. Et moi ?/ Qui parle français ? - Lui ! Pas moi.*
4. nach *c'est* und *ce sont*: *La famille Deneux, c'est vous ? - Non, ce sont eux.*
5. in Verbindung mit *et* und *ou*: *Luc et moi, Anne ou toi.*

6.2 *faire + de - jouer + à - jouer + de*

faire + de + Sportarten:	faire du sport faire du tennis faire du jogging faire de la gymnastique faire du vélo (weitere Wendungen mit *faire* vgl. S. 28, 54 und 69)
jouer + à + einige Sportarten: **+ Spiele:**	jouer au tennis jouer aux cartes
jouer + de + Musikinstrumente:	jouer du piano jouer de la clarinette jouer de la guitare

6.3 Die Possessivbegleiter

Besitzer	**ein einziger Besitzgegenstand**		**mehrere Besitzgegenstände**	
	männlich	**weiblich**	**männlich**	**weiblich**
1. Pers. Singular	**mon** livre	**ma** maison	**mes** livres	**mes** maisons
2. Pers. Singular	**ton** livre	**ta** maison	**tes** livres	**tes** maisons
3. Pers. Singular	**son** livre	**sa** maison	**ses** livres	**ses** maisons
1. Pers. Plural	**notre** livre	**notre** maison	**nos** livres	**nos** maisons
2. Pers. Plural	**votre** livre	**votre** maison	**vos** livres	**vos** maisons
3. Pers. Plural	**leur** livre	**leur** maison	**leurs** livres	**leurs** maisons

1. Bei einem einzigen Besitzgegenstand *(un livre, une maison)* richten sich die Possessivbegleiter in der 1.–3. Person Singular in Geschlecht nach dem Besitzgegenstand: ***un** livre* → ***mon** livre*, ***une** maison* → ***ma** maison*. Im Plural sowie bei mehreren Besitzgegenständen (Singular und Plural) ist die Unterscheidung nach dem Geschlecht des Besitzgegenstandes nicht zu treffen. Hier richten sich die Possessivbegleiter nur in der Zahl nach dem Besitzgegenstand. Es heißt ***notre** livre/ **notre** maison*, weil wir ein Buch/ ein Haus besitzen, und ***nos** livres/ **nos** maisons*, weil wir mehrere Bücher/ mehrere Häuser besitzen.
2. In der Aussprache werden *mon, ton, son, mes, tes, ses, nos, vos* und *leurs* vor Substantiven gebunden, die mit einem Vokal oder mit „stummem h" beginnen (***nos**‿amis* [noz‿ami], ***leurs**‿habitudes* [lœrz‿abityd]).
3. Vor weiblichen Substantiven, die mit Vokal oder mit „stummem h" beginnen, werden *ma, ta, sa* zu *mon, ton, son* *(**mon**‿amie, **son**‿horloge)*.
4. *Votre* und *vos* werden (wie *vous*) auch als Höflichkeitsform verwendet:
   *Est-ce que vous aimez **votre** maison ?*
   Mögen Sie **Ihr** Haus?/ Mögt ihr **euer** Haus?

Attention !
Anders als im Deutschen unterscheidet das Französische in der 3. Person Singular nicht zwischen männlichem und weiblichem Besitzer. Der Possessivbegleiter richtet sich ausschließlich nach dem Geschlecht des Besitzgegenstandes: *son livre:* sein/ ihr Buch, *sa maison:* sein/ ihr Haus.

6.4 Das *passé composé* mit *avoir*

Das *passé composé* gibt Handlungen in der Vergangenheit wieder, die bereits geschehen und beendet sind:

Le week-end dernier, Anne **a joué** au tennis.
Letztes Wochenende hat Anne Tennis gespielt.

En 1990, nous **avons acheté** la maison.
1990 haben wir das Haus gekauft.

Das *passé composé* mit *avoir* setzt sich aus zwei Elementen zusammen:

Hilfsverb *avoir* + Partizip Perfekt des entsprechenden Verbs

Die Verben auf *-er* bilden das Partizip auf *-é*:

jouer → jou**é** : J'ai jou**é** du piano.
acheter → achet**é** : Paul a achet**é** une maison.

Vgl. auch **S. 168, 7.3**

Die Verben *prendre, faire* und *rire* bilden ein unregelmäßiges Partizip:

prendre → **pris** : J'ai **pris** des vacances.
faire → **fait** : Il a **fait** un chèque.
rire → **ri** : On a bien **ri**.

Die anderen neuen Verben der Lektion finden Sie in der Verbliste!

7

7.1 Ländernamen und Nationalitätsbezeichnungen

Ländernamen	Adjektive		Substantive	
	männl. Sing.	weibl. Sing.	männl. Sing.	weibl. Sing.
la France	français	française	un Français	une Française
l'Allemagne	allemand	allemande	un Allemand	une Allemande
le Maroc	marocain	marocaine	un Marocain	une Marocaine

1. Ländernamen stehen in der Regel mit dem bestimmten Artikel (***la** France, **l'**Allemagne*; vgl. **S. 157, 2.4**).
   Die meisten Länder sind weiblich.
2. Auf die Fragen „wo?" und „wohin?" steht:
   - ***au*** bei männlichen Ländernamen, die mit einem Konsonant beginnen *(Je vais **au** Maroc. Je suis **au** Maroc.)*.
   - ***en*** bei weiblichen Ländernamen *(Nous allons **en** France. Nous sommes **en** France.)*, bei männlichen Ländernamen, die mit einem Vokal beginnen *(Tu vas **en** Uruguay? Tu es **en** Uruguay?)*, und bei fast allen weiblichen Inselnamen *(Vous allez **en** Corse?, Vous êtes **en** Sicile?)*.
   - ***aux*** bei Ländernamen im Plural *(Ils vont **aux** Pays Bas. Ils sont **aux** Pays Bas.)*.
3. Auf die Frage „woher?" steht:
   - ***de*** bei weiblichen Ländernamen *(Nous venons **de** France.)*.
   - ***du*** bei männlichen Ländernamen *(Je viens **du** Portugal.)*.
   - ***des*** bei Ländernamen im Plural *(Ils viennent **des** Etats-Unis.)*.
4. Die Adjektive sind von den Namen der Einwohner und Völker des entsprechenden Landes abgeleitet.
   Wie alle Adjektive:
   - werden sie klein geschrieben.
   - richten sie sich in Geschlecht und Zahl nach dem Bezugswort *(un plat italien, des plats italien**s**, une spécialité italien**ne**, des spécialités italien**nes**)*.
5. Die Namen von Völkern und Einwohnern werden immer groß geschrieben. Sie sind veränderlich und richten sich in Geschlecht und Zahl nach der Person, die sie bezeichnen *(un Français, des Français, une Française, des Française**s**)*.

7.2 Datum – Monatsangaben – Jahresangaben

1. Zur Angabe des Datums verwendet man die Grundzahlen (vgl. **S. 160, 3.4**) für den 2. bis 31. des Monats: *le 8 (huit) mai, le 2 (deux) juin*. Nach den Zahlen steht kein Punkt.
   Beim „1." steht allerdings genau wie im Deutschen die Ordnungszahl: *Aujourd'hui, c'est* ***le 1er (le premier)*** *octobre.*

   On est le combien aujourd'hui ? – **Le 10 (dix)** février.
   Der wievielte ist heute? – Der 10. Februar.

   Il est chez nous **du 2 (deux) au 15 (quinze)** avril.
   Er ist vom 2. bis zum 15. April bei uns.

2. Monatsnamen stehen normalerweise in Verbindung mit *en* oder *au mois de:*

   Je suis arrivé à Toulouse **en** janvier 1993.
   Ich bin im Januar 1993 in Toulouse angekommen.

   Je suis parti **au mois d'**août 1995.
   Ich bin im August 1995 abgereist.

3. Bei Jahresangaben steht die Präposition *en:*

   En 1990, il a visité Paris.
   (Im Jahr) 1990 hat er Paris besichtigt.

Die Monatsnamen:

janvier	mai	septembre
février	juin	octobre
mars	juillet	novembre
avril	août	décembre

Attention !
1990 = Mille neuf cent quatre-vingt-dix
= Dix-neuf cent quatre-vingt-dix

7.3 Das *passé composé* mit *avoir* und *être*

1. Die Bildung des Partizip Perfekt

Das *passé composé* setzt sich – wie auf **S. 167, 6.4** dargestellt – aus einem Hilfsverb und dem Partizip Perfekt zusammen.
Das Partizip Perfekt hat folgende Endungen:

Regelmäßige Formen			
-er	→	**é**	J'ai pens**é** à toi.
-re	→	**u**	Il a entend**u** le téléphone.
-ir	→	**i**	Aujourd'hui, il est part**i**.

Unregelmäßige Formen			
avoir	→	**eu**	J'ai **eu** des vacances.
décrire	→	**décrit**	Ils ont **décrit** les photos.
dire	→	**dit**	Anne a **dit** bonjour.
être	→	**été**	Elle a **été** en vacances.
faire	→	**fait**	Nous avons **fait** un chèque.
ouvrir	→	**ouvert**	On a **ouvert** un musée dans la ville.
prendre	→	**pris**	Paul a **pris** des vacances.
rire	→	**ri**	On a bien **ri**.

2. Das Hilfsverb *être*

Einige Verben bilden das *passé composé* nicht mit dem Hilfsverb *avoir*, sondern mit dem Hilfsverb *être*.
Es sind dies die nebenstehenden Verben.

aller	sortir	arriver
venir	entrer	retourner
devenir	rentrer	demeurer (bleiben)
revenir	rester	monter
partir	tomber	descendre

Attention !
Im Unterschied zum Deutschen wird das *passé composé* des Verbs *être* mit *avoir* gebildet:
Elle **a été** à Paris. Sie war in Paris.

3. Die Veränderlichkeit des Partizip Perfekt

Il a mangé une escalope de veau.
Elle a mangé une côte d'agneau.

Partizipien, die das *passé composé* mit *avoir* bilden, sind normalerweise unveränderlich.

Je suis arrivé(e) le 10 mai.
Tu es arrivé(e) le 5 mai ?
Il est arrivé le 1er mars.
Elle est arrivée en 1990.
Nous sommes arrivé(e)s en janvier.
Vous êtes arrivé(e)(s) en juillet ?
Ils sont arrivés au mois de juin.
Elles sont arrivées en 1994.

Partizipien, die das *passé composé* mit *être* bilden, sind hingegen veränderlich. Sie richten sich in Geschlecht und Zahl nach dem Subjekt.

Bei *on* und *vous* richtet sich das Partizip nach den Personen, die bezeichnet werden:

Anne et moi (= Paul), on est arrivé**s** hier.
Anne et moi (= Jacqueline), on est arrivé**es** hier.

M. Duroc, vous êtes arriv**é** hier ?
Mme Duroc, vous êtes arriv**ée** hier ?
Les enfants, vous êtes arriv**és** hier ?

4. Die Verneinung

Elle n'a pas été en vacances.
M. Duroc n'est pas arrivé hier.

Beim *passé composé* stehen die Verneinungselemente *ne* und *pas* um das Hilfsverb. Das Partizip wird nicht durch die Verneinung umschlossen.

7.4 Der Teilungsartikel

On boit **du** café, **de la** bière et **de l'**eau.
Elle offre **du** pain, **du** beurre et **de la** confiture.

Der Teilungsartikel *(du, de la, de l')* steht im Französischen bei **nicht zählbaren** Dingen, um eine **unbestimmte Menge** auszudrücken. Er setzt sich zusammen aus den Elementen *de* + bestimmter Artikel.

Il mange **des** petits pains et **des** toasts.

Der Plural des unbestimmten Artikels *(des*; vgl. **S. 160, 4.1**) steht bei **zählbaren** Dingen und drückt eine unbestimmte Anzahl aus.

Vergleichen Sie:
Im Deutschen steht in beiden Fällen das Substantiv ohne Artikel:
Il boit **du** café et mange **des** toasts. Er trinkt Kaffee und ißt Toasts.

Elle boit **du** café. – Elle **ne** boit **pas de** café.
Il mange **des** toasts. – Il **ne** mange **pas de** toasts.

Die Verneinung wird sowohl beim Teilungsartikel als auch beim Plural des unbestimmten Artikels mit *ne … pas de* gebildet (vgl. **S. 163, 5.3**).

→ Die anderen neuen Verben der Lektion finden Sie in der Verbliste!

8

8.1 Der Superlativ

Der Superlativ ist die höchste Steigerungsform des Adjektivs.

	männlich	weiblich
Singular	Le moyen de transport **le plus cher,** c'est l'avion. Le moyen de transport **le moins cher,** c'est le vélo.	La ville **la plus belle,** c'est Paris. La ville **la moins belle,** c'est ...
Plural	Ce sont les monuments **les plus importants.** Ce sont les monuments **les moins importants.**	Ce sont les spécialités **les plus connues.** Ce sont les spécialités **les moins connues.**

Der Superlativ wird gebildet aus:

le/ la/ les plus + Adjektiv oder *le/ la/ les moins* + Adjektiv

8.2 *On* als Ersatz für das Passiv

Dans mon quartier, **on** a ouvert un restaurant chinois.
In meinem Stadtteil ist ein Chinarestaurant eröffnet worden.

En Belgique, **on** parle néerlandais, français et allemand.
In Belgien wird Niederländisch, Französisch und Deutsch gesprochen.

On a interdit la circulation sur l'île d'Aix.
Der Autoverkehr auf der Insel Aix wurde verboten.

Anders als im Deutschen findet man das Passiv im Französischen selten. Das gilt vor allem für die gesprochene Sprache, in der das Passiv häufig durch eine Umschreibung mit dem unpersönlichen *on* ersetzt wird.

8.3 Präpositionen

Präpositionen des Ortes		
Je vais Nous sommes	**à** Paris. **à** Noirmoutiers.	**à** bei Städten und kleineren Inseln
Paul travaille Anne passe les vacances	**sur** l'île d'Oléron. **sur** l'île d'Aix.	**sur** *l'île de* + Inselname
Quels sont les monuments à voir On boit le calvados Je suis souvent	**en** Bretagne ? **en** Normandie. **en** Corse.	**en** bei Regionen (weiblich) und größeren Inseln (weiblich)

Für die Präpositionen bei Ländernamen vgl. **S. 167, 7.1.**

Präpositionen bei Transportmitteln

Nous allons à Paris	**à** bicyclette.	**à**: auf einem Transportmittel
Tu viens chez moi	**à** pied ?	
Vous allez en France	**à** moto ?	
Paul va à Paris	**en** train.	**en**: in einem Transportmittel
Anne est allée à Londres	**en** avion.	
Je vais à Toulouse	**en** voiture.	
Je suis allé à Aix	**en** bateau.	
Nous allons à l'université	**en** métro.	
Ils arrivent	**en** bus.	

Präpositionen bei Jahreszeiten

Je vais à Paris	**au** printemps (im Frühjahr).
En Provence, il fait chaud	**en** été (im Sommer).
Je n'ai pas de vacances	**en** automne (im Herbst).
Nous faisons du ski	**en** hiver (im Winter).

8.4 Das *futur composé*

	aller	**Infinitiv**	
Qu'est-ce que tu	vas	faire	ce week-end ?
Je	vais	faire	du vélo.
Et ton copain, qu'est-ce qu'il	va	faire ?	
Demain, il	va	visiter	un musée et
dimanche, il	va	rester	à la maison.

Das *futur composé* wird verwendet, um zukünftige Handlungen auszudrücken. Sätze mit dieser Zeitform lassen oft ein Vorhaben oder eine Absicht der betreffenden Person erkennen.

Das *futur composé* besteht aus zwei Elementen:

Präsensform von *aller* + Infinitiv des betreffenden Verbs

Vergleichen Sie:
Im Deutschen steht häufig Präsens, wenn das Französische das *futur composé* verwendet:
Qu'est-ce que tu vas faire ce week-end ? Was machst du dieses Wochenende?

8.5 Die Wortstellung im Aussagesatz

Subjekt	Prädikat	Objekt
Le touriste	regarde	le pêcheur.
Le touriste	a regardé	le pêcheur.
Le touriste	aime regarder	le pêcheur.
Le touriste	va regarder	le pêcheur.

Vergleichen Sie mit dem Deutschen:
Der Tourist beobachtet den Fischer.
Der Tourist hat den Fischer beobachtet.
Der Tourist liebt es, den Fischer zu beobachten.
Der Tourist wird den Fischer beobachten.

Im Französischen ist die normale Stellung der Satzglieder im Aussagesatz: Subjekt – Prädikat – Objekt. Da das Substantiv als Subjekt und als Objekt die gleiche Form hat, ist dessen Funktion nur durch die Stellung im Satz bestimmt (das Subjekt steht vor dem Verb, das Objekt folgt dem Verb).

Ce soir,	le touriste	a regardé	le pêcheur.	
	Le touriste	a regardé	le pêcheur	ce soir.
Ce soir,	le touriste	a regardé	le pêcheur	dans le port.
	Le touriste	a regardé	le pêcheur	dans le port ce soir.
adverbiale Bestimmung	Subjekt	Prädikat	Objekt	adverbiale Bestimmung

Adverbiale Bestimmungen können am Anfang und am Ende des Satzes stehen. Wenn adverbiale Bestimmungen des Ortes und der Zeit nebeneinander in einem Satz vorkommen, so steht normalerweise Ort vor Zeit.

Ce soir,	le pêcheur	a donné	des poissons	au touriste.	
	Le pêcheur	a donné	des poissons	au touriste	ce soir.
adverbiale Bestimmung	Subjekt	Prädikat	direktes Objekt	indirektes Objekt	adverbiale Bestimmung

Enthält ein Satz zwei Objekte, so steht das direkte Objekt vor dem indirekten Objekt.

Die anderen neuen Verben der Lektion finden Sie in der Verbliste!

9

9.1 Das partitive *de* nach bestimmten Mengenangaben

Il achète	un kilo	**de**	pêches,
	un paquet	**de**	biscottes,
	une bouteille	**d'**	eau,
	10 tranches	**de**	jambon et
	200 grammes	**de**	fromage.
Elle met	4 cuillères à soupe	**d'**	huile de noix et
	1 cuillère à café	**de**	vinaigre, du sel et du poivre.

Mengenangabe + *de* + Substantiv ohne Artikel

Das partitive *de* steht nach **bestimmten Mengenangaben** (wie *un kilo, une bouteille, 200 grammes).* Das Substantiv, das dem *de* folgt, steht bei **zählbaren** Dingen im **Plural** *(un kilo de pommes)*, bei **nicht zählbaren** Dingen im **Singular** *(un kilo de fromage).*

Attention !
Soll eine **unbestimmte Menge** bezeichnet werden, so steht bei **nicht zählbaren** Dingen der Teilungsartikel *(Il achète du lait.)*, bei **zählbaren** Dingen der unbestimmte Artikel *(Il achète une pomme.; Il achète des oranges.*; vgl. **S. 169, 7.4**).

9.2 Verben auf *-ir*

	choisir	
Je	choisi**s**	une robe.
Tu	choisi**s**	un jean ?
Il / Elle / On	choisi**t**	un tee-shirt.
Nous	choisi**ssons**	une valise.
Vous	choisi**ssez**	des sandales ?
Ils / Elles	choisi**ssent**	des chaussures.

Einige Verben auf *-ir* erweitern wie *choisir* den Verbstamm im Plural um *-ss-*:

Singularstamm:	Pluralstamm:
choisi-	choisiss-
fini-	finiss-
réfléchi-	réfléchiss-
réparti-	répartiss-
rempli-	rempliss-

Diese Verben bilden das Partizip Perfekt wie alle regelmäßigen Verben auf *-ir* mit der Endung *-i* (*j'ai choisi*; vgl. **S. 168, 7.3**).

Attention !
Die andere, Ihnen bereits bekannte Gruppe der Verben auf *-ir* wird nach dem Muster von *partir* konjugiert (vgl. **S. 162, 5.1**).

9.3 Der Komparativ

Ces vêtements sont	plus chers que	les autres.
La ville de Lyon est	plus importante que	la ville d'Amiens.
Les spécialités françaises sont	plus connues que	les spécialités allemandes.
Pascal est	moins sympa que	son frère.
L'île de Bréhat est	moins grande que	l'île d'Oléron mais plus jolie.

Der Komparativ wird gebildet aus:

plus + Adjektiv *(+ que)* oder *moins* + Adjektiv *(+ que)*

Der Komparativ dient als Steigerungsform des Adjektivs dem Vergleich. Nach *plus* + Adjektiv bzw. *moins* + Adjektiv steht normalerweise das mit *que* eingeleitete Bezugswort, das jedoch fehlen kann, wenn der Vergleich nur gedacht, aber nicht vollständig versprachlicht wird *(Ces spécialités sont plus connues [que les autres].)*.

Bei Gleichheit zwischen den beiden Elementen des Vergleichs steht *aussi* + Adjektiv + *que*:
Anne est **aussi sympa que** son ami.

9.4 Die direkten Objektpronomen der 3. Person

Die direkten Objektpronomen der 3. Person *le, la, les* vertreten ein bereits erwähntes Substantiv und stimmen mit ihm in Geschlecht und Zahl überein. Sie stehen in der Funktion des direkten Objekts, d. h. im Akkusativ.

Tu as vu Jean ? – Non, je ne **le** connais pas.	(le = Jean)
Mais j'ai vu Jacqueline. Toi aussi ? – Non. –	
Appelle-**la** donc et invite-**la** avec Anne et Pierre. –	(la = Jacqueline)
D'accord. Je vais **les** inviter lundi pour le dîner. –	(les = Jacqueline, Anne et Pierre)
Tu as le temps de **le** préparer ? – Oui, bien sûr.	(le = le dîner)

1. Die direkten Objektpronomen haben die gleichen Formen wie die bestimmten Artikel. Wie diese werden *le* und *la* vor Vokal und „stummem h" zu *l'* (*Je **l'**aime bien.*).
2. In Aussagesätzen stehen die direkten Objektpronomen gewöhnlich vor dem konjugierten Verb. Werden die Sätze verneint, so umschließen *ne* und *pas* Objektpronomen und Verb (*Je **ne** le vois **pas**.*). Beim *passé composé* umschließen die Verneinungspartikel das Pronomen und das Hilfsverb (*Je **ne** l'ai **pas** vu.*).
3. In Imperativsätzen steht das Objektpronomen nach dem Imperativ. Es wird mit Bindestrich angeschlossen (*Appelle-**la**. Invite-**les**.*).
4. In Sätzen, die mit *futur composé* (vgl. **S. 171, 8.4**) gebildet sind, steht das Objektpronomen vor dem Infinitiv (*Je vais **les** inviter.*).

Für die direkten Objektpronomen der 1. und 2. Person vgl. **S. 175, 10.2**.

9.5 Die reflexiven Verben

Bei reflexiven Verben beziehen sich die Pronomen *me, te, se, nous, vous, se* auf das Subjekt.

Je	**me**	lève à 7 heures.
Et toi? Tu	**te**	lèves à quelle heure?
Il / Elle / On	**se**	lève à 9 heures.
Nous	**nous**	levons tard le dimanche.
Vous	**vous**	levez maintenant?
Ils / Elles ne	**se**	lèvent pas avant 9 heures.

Ebenso:
s'amuser
s'appeler
s'occuper
se détendre
se réveiller etc.

1. Vor Vokal und „stummem h" werden *me, te, se* zu *m', t', s'* (*Il **s'**amuse bien.*).
2. Die Reflexivpronomen stehen gewöhnlich vor dem konjugierten Verb. In verneinten Sätzen werden Reflexivpronomen und Verb durch *ne* und *pas* umschlossen (*Je **ne** me lève **pas**.*).
3. Wie die direkten Objektpronomen (vgl. **S. 173, 9.4)** stehen auch die Reflexivpronomen beim *futur composé* vor dem Infinitiv (*Je vais **me** lever maintenant.*).

Für das *passé composé* der reflexiven Verben vgl. **S. 177, 11.2**.

Die anderen neuen Verben der Lektion finden Sie in der Verbliste!

10

10.1 Die indirekten Objektpronomen der 3. Person

In einem Satz wird ein indirektes Objekt durch *à* eingeleitet. Im Deutschen fragt man nach diesem Satzteil mit „Wem?". Wird ein indirektes Objekt in einem nachfolgenden Satz wiederholt, so kann es durch ein Pronomen vertreten werden. Die Pronomen lauten in der 3. Person *lui* und *leur*.

Tu as écrit **à Paul** ?	– Oui, je	**lui**	ai écrit.	(lui = à Paul)
Tu as écrit **à Jacqueline** ?	– Non, je ne	**lui**	écris pas.	(lui = à Jacqueline)
Tu as écrit **à Pierre et Anne** ?	– Je	**leur**	écris maintenant.	(leur = à Pierre et Anne)
Tu as écrit **à Martine et Chantal** ?	– Non, je	**leur**	écris demain.	(leur = à Martine et Chantal)

1. Anders als die direkten Objektpronomen *le, la, les* (vgl. **S. 173, 9.4**) vertreten die indirekten Objektpronomen *lui* und *leur* ausschließlich Menschen und Tiere.
2. Für die Stellung der Pronomen und der Verneinungspartikel *ne* und *pas* gelten dieselben Regeln wie für die direkten Objektpronomen *le, la, les* (vgl. **S. 173, 9.4**).
3. *Lui* verweist auf ein Substantiv im Singular, *leur* auf ein Substantiv im Plural. Eine Unterscheidung zwischen männlichen und weiblichen Wesen wird nicht getroffen.

   Vergleichen Sie mit dem Deutschen:
   Ich schreibe ihm. → *Je **lui** écris.*
   Ich schreibe ihr. → *Je **lui** écris.*

Attention !
Anders als die Possessivbegleiter *leur (leur maison* = ihr Haus) und *leurs (leurs maisons* = ihre Häuser) ist das indirekte Objektpronomen *leur (Je leur écris.* = Ich schreibe ihnen.) unveränderlich.

Für die indirekten Objektpronomen der 1. und 2. Person vgl. **S. 175, 10.2**.

10.2 Die direkten und indirekten Objektpronomen der 1. und 2. Person

Die Objektpronomen der 1. und 2. Person *me, te, nous, vous* können direktes und indirektes Objekt sein.

Direktes Objekt:

Pierre	**me**	regarde.	Peter beobachtet mich.
	te		Peter beobachtet dich.
	nous		Peter beobachtet uns.
	vous		Peter beobachtet euch/ Sie.

Indirektes Objekt:

Anne	**m'**	écrit souvent.	Anne schreibt mir häufig.
	t'		Anne schreibt dir häufig.
	nous		Anne schreibt uns häufig.
	vous		Anne schreibt euch/ Ihnen häufig.

Vor Verben, die mit Vokal oder „stummem h" beginnen, werden *me* und *te* zu *m'* und *t' (Il m'aime.)*. *Nous* und *vous* werden in der Aussprache gebunden *(Il nous‿adore.)*.

10.3 Das *imparfait*

Das *imparfait* gibt Situationen, Zustände, Stimmungen und gewohnheitsmäßige Handlungen in der Vergangenheit wieder.

J'	aim**ais**	jouer tous les jours avec les enfants.
Tu	aim**ais**	jouer aux dominos ?
Il / Elle / On	aim**ait**	jouer aux cartes régulièrement.
Le lundi, nous	aim**ions**	jouer du piano.
Vous aussi, vous	aim**iez**	jouer de la clarinette de temps en temps ?
Le soir, ils / elles	aim**aient**	jouer sur la plage.

1. Die Bildung des *imparfait*
   a. Zur Bildung des *imparfait* hängt man die Endungen *-ais, -ais, -ait, -ions, -iez, -aient* an den Stamm der 1. Person Plural des Präsens *(nous aimons → j'aimais; nous voulons → je voulais).*
   Als einzige Ausnahme bildet *être* das *imparfait* nicht nach dieser Regel: *j'étais, tu étais, ….*
   b. Um die Aussprache zu erhalten, wird vor die *imparfait*-Endungen *-ais, -ais, -ait* und *-aient* bei den Verben mit der Endung *-ger* ein *-e-* eingefügt; bei den Verben auf *-cer* wird das *-c-* durch ein *-ç-* ersetzt *(Ils mangeaient vers six heures en hiver. Tous les soirs, ils commençaient avec des crudités.).*
2. Der Gebrauch des *imparfait* im Vergleich zum *passé composé*

***imparfait:* Situationsbeschreibung**	***passé composé:* Handlungskette**
J'avais envie de vacances.	
	Je suis donc partie le 2 juillet à Paris.
Il faisait très chaud.	
	D'abord, j'ai pris un express dans un bar.
Il y avait beaucoup de gens.	
	Ensuite, j'ai cherché mon hôtel sur le plan.
C'était très difficile à trouver.	
	Enfin, je l'ai trouvé.
	J'ai acheté un ticket de métro.
Dans le métro, il faisait encore plus chaud..	
	Je suis arrivée une demi-heure plus tard à l'hôtel.
L'hôtel était très calme.	

Attention !
Imparfait: insgesamt wird das Geschehen ohne feste zeitliche Begrenzung gesehen. Es interessiert nicht, wann etwas begonnen hat, bzw. wann etwas zu Ende ging.

Das *imparfait* steht:
a. bei Situationsschilderungen oder Beschreibungen von Gewohnheiten in der Vergangenheit (Beschreibung eines Zustandes; Frage: „Was war damals?", „Was war üblich?").
b. bei Hintergrundinformationen in der Vergangenheit, die nicht zu den aufeinanderfolgenden Ereignissen (Handlungskette) gehören, sondern die Begleitumstände der Ereignisse schildern (Frage: „Was war noch?", „Was war schon?").
c. bei Kommentaren und Erklärungen zu den Ereignissen der Vergangenheit.

Passé composé: Die Ereignisse sind durch eine zeitliche Abfolge begrenzt und abgeschlossen. Anfang und Ende sind wichtig. Mehrere Ereignisse bilden eine Handlungskette, bei der ein Glied auf das andere folgt.

Das *passé composé* steht:
a. bei punktuellen Ereignissen, die nur einmal und zu einem bestimmten Zeitpunkt stattfanden (Frage: „Was geschah?").
b. bei den einzelnen Ereignissen einer Handlungskette, die zusammen das Handlungsgerüst bilden (Ereignisse im Vordergrund; Frage: „Was geschah nun?" „Und dann?" „Und dann?").

Die anderen neuen Verben der Lektion finden Sie in der Verbliste!

11

11.1 Das Relativpronomen *qui*

Das Relativpronomen *qui* ist das Subjekt des Relativsatzes. Es entspricht den deutschen Relativpronomen „der", „die", „das".

J'ai écrit une lettre à Anne	qui	vit à Paris.
Elle habite une maison	qui	me plaît beaucoup.
A Paris, elle a rencontré Pierre et Jacqueline	qui	passent les vacances chez un ami.
Ils ont dîné dans un restaurant	qui	est près du Louvre.

1. Das Relativpronomen *qui* bezieht sich auf Personen und Sachen.
2. Im Unterschied zu den deutschen Relativpronomen ist *qui* in Geschlecht und Zahl unveränderlich.
3. Im Französischen steht das Verb auch in Nebensätzen – wie z. B. hier im Relativsatz – direkt hinter dem Subjekt und nicht wie im Deutschen am Satzende (*J'ai écrit une lettre à Anne qui **vit** à Paris.* Ich habe einen Brief an Anne geschrieben, die in Paris **lebt**.)

11.2 Das *passé composé* der reflexiven Verben

Das *passé composé* der reflexiven Verben (vgl. **S. 174, 9.5**) wird mit *être* gebildet.

Il	s'est	lavé.	Il	s'est	lavé	les mains.
Elle	s'est	lavée.	Elle	s'est	lavé	les mains.
Ils ne	se sont pas	lavés.	Ils ne	se sont pas	lavé	les mains.
Elles	se sont	lavées.	Elles	se sont	lavé	les mains.

1. Das Reflexivpronomen steht vor dem Hilfsverb *être* (*Il **s'est** lavé.* Er hat sich gewaschen.).
2. Das Partizip Perfekt (*lavé*) richtet sich nur dann in Geschlecht und Zahl nach dem Subjekt, wenn es sich bei dem Reflexivpronomen um ein **direktes Objekt** handelt (*Ils **se** sont lavé**s**.* Sie haben sich gewaschen.).
3. Folgt dem Verb ein direktes Objekt (*les mains*), dann handelt es sich bei dem Reflexivpronomen automatisch um ein **indirektes Objekt**. In diesem Fall bleibt das Partizip unverändert (*Ils **se** sont lavé les mains.* Sie haben sich die Hände gewaschen.).
4. In verneinten Sätzen umschließen *ne* und *pas* das Reflexivpronomen und das Hilfsverb *être* (*Elle **ne** s'est **pas** lavée.* Sie hat sich nicht gewaschen.).

11.3 Das *futur simple*

Neben dem *futur composé* (Präsensform von *aller* + Infinitiv; vgl. **S. 171, 8.4**) kennt das Französische mit dem *futur simple* eine zweite Zeitform, die zukünftige Ereignisse ausdrückt.

Je	parti**rai**	demain.
Tu	parti**ras**	en vacances?
Il / Elle / On	parti**ra**	la semaine prochaine.
Nous	parti**rons**	en train.
Vous	parti**rez**	en bus?
Ils / Elles	parti**ront**	après toi.

1. Bei den Verben auf *-er* werden die Futur-Endungen *-rai, -ras, -ra, -rons, -rez, -ront* an die 1. Person Singular Präsens des betreffenden Verbs angehängt *(J'achète → j'achète**rai**)*.
   Ausnahme: Verben der Gruppe 12 (vgl. S. 182): Bei ihnen leiten sich dic Formen des *futur simple* vom Infinitivstamm ab *(**répéter** → je répéte**rai**)*.

   Bei den regelmäßigen Verben auf *-ir* und *-re* sowie bei den meisten unregelmäßigen Verben fügt man die Futur-Endungen an den Stamm des Infinitivs an *(**partir** → je parti**rai**; **attendre** → j'attend**rai**; **vivre** → je viv**rai**)*.
2. Das *futur simple* drückt eher eine Vorhersage aus, das *futur composé* eher eine Absicht. Oft sind sie jedoch austauschbar. Beide Zeitformen kommen sowohl in der gesprochenen als auch in der geschriebenen Sprache vor. In der geschriebenen Sprache überwiegt allerdings das *futur simple*.

Die anderen neuen Verben der Lektion finden Sie in der Verbliste!

12

12.1 Der Bedingungssatz

Der Bedingungssatz besteht aus zwei Teilen. Er enthält einen durch die Konjunktion *si* eingeleiteten Nebensatz (*si*-Satz), der die Bedingung ausdrückt, und einen Hauptsatz, in dem die Folge der Bedingung formuliert wird.

Restez à la maison,	**si** vous êtes malade.
Si j'ai le temps,	je partirai en vacances.
S'il pleut,	on ne peut pas bronzer.

si-Satz = Präsens → Hauptsatz = Präsens oder Futur

1. Der Nebensatz mit *si* (= wenn) kann vor oder nach dem Hauptsatz stehen.
2. Abweichend vom Deutschen steht im Nebensatz mit *si* nie Futur. Es wird durch Präsens wiedergegeben. Dies gilt auch für Bedingungen, die sich auf die Zukunft beziehen.

3. Steht im *si*-Satz Präsens, so kann im Hauptsatz Präsens oder Futur stehen.
4. *Si* + *il* verschmelzen zu *S'il*. *Si* + *elle* bleiben erhalten.

Attention !
Beim indirekten Fragesatz mit *si* (= ob) kann anders als beim Bedingungssatz das Verb im Futur stehen *(Je lui demande s'il partira demain.)*.

12.2 Präpositionen der Zeit

J'habite à Paris **depuis** deux ans.	Ich wohne seit zwei Jahren in Paris.
J'ai déménagé **il y a** trois mois.	Ich bin (heute) vor drei Monaten umgezogen.
Ça fait un mois que je suis à la retraite.	Ich bin seit einem Monat im Ruhestand.
Au bout de trois mois il a enfin donné de ses nouvelles.	Nach (Ablauf von) drei Monaten hat er endlich von sich hören lassen.
Il est arrivé **avant** minuit.	Er ist vor Mitternacht angekommen.

12.3 Die Adverbialpronomen *y* und *en*

La semaine dernière, j'étais à Bordeaux. Je m'**y** suis bien amusé.	(y = à Bordeaux)
A Bordeaux, Paul m'a appris une bonne nouvelle. Je t'**en** parlerai demain.	(en = de la nouvelle)

1. Für *y* und *en* gelten dieselben Stellungsregeln wie für die direkten Objektpronomen *le, la, les* (vgl. **S. 173, 9.4**).
2. Das Adverbialpronomen *y* vertritt im Satz indirekte Objekte, die mit *à* an das Verb angeschlossen sind (z. B. *penser* ***à la lettre de Pascale***), und Ortsangaben, die mit *à, dans, en, sur, sous, près de, à côté de* und *chez* eingeleitet werden (z. B. *aller* ***à Paris****, habiter* ***dans une maison***). *En* steht für Ergänzungen mit *de (sortir* ***de l'école***).
   Y und *en* ersetzen somit Ortsbestimmungen *(à Bordeaux* → *y; de Bordeaux* → ***en***) und Sachen (*penser au film* → *y penser; parler du film* → ***en*** *parler)*.
3. Normalerweise werden Personen nicht durch *y* und *en* ersetzt. Statt dessen stehen *de* bzw. *à* + unverbundenes Personalpronomen *(parler aux amis* → *parler à eux; parler des amis* → *parler d'eux*; vgl. **S. 165, 6.1**) oder die Objektpronomen (z. B. *lui* und *leur*; vgl. **S. 175, 10.1**).

Attention !
Je vais **à Paris**. → J'**y** vais.
Je viens **de Paris**. → J'**en** viens.

➡ Die anderen neuen Verben der Lektion finden Sie in der Verbliste!

VERBTABELLE

Konjugationsmuster der französischen Verben

In der Verbtabelle sind die Konjugationsmuster der in der alphabetischen Wortliste (vgl. S. 227) enthaltenen Verben dargestellt. Es werden 44 verschiedene Muster unterschieden. Darunter fallen auch die vier farbig unterlegten Grundmuster der Verben auf *-er* (3), *-ir* (13, 14) und *-re* (26).
Eine vollständige, alphabetisch geordnete Verbliste finden Sie auf S. 188. Jedes dort verzeichnete Verb ist durch eine Zahl einem der hier aufgeführten Konjugationsmuster zugeordnet.
In der Verbtabelle sind die unregelmäßigen Formen fett markiert. Für die regelmäßigen Ableitungen vgl. S. 168, 7.3, S. 176, 10.3 und S. 178, 11.3.

Präsens		*Passé composé*			*Imparfait*		Futur	

ÊTRE UND *AVOIR*

1 être

je	**suis**	j'	ai	**été**	j'	**étais**	je	**serai**
tu	**es**	tu	as	été	tu	étais	tu	seras
il	**est**	il	a	été	il	était	il	sera
nous	**sommes**	nous	avons	été	nous	étions	nous	serons
vous	**êtes**	vous	avez	été	vous	étiez	vous	serez
ils	**sont**	ils	ont	été	ils	étaient	ils	seront

2 avoir

j'	**ai**	j'	ai	**eu**	j'	avais	j'	**aurai**
tu	**as**	tu	as	eu	tu	avais	tu	auras
il	**a**	il	a	eu	il	avait	il	aura
nous	avons	nous	avons	eu	nous	avions	nous	aurons
vous	avez	vous	avez	eu	vous	aviez	vous	aurez
ils	**ont**	ils	ont	eu	ils	avaient	ils	auront

VERBEN AUF *-ER*

3 aimer

j'	aime	j'	ai	aimé	j'	aimais	j'	aimerai
tu	aimes	tu	as	aimé	tu	aimais	tu	aimeras
il	aime	il	a	aimé	il	aimait	il	aimera
nous	aimons	nous	avons	aimé	nous	aimions	nous	aimerons
vous	aimez	vous	avez	aimé	vous	aimiez	vous	aimerez
ils	aiment	ils	ont	aimé	ils	aimaient	ils	aimeront

4 acheter

j'	**achète**	j'	ai	acheté	j'	achetais	j'	achèterai
tu	**achètes**	tu	as	acheté	tu	achetais	tu	achèteras
il	**achète**	il	a	acheté	il	achetait	il	achètera
nous	achetons	nous	avons	acheté	nous	achetions	nous	achèterons
vous	achetez	vous	avez	acheté	vous	achetiez	vous	achèterez
ils	**achètent**	ils	ont	acheté	ils	achetaient	ils	achèteront

Präsens		*Passé composé*			*Imparfait*		Futur	
5 aller								
je	**vais**	je	suis	allé(e)	j'	allais	j'	**irai**
tu	**vas**	tu	es	allé(e)	tu	allais	tu	iras
il	**va**	il	est	allé	il	allait	il	ira
nous	allons	nous	sommes	allé(e)s	nous	allions	nous	irons
vous	allez	vous	êtes	allé(e)(s)	vous	alliez	vous	irez
ils	**vont**	ils	sont	allés	ils	allaient	ils	iront
6 commencer								
je	commence	j'	ai	commencé	je	commençais	je	commencerai
tu	commences	tu	as	commencé	tu	commençais	tu	commenceras
il	commence	il	a	commencé	il	commençait	il	commencera
nous	**commençons**	nous	avons	commencé	nous	**commencions**	nous	commencerons
vous	commencez	vous	avez	commencé	vous	**commenciez**	vous	commencerez
ils	commencent	ils	ont	commencé	ils	commençaient	ils	commenceront
7 essayer*								
j'	**essaie**	j'	ai	essayé	j'	essayais	j'	essaierai
tu	**essaies**	tu	as	essayé	tu	essayais	tu	essaieras
il	**essaie**	il	a	essayé	il	essayait	il	essaiera
nous	essayons	nous	avons	essayé	nous	essa**yi**ons	nous	essaierons
vous	essayez	vous	avez	essayé	vous	essa**yi**ez	vous	essaierez
ils	**essaient**	ils	ont	essayé	ils	essayaient	ils	essaieront
8 manger								
je	mange	j'	ai	mangé	je	mangeais	je	mangerai
tu	manges	tu	as	mangé	tu	mangeais	tu	mangeras
il	mange	il	a	mangé	il	mangeait	il	mangera
nous	**mangeons**	nous	avons	mangé	nous	**mangions**	nous	mangerons
vous	mangez	vous	avez	mangé	vous	**mangiez**	vous	mangerez
ils	mangent	ils	ont	mangé	ils	mangeaient	ils	mangeront
9 oublier								
j'	oublie	j'	ai	oublié	j'	oubliais	j'	oublierai
tu	oublies	tu	as	oublié	tu	oubliais	tu	oublieras
il	oublie	il	a	oublié	il	oubliait	il	oubliera
nous	oublions	nous	avons	oublié	nous	oubl**ii**ons	nous	oublierons
vous	oubliez	vous	avez	oublié	vous	oubl**ii**ez	vous	oublierez
ils	oublient	ils	ont	oublié	ils	oubliaient	ils	oublieront
10 rappeler								
je	**rappelle**	j'	ai	rappelé	je	rappelais	je	rappellerai
tu	**rappelles**	tu	as	rappelé	tu	rappelais	tu	rappelleras
il	**rappelle**	il	a	rappelé	il	rappelait	il	rappellera
nous	rappelons	nous	avons	rappelé	nous	rappelions	nous	rappellerons
vous	rappelez	vous	avez	rappelé	vous	rappeliez	vous	rappellerez
ils	**rappellent**	ils	ont	rappelé	ils	rappelaient	ils	rappelleront

* Die Verben auf -ayer können das „y" in allen Formen behalten (z.B. *j'essaye, j'essayerai*).

Präsens		*Passé composé*			*Imparfait*		*Futur*	

11 rejeter

je	**rejette**	j'	ai	rejeté	je	rejetais	je	rejetterai
tu	**rejettes**	tu	as	rejeté	tu	rejetais	tu	rejetteras
il	**rejette**	il	a	rejeté	il	rejetait	il	rejettera
nous	rejetons	nous	avons	rejeté	nous	rejetions	nous	rejetterons
vous	rejetez	vous	avez	rejeté	vous	rejetiez	vous	rejetterez
ils	**rejettent**	ils	ont	rejeté	ils	rejetaient	ils	rejetteront

12 répéter

je	**répète**	j'	ai	répété	je	répétais	je	**répéterai**
tu	**répètes**	tu	as	répété	tu	répétais	tu	répéteras
il	**répète**	il	a	répété	il	répétait	il	répétera
nous	répétons	nous	avons	répété	nous	répétions	nous	répéterons
vous	répétez	vous	avez	répété	vous	répétiez	vous	répéterez
ils	**répètent**	ils	ont	répété	ils	répétaient	ils	répéteront

VERBEN AUF *-IR*

13 finir

je	finis	j'	ai	fini	je	finissais	je	finirai
tu	finis	tu	as	fini	tu	finissais	tu	finiras
il	finit	il	a	fini	il	finissait	il	finira
nous	**finissons**	nous	avons	fini	nous	finissions	nous	finirons
vous	**finissez**	vous	avez	fini	vous	finissiez	vous	finirez
ils	**finissent**	ils	ont	fini	ils	finissaient	ils	finiront

14 sentir

je	**sens**	j'	ai	senti	je	sentais	je	sentirai
tu	**sens**	tu	as	senti	tu	sentais	tu	sentiras
il	**sent**	il	a	senti	il	sentait	il	sentira
nous	sentons	nous	avons	senti	nous	sentions	nous	sentirons
vous	sentez	vous	avez	senti	vous	sentiez	vous	sentirez
ils	sentent	ils	ont	senti	ils	sentaient	ils	sentiront

15 courir

je	cours	j'	ai	**couru**	je	courais	je	**courrai**
tu	cours	tu	as	couru	tu	courais	tu	courras
il	court	il	a	couru	il	courait	il	courra
nous	courons	nous	avons	couru	nous	courions	nous	courrons
vous	courez	vous	avez	couru	vous	couriez	vous	courrez
ils	courent	ils	ont	couru	ils	couraient	ils	courront

Präsens	*Passé composé*	*Imparfait*	Futur

16 dormir

Präsens	Passé composé	Imparfait	Futur
je **dors**	j' ai dormi	je dormais	je dormirai
tu **dors**	tu as dormi	tu dormais	tu dormiras
il **dort**	il a dormi	il dormait	il dormira
nous dormons	nous avons dormi	nous dormions	nous dormirons
vous dormez	vous avez dormi	vous dormiez	vous dormirez
ils dorment	ils ont dormi	ils dormaient	ils dormiront

17 ouvrir

Präsens	Passé composé	Imparfait	Futur
j' **ouvre**	j' ai **ouvert**	j' ouvrais	j' ouvrirai
tu **ouvres**	tu as ouvert	tu ouvrais	tu ouvriras
il **ouvre**	il a ouvert	il ouvrait	il ouvrira
nous ouvrons	nous avons ouvert	nous ouvrions	nous ouvrirons
vous ouvrez	vous avez ouvert	vous ouvriez	vous ouvrirez
ils ouvrent	ils ont ouvert	ils ouvraient	ils ouvriront

18 tenir

Präsens	Passé composé	Imparfait	Futur
je **tiens**	j' ai **tenu**	je tenais	je **tiendrai**
tu **tiens**	tu as tenu	tu tenais	tu tiendras
il **tient**	il a tenu	il tenait	il tiendra
nous tenons	nous avons tenu	nous tenions	nous tiendrons
vous tenez	vous avez tenu	vous teniez	vous tiendrez
ils **tiennent**	ils ont tenu	ils tenaient	ils tiendront

VERBEN AUF *-OIR*

19 devoir

Präsens	Passé composé	Imparfait	Futur
je **dois**	j' ai **dû**	je devais	je **devrai**
tu **dois**	tu as dû	tu devais	tu devras
il **doit**	il a dû	il devait	il devra
nous devons	nous avons dû	nous devions	nous devrons
vous devez	vous avez dû	vous deviez	vous devrez
ils **doivent**	ils ont dû	ils devaient	ils devront

20 pleuvoir

Präsens	Passé composé	Imparfait	Futur
il **pleut**	il a **plu**	il pleuvait	il **pleuvra**

21 pouvoir

Präsens	Passé composé	Imparfait	Futur
je **peux**	j' ai **pu**	je pouvais	je **pourrai**
tu **peux**	tu as pu	tu pouvais	tu pourras
il **peut**	il a pu	il pouvait	il pourra
nous pouvons	nous avons pu	nous pouvions	nous pourrons
vous pouvez	vous avez pu	vous pouviez	vous pourrez
ils **peuvent**	ils ont pu	ils pouvaient	ils pourront

Präsens		*Passé composé*			*Imparfait*		Futur	

22 recevoir

je	**reçois**	j'	ai	**reçu**	je	recevais	je	**recevrai**
tu	**reçois**	tu	as	reçu	tu	recevais	tu	recevras
il	**reçoit**	il	a	reçu	il	recevait	il	recevra
nous	recevons	nous	avons	reçu	nous	recevions	nous	recevrons
vous	recevez	vous	avez	reçu	vous	receviez	vous	recevrez
ils	**reçoivent**	ils	ont	reçu	ils	recevaient	ils	recevront

23 savoir

je	**sais**	j'	ai	**su**	je	savais	je	**saurai**
tu	**sais**	tu	as	su	tu	savais	tu	sauras
il	**sait**	il	a	su	il	savait	il	saura
nous	savons	nous	avons	su	nous	savions	nous	saurons
vous	savez	vous	avez	su	vous	saviez	vous	saurez
ils	savent	ils	ont	su	ils	savaient	ils	sauront

24 voir

je	vois	j'	ai	**vu**	je	voyais	je	**verrai**
tu	vois	tu	as	vu	tu	voyais	tu	verras
il	voit	il	a	vu	il	voyait	il	verra
nous	**voyons**	nous	avons	vu	nous	vo**yi**ons	nous	verrons
vous	**voyez**	vous	avez	vu	vous	vo**yi**ez	vous	verrez
ils	voient	ils	ont	vu	ils	voyaient	ils	verront

25 vouloir

je	**veux**	j'	ai	**voulu**	je	voulais	je	**voudrai**
tu	**veux**	tu	as	voulu	tu	voulais	tu	voudras
il	**veut**	il	a	voulu	il	voulait	il	voudra
nous	voulons	nous	avons	voulu	nous	voulions	nous	voudrons
vous	voulez	vous	avez	voulu	vous	vouliez	vous	voudrez
ils	**veulent**	ils	ont	voulu	ils	voulaient	ils	voudront

VERBEN AUF *-RE*

26 **attendre**

j'	attends	j'	ai	attendu	j'	attendais	j'	attendrai
tu	attends	tu	as	attendu	tu	attendais	tu	attendras
il	**attend**	il	a	attendu	il	attendait	il	attendra
nous	attendons	nous	avons	attendu	nous	attendions	nous	attendrons
vous	attendez	vous	avez	attendu	vous	attendiez	vous	attendrez
ils	attendent	ils	ont	attendu	ils	attendaient	ils	attendront

Präsens		*Passé composé*			*Imparfait*		Futur	

27 atteindre

Präsens		*Passé composé*			*Imparfait*		Futur	
j'	**atteins**	j'	ai	**atteint**	j'	atteignais	j'	atteindrai
tu	**atteins**	tu	as	atteint	tu	atteignais	tu	atteindras
il	**atteint**	il	a	atteint	il	atteignait	il	atteindra
nous	**atteignons**	nous	avons	atteint	nous	atteignions	nous	atteindrons
vous	**atteignez**	vous	avez	atteint	vous	atteigniez	vous	atteindrez
ils	**atteignent**	ils	ont	atteint	ils	atteignaient	ils	atteindront

28 battre

Präsens		*Passé composé*			*Imparfait*		Futur	
je	**bats**	j'	ai	battu	je	battais	je	battrai
tu	**bats**	tu	as	battu	tu	battais	tu	battras
il	**bat**	il	a	battu	il	battait	il	battra
nous	battons	nous	avons	battu	nous	battions	nous	battrons
vous	battez	vous	avez	battu	vous	battiez	vous	battrez
ils	battent	ils	ont	battu	ils	battaient	ils	battront

29 boire

Präsens		*Passé composé*			*Imparfait*		Futur	
je	bois	j'	ai	**bu**	je	buvais	je	boirai
tu	bois	tu	as	bu	tu	buvais	tu	boiras
il	boit	il	a	bu	il	buvait	il	boira
nous	**buvons**	nous	avons	bu	nous	buvions	nous	boirons
vous	**buvez**	vous	avez	bu	vous	buviez	vous	boirez
ils	**boivent**	ils	ont	bu	ils	buvaient	ils	boiront

30 conduire

Präsens		*Passé composé*			*Imparfait*		Futur	
je	conduis	j'	ai	**conduit**	je	conduisais	je	conduirai
tu	conduis	tu	as	conduit	tu	conduisais	tu	conduiras
il	conduit	il	a	conduit	il	conduisait	il	conduira
nous	**conduisons**	nous	avons	conduit	nous	conduisions	nous	conduirons
vous	**conduisez**	vous	avez	conduit	vous	conduisiez	vous	conduirez
ils	**conduisent**	ils	ont	conduit	ils	conduisaient	ils	conduiront

31 connaître

Präsens		*Passé composé*			*Imparfait*		Futur	
je	**connais**	j'	ai	**connu**	je	connaissais	je	connaîtrai
tu	**connais**	tu	as	connu	tu	connaissais	tu	connaîtras
il	**connaît**	il	a	connu	il	connaissait	il	connaîtra
nous	**connaissons**	nous	avons	connu	nous	connaissions	nous	connaîtrons
vous	**connaissez**	vous	avez	connu	vous	connaissiez	vous	connaîtrez
ils	**connaissent**	ils	ont	connu	ils	connaissaient	ils	connaîtront

32 coudre

Präsens		*Passé composé*			*Imparfait*		Futur	
je	couds	j'	ai	**cousu**	je	cousais	je	coudrai
tu	couds	tu	as	cousu	tu	cousais	tu	coudras
il	**coud**	il	a	cousu	il	cousait	il	coudra
nous	**cousons**	nous	avons	cousu	nous	cousions	nous	coudrons
vous	**cousez**	vous	avez	cousu	vous	cousiez	vous	coudrez
ils	**cousent**	ils	ont	cousu	ils	cousaient	ils	coudront

Präsens		*Passé composé*			*Imparfait*		Futur	

33 croire

je	crois	j'	ai	**cru**	je	croyais	je	croirai
tu	crois	tu	as	cru	tu	croyais	tu	croiras
il	croit	il	a	cru	il	croyait	il	croira
nous	**croyons**	nous	avons	cru	nous	cro**yi**ons	nous	croirons
vous	**croyez**	vous	avez	cru	vous	cro**yi**ez	vous	croirez
ils	croient	ils	ont	cru	ils	croyaient	ils	croiront

34 dire

je	dis	j'	ai	**dit**	je	disais	je	dirai
tu	dis	tu	as	dit	tu	disais	tu	diras
il	dit	il	a	dit	il	disait	il	dira
nous	**disons**	nous	avons	dit	nous	disions	nous	dirons
vous	**dites**	vous	avez	dit	vous	disiez	vous	direz
ils	**disent**	ils	ont	dit	ils	disaient	ils	diront

35 écrire

j'	écris	j'	ai	**écrit**	j'	écrivais	j'	écrirai
tu	écris	tu	as	écrit	tu	écrivais	tu	écriras
il	écrit	il	a	écrit	il	écrivait	il	écrira
nous	**écrivons**	nous	avons	écrit	nous	écrivions	nous	écrirons
vous	**écrivez**	vous	avez	écrit	vous	écriviez	vous	écrirez
ils	**écrivent**	ils	ont	écrit	ils	écrivaient	ils	écriront

36 exclure

j'	exclus	j'	ai	**exclu**	j'	excluais	j'	exclurai
tu	exclus	tu	as	exclu	tu	excluais	tu	excluras
il	exclut	il	a	exclu	il	excluait	il	exclura
nous	excluons	nous	avons	exclu	nous	excluions	nous	exclurons
vous	excluez	vous	avez	exclu	vous	excluiez	vous	exclurez
ils	excluent	ils	ont	exclu	ils	excluaient	ils	excluront

37 faire

je	fais	j'	ai	**fait**	je	faisais	je	**ferai**
tu	fais	tu	as	fait	tu	faisais	tu	feras
il	fait	il	a	fait	il	faisait	il	fera
nous	**faisons**	nous	avons	fait	nous	faisions	nous	ferons
vous	**faites**	vous	avez	fait	vous	faisiez	vous	ferez
ils	**font**	ils	ont	fait	ils	faisaient	ils	feront

38 lire

je	lis	j'	ai	**lu**	je	lisais	je	lirai
tu	lis	tu	as	lu	tu	lisais	tu	liras
il	lit	il	a	lu	il	lisait	il	lira
nous	**lisons**	nous	avons	lu	nous	lisions	nous	lirons
vous	**lisez**	vous	avez	lu	vous	lisiez	vous	lirez
ils	**lisent**	ils	ont	lu	ils	lisaient	ils	liront

Präsens		*Passé composé*			*Imparfait*		Futur	
39 mettre								
je	**mets**	j'	ai	**mis**	je	mettais	je	mettrai
tu	**mets**	tu	as	mis	tu	mettais	tu	mettras
il	**met**	il	a	mis	il	mettait	il	mettra
nous	mettons	nous	avons	mis	nous	mettions	nous	mettrons
vous	mettez	vous	avez	mis	vous	mettiez	vous	mettrez
ils	mettent	ils	ont	mis	ils	mettaient	ils	mettront
40 plaire								
je	plais	j'	ai	**plu**	je	plaisais	je	plairai
tu	plais	tu	as	plu	tu	plaisais	tu	plairas
il	**plaît**	il	a	plu	il	plaisait	il	plaira
nous	**plaisons**	nous	avons	plu	nous	plaisions	nous	plairons
vous	**plaisez**	vous	avez	plu	vous	plaisiez	vous	plairez
ils	**plaisent**	ils	ont	plu	ils	plaisaient	ils	plairont
41 prendre								
je	prends	j'	ai	**pris**	je	prenais	je	prendrai
tu	prends	tu	as	pris	tu	prenais	tu	prendras
il	**prend**	il	a	pris	il	prenait	il	prendra
nous	**prenons**	nous	avons	pris	nous	prenions	nous	prendrons
vous	**prenez**	vous	avez	pris	vous	preniez	vous	prendrez
ils	**prennent**	ils	ont	pris	ils	prenaient	ils	prendront
42 rire								
je	ris	j'	ai	**ri**	je	riais	je	rirai
tu	ris	tu	as	ri	tu	riais	tu	riras
il	rit	il	a	ri	il	riait	il	rira
nous	rions	nous	avons	ri	nous	**ri**ions	nous	rirons
vous	riez	vous	avez	ri	vous	**ri**iez	vous	rirez
ils	rient	ils	ont	ri	ils	riaient	ils	riront
43 suivre								
je	**suis**	j'	ai	**suivi**	je	suivais	je	suivrai
tu	**suis**	tu	as	suivi	tu	suivais	tu	suivras
il	**suit**	il	a	suivi	il	suivait	il	suivra
nous	suivons	nous	avons	suivi	nous	suivions	nous	suivrons
vous	suivez	vous	avez	suivi	vous	suiviez	vous	suivrez
ils	suivent	ils	ont	suivi	ils	suivaient	ils	suivront
44 vivre								
je	**vis**	j'	ai	**vécu**	je	vivais	je	vivrai
tu	**vis**	tu	as	vécu	tu	vivais	tu	vivras
il	**vit**	il	a	vécu	il	vivait	il	vivra
nous	vivons	nous	avons	vécu	nous	vivions	nous	vivrons
vous	vivez	vous	avez	vécu	vous	viviez	vous	vivrez
ils	vivent	ils	ont	vécu	ils	vivaient	ils	vivront

VERBLISTE

Liste der französischen Verben

In dieser Verbliste sind alle in der alphabetischen Wortliste (vgl. S. 227) vorkommenden Verben in alphabetischer Folge aufgeführt. Die Zahlen verweisen auf die in der Verbtabelle (vgl. S. 180) enthaltenen Konjugationsmuster. Hinter den Verben, die mit dem Hilfsverb *être* anstatt mit *avoir* konjugiert werden, finden Sie ein Sternchen (*). Beachten Sie, daß darüber hinaus alle reflexiven Verben (z.B. *se laver*) mit *être* konjugiert werden.

abandonner 3
abriter 3
accepter 3
accomplir 13
acheter 4
admirer 3
adorer 3
agir 13
aider 3
aimer 3
ajouter 3
s'aligner 3
aller* 5
s'amuser 3
apparaître* 31
s'appeler 10
apprécier 9
apprendre 41
s'arranger 8
s'arrêter 3
arriver* 3
arroser 3
atteindre 27
attendre 26
avaler 3
avoir 2
battre 28
bercer 6
boire 29
bouger 8
bouleverser 3
bronzer 3
camper 3
casser 3
cesser 3
(se) changer 8
chanter 3
chercher 3
choisir 13
classifier 9
combler 3
commander 3
commencer 6
communiquer 3
(se) composer 3
comprendre 41
compter 3
concerner 3
conclure 36
conduire 30
confirmer 3
connaître 31
se consacrer 3
conseiller 3
constituer 3
construire 30
contempler 3
continuer 3
contrôler 3
correspondre 26
se coucher 3
coudre 32
courir 15
coûter 3
crier 9
croire 33
cuisiner 3
danser 3
se décider 3
découvrir 17
demander 3
déménager 8
démissionner 3
dépenser 3
déranger 8
descendre* 26
désigner 3
désirer 3
dessiner 3
(se) détendre 26
détester 3
devenir* 18
devoir 19
digérer 12
dîner 3
dire 34
se diriger 8
discuter 3
disposer 3
donner 3
dormir 16
draguer 3
durer 3
écarter 3
échanger 8
éclairer 3
écouter 3
écrire 35
embrasser 3
emmener 4
employer 7
emporter 3
s'enchaîner 3
s'encourager 8
engager 8
enlever 4
enregistrer 3
enseigner 3
entendre 26
entrer* 3
épeler 10
épouser 3
espérer 12
essayer 7
être 1
s'éveiller 3
éviter 3
exclure 36
excuser 3
s'expatrier 9
fabriquer 3
faire 37
fermer 3
fêter 3
finir 13
fixer 3
fonder 3
fondre 26
formuler 3
freiner 3
fumer 3
gagner 3
garder 3
goûter 3
grandir 13
griller 3
habiter 3
hésiter 3
ignorer 3
s'informer 3
s'inquiéter 12
s'inscrire 35
(s')inspirer 3
s'installer 3
interdire 34
s'intéresser 3
interroger 8
inventer 3
inviter 3
jardiner 3
jouer 3
laisser 3
lancer 6
se laver 3
se lever 4
lire 38
loger 8
mâcher 3
maigrir 13
se maintenir 18
manger 8
manquer 3
marcher 3
se marier 9
mélanger 8
mettre 39
monter* 3
montrer 3
nager 8
neiger 8
s'occuper 3
offrir 17
organiser 3
oublier 9
ouvrir 17
paraître 31
parler 3
partager 8
participer 3
partir* 14
(se) passer 3
pêcher 3
penser 3
piloter 3
plaire 40
planter 3
pleuvoir 20
porter 3
poursuivre 43
pousser 3
pouvoir 21
préciser 3
préférer 12
prendre 41
préparer 3
se présenter 3
préserver 3
profiter 3
se promener 4
proposer 3
quitter 3
raconter 3
ralentir 13
ramasser 3
rappeler 10
(se) réaliser 3
rebondir 13
recevoir 22
reconnaître 31
reconstituer 3
rédiger 8
refaire 37
réfléchir 13
refuser 3
regarder 3
regretter 3
rejeter 11
(se) relaxer 3
relire 38
remarquer 3
remercier 9
remplir 13
remporter 3
remuer 3
(se) rencontrer 3
(se) rendre 26
se renseigner 3
rentrer* 3
réparer 3
répartir 13
repeindre 27
répéter 12
répondre 26
représenter 3
restaurer 3
rester* 3
résumer 3
retourner* 3
retrouver 3
réussir 13
(se) réveiller 3
revenir* 18
rêver 3
(se) revoir 24
rigoler 3
rimer 3
rire 42
rouler 3
savoir 23
sentir 14
séparer 3
servir 14
soigner 3
sortir* 14
souhaiter 3
souligner 3
sourire 42
suivre 43
supporter 3
surveiller 3
survenir* 18
survivre 44
tasser 3
téléphoner 3
tendre 26
tenir 18
tenter 3
(se) terminer 3
tomber* 3
toucher 3
tourner 3
tracer 6
transmettre 39
travailler 3
traverser 3
trembler 3
tremper 3
tricoter 3
trouver 3
tuer 3
utiliser 3
varier 9
vendre 26
venir* 18
visiter 3
vivre 44
voir 24
voler 3
vouloir 25
vouvoyer 7
voyager 8

WÖRTERVERZEICHNIS

Französisch-deutsches Wörterverzeichnis nach Lektionen

- Sie finden hier die neuen Wörter und Ausdrücke der Lektionen in der Reihenfolge ihres Vorkommens. Dieses Wörterverzeichnis ist zum Nachschlagen und als Verstehenshilfe gedacht, Sie müssen nicht alles unbedingt aktiv beherrschen.
- Wörter, die ausschließlich auf der Lehrbuchcassette vorkommen, wurden nur dann aufgenommen, wenn sie zur Lösung einer Aufgabe benötigt werden.
- Die französischen Übungsanweisungen wurden ebenfalls übersetzt. Sie erscheinen nicht in Fettdruck.
- International gebräuchliche Wörter, transparente Wörter sowie Eigennamen werden nicht in diesem Vokabular aufgeführt.
- Die phonetische Umschrift richtet sich nach den Regeln der *Association Phonétique Internationale,* wobei auf Darstellung der Längen, Pausen usw. verzichtet wurde.

Abkürzungen:

Abk. = Abkürzung
arg = *argotique* (= umgangssprachlich)
f = feminin, weiblich
fam = *familier* (= vertraulich)
Inf = Infinitiv
m = maskulin, männlich
Pl = Plural
qn = *quelqu'un* (= jemand/en)
qch = *quelque chose* (= etwas)
vgl = vergleichbar mit

1 PREMIERS CONTACTS

premiers contacts [pʀəmje kɔ̃takt]	erste Kontakte
le contact [lə kɔ̃takt]	Kontakt, Berührung; Beziehung
Bonjour ! [bɔ̃ʒuʀ]	Guten Tag!; Guten Morgen!
Regardez les photos. [ʀ(ə)gaʀde le fɔto]	Sehen Sie sich die Fotos an.
regarder [ʀəgaʀde]	(an)schauen, -sehen
la photo [la fɔto]	Foto

A1

On se connaît, non ? (*Inf:* **se connaître**) [ɔ̃ s(ə) kɔnɛ nɔ̃]	Wir kennen uns doch, nicht wahr?
on [ɔ̃]	man; wir
non [nɔ̃]	nein, nicht; nicht wahr?/oder?
C'est possible. (*Inf:* **être**) [sɛ pɔsibl(ə)]	Das ist möglich.
Vous êtes... ? (*Inf:* **être**) [vuz‿ɛt...]	Sind Sie ...?
vous [vu]	Sie; ihr
Mademoiselle, *Abk:* **Mlle** [madmwazɛl]	Fräulein, Frl.
oui [wi]	ja
mais [mɛ]	aber
Qui êtes-vous ? [ki ɛt vu]	Wer sind Sie?
Je m'appelle... (*Inf:* **s'appeler**) [ʒə mapɛl...]	Ich heiße ...
Yves Brisset ! C'est vous ? [iv bʀisɛ sɛ vu]	Yves Brisset! Sind Sie das?
Bon, alors, à demain. [bɔ̃ alɔʀ a d(ə)mɛ̃]	Also dann, bis morgen.
à [a]	nach; in; zu; auf; bis
demain [d(ə)mɛ̃]	morgen
d'accord [dakɔʀ]	einverstanden, in Ordnung
Salut ! [saly]	Tschüß!; Hallo!
Vous partez déjà ? (*Inf:* **partir**) [vu paʀte deʒa]	Gehen Sie schon?
déjà [deʒa]	schon, bereits
J'ai rendez-vous. (*Inf:* **avoir**) [ʒe ʀɑ̃devu]	Ich bin verabredet.
Au revoir, Messieurs. [ɔʀəvwaʀ mɛsjø]	Auf Wiedersehen.
Monsieur, *Abk:* **M.** [məsjø]	Herr
Bonne soirée, Madame. [bɔn swaʀe madam]	Schönen Abend noch, (Frau X).
la soirée [la swaʀe]	Abend; Abendgesellschaft
Madame, *Abk:* **Mme** [madam]	Frau, Fr., Dame
ça va (*Inf:* **aller**) [sa va]	wie geht's?; es geht

Tu t'appelles comment ? (*Inf:* **s'appeler**) [ty tapɛl kɔmɑ̃]	Wie heißt du?
Moi, c'est... [mwa sɛ...]	Ich bin ...
Comment allez-vous ? (*Inf:* **aller**) [kɔmɑ̃t‿ale vu]	Wie geht es Ihnen?
Très bien, merci. [tʀɛ bjɛ̃ mɛʀsi]	Danke, sehr gut.
très bien [tʀɛ bjɛ̃]	sehr gut
merci [mɛʀsi]	danke
Je suis... (*Inf:* **être**) [ʒə sɥi...]	Ich bin ...
la mascotte [la maskɔt]	Maskottchen

A3

Et moi, je m'appelle... [e mwa ʒə mapɛl...]	Und ich heiße ...

B2

pardon [paʀdɔ̃]	Entschuldigung, verzeihen Sie; wie bitte?
La place est libre ? [la plas ɛ libʀ(ə)]	Ist der Platz frei?
la place [la plas]	Platz, Stelle
libre [libʀ(ə)]	frei
Vous pouvez répéter ? (*Inf:* **pouvoir**) [vu puve ʀepete]	Können Sie das wiederholen/noch einmal sagen?
s'il vous plaît [sil vu plɛ]	bitte; *wenn man um etw. bittet (Sie-Form)*
l'illustrateur *m* [lilystʀatœʀ]	Zeichner
Ça s'écrit comment ? (*Inf:* **s'écrire**) [sa sekʀi kɔmɑ̃]	Wie schreibt man das?
le champagne [lə ʃɑ̃paɲ]	Champagner
la lavande [la lavɑ̃d]	Lavendel
le croissant [lə kʀwasɑ̃]	Croissant, Hörnchen

B6

En attendant Godot (*Inf:* **attendre**) [ɑ̃n‿atɑ̃dɑ̃ gɔdo]	Warten auf Godot
adieu [adjø]	leben Sie wohl
Merci à vous. [mɛʀsi a vu]	Ich danke Ihnen.
de rien [də ʀjɛ̃]	bitte, keine Ursache
Mais si ! [mɛ si]	Aber ja doch!
Je n'arrive pas à partir. (*Inf:* **arriver**) [ʒə naʀiv paz‿a paʀtiʀ]	Ich schaffe es nicht zu gehen.
C'est la vie. [sɛ la vi]	So ist das Leben.

Salutations [salytɑsjɔ̃]	*hier:* Begrüßungen; Grüße
On en fait deux. (*Inf:* **faire**) [ɔ̃n‿ɑ̃ fɛ dø]	Man macht zwei (Küßchen).
la bise [la biz]	*2 oder 3 Küßchen auf die Wangen zur Begrüßung oder Verabschiedung*

2 Connaître c'est aimer

Connaître c'est aimer. [kɔnɛtʀ(ə) sɛt‿eme]	Es kennen heißt es lieben.
aimer [eme]	gern mögen, lieben
Vous connaissez... ? (*Inf:* **connaître**) [vu kɔnese...]	Kennen Sie ...?
la France [la fʀɑ̃s]	Frankreich
le Rhin [lə ʀɛ̃]	Rhein
la Corse [la kɔʀs(ə)]	Korsika
l'Alsace *f* [lalzas]	Elsaß
les Pyrénées *f* [le piʀene]	Pyrenäen
Complétez la carte. [kɔ̃plete la kaʀt(ə)]	Ergänzen Sie die Landkarte.
la carte [la kaʀt(ə)]	(Land/Spiel/Speise)Karte

A1

Pourquoi vous aimez la France ? [puʀkwa vuz‿eme la fʀɑ̃s]	Warum mögen Sie Frankreich?
tout d'abord [tu dabɔʀ]	zu allererst
d'abord [dabɔʀ]	zuerst
le climat est super [lə klima ɛ sypɛʀ]	das Klima ist super
être [ɛtʀ(ə)]	sein
Je trouve que... [ʒə tʀuv kə...]	Ich finde, daß ...
il y a [ilja]	da ist/da gibt es; vor *(zeitlich)*
le paysage [lə peizaʒ]	Landschaft
la mer [la mɛʀ]	Meer
la montagne, *Pl:* **les montagnes** [la, le mɔ̃taɲ]	Gebirge; Berg, -e
beaucoup [boku]	viel, -e; sehr
Nous aimons la France parce que nous adorons manger. [nuz‿emɔ̃ la fʀɑ̃s paʀsk(ə) nuz‿adɔʀɔ̃ mɑ̃ʒe]	Wir mögen Frankreich, weil wir sehr gern essen.

nous [nu]	wir
adorer [adɔʀe]	furchtbar gern mögen; anbeten
manger [mɑ̃ʒe]	essen
Je suis d'accord. [ʒə sɥi dakɔʀ]	Ich bin einverstanden.
tout à fait [tut‿a fɛ]	ganz und gar, völlig
le foie gras [lə fwa gʀɑ]	Gänseleberpastete
le vin [lə vɛ̃]	Wein
la culture française [la kyltyʀ fʀɑ̃sɛz]	französische Kultur
la littérature [la liteʀatyʀ]	Literatur
la peinture [la pɛ̃tyʀ]	Malerei
J'aime aussi la mentalité des Français. [ʒɛm osi la mɑ̃talite de fʀɑ̃sɛ]	Ich mag auch die Mentalität der Franzosen.
la mentalité [la mɑ̃talite]	Mentalität
le Français, *Pl:* **les Français** [lə, le fʀɑ̃sɛ]	Franzose, -n
la chanson, *Pl:* **les chansons** [la, le ʃɑ̃sɔ̃]	Chanson, -s; Lied, -er
les gens *m/f Pl* [le ʒɑ̃]	Leute, Menschen
l'architecture *f* [laʀʃitɛktyʀ]	Architektur

A2

elle aime [ɛl ɛm]	sie mag/liebt
ils aiment [ilz‿ɛm]	sie mögen/lieben
elles *f Pl* [ɛl]	sie

A4

en Allemagne *f* [ɑ̃n‿almaɲ]	in Deutschland
l'autoroute *f,* *Pl:* **les autoroutes** [lotɔʀut, lez‿otɔʀut]	Autobahn, -en
la musique [la myzik]	Musik
la charcuterie [la ʃaʀkytʀi]	Fleisch- und Wurstwaren
la bière [la bjɛʀ]	Bier
le gâteau, *Pl:* **les gâteaux** [lə, le gɑto]	Kuchen; Torte, -n
la philosophie [la filɔzɔfi]	Philosophie
la propreté [la pʀɔpʀəte]	Sauberkeit
grand [gʀɑ̃]	groß
pour [puʀ]	für, um zu; im Vergleich zu
l'Allemand *m,* *Pl:* **les Allemands** [lalmɑ̃, lez‿almɑ̃]	der Deutsche, die Deutschen
la culture allemande [la kyltyʀ almɑ̃d]	deutsche Kultur
On peut y rouler rapidement. (*Inf:* **pouvoir**) [ɔ̃ pø i ʀule ʀapidmɑ̃]	Man kann dort schnell fahren.
rouler [ʀule]	fahren; rollen
La vitesse n'est pas limitée. [la vitɛs nɛ pa limite]	Die Geschwindigkeit ist nicht begrenzt.
Ce que je préfère le plus c'est... [s(ə) kə ʒə pʀefɛʀ lə plys sɛ...]	Was ich am meisten mag, ist ...
préférer [pʀefeʀe]	vorziehen, lieber mögen
la bière très réputée [la bjɛʀ tʀɛ ʀepyte]	das sehr berühmte/geschätzte Bier
Je crois bien que... (*Inf:* **croire**) [ʒə kʀwa bjɛ̃ kə...]	Ich glaube/denke wohl, daß ...
C'est leurs voitures. [sɛ løʀ vwatyʀ]	Das sind ihre Autos.
la voiture, *Pl:* **les voitures** [la, le vwatyʀ]	Auto, -s
le compositeur, *Pl:* **les compositeurs** [lə, le kɔ̃pozitœʀ]	Komponist, -en
la musique classique [la myzik klasik]	klassische Musik
comme [kɔm]	wie; da
la ville, *Pl:* **les villes** [la, le vil]	Stadt, Städte
la Forêt Noire [la fɔʀɛ nwaʀ]	Schwarzwälder Kirschtorte; Schwarzwald

A6

le chocolat suisse [lə ʃɔkɔla sɥis]	Schweizer Schokolade
la cuisine allemande [la kɥizin almɑ̃d]	deutsche Küche
le cinéma [lə sinema]	Kino, Filmkunst
moderne [mɔdɛʀn(ə)]	modern

A7

belge [bɛlʒ(ə)]	belgisch
à mon avis [a mɔ̃n‿avi]	meiner Meinung nach

B1

J'apprends le français. (*Inf:* **apprendre**) [ʒapʀɑ̃ lə fʀɑ̃sɛ]	Ich lerne Französisch.
le français [lə fʀɑ̃sɛ]	das Französische
pour le plaisir [puʀ lə plɛziʀ]	zum Vergnügen
pour aller travailler en Afrique [puʀ ale tʀavaje ɑ̃n‿afʀik]	um in Afrika zu arbeiten
travailler [tʀavaje]	arbeiten
l'Afrique *f* [lafʀik]	Afrika
pour mes études *f* [puʀ mez‿etyd]	für mein Studium
pour parler avec les Français [puʀ paʀle avɛk le fʀɑ̃sɛ]	um mit Franzosen zu sprechen
parler avec qn [paʀle avɛk kɛlkɛ̃]	mit jdm sprechen
pour rester jeune [puʀ ʀɛste ʒœn]	um jung zu bleiben
rester [ʀɛste]	bleiben
pour mon travail [puʀ mɔ̃ tʀavaj]	für meine Arbeit
le travail [lə tʀavaj]	Arbeit
pour voyager [puʀ vwajaʒe]	zum Reisen
Pourquoi apprenez-vous le français ? (*Inf:* **apprendre**) [puʀkwa apʀəne vu lə fʀɑ̃sɛ]	Warum lernen Sie Französisch?

B2

Attention ! [atɑ̃sjɔ̃]	Achtung!/Vorsicht!
nous voyageons [nu vwajaʒɔ̃]	wir reisen/wir machen eine Reise

B3

l'Australie *f* [lostʀali]	Australien
ici [isi]	hier
visiter [vizite]	besichtigen; besuchen
Nice [nis]	Nizza

C1

la langue [la lɑ̃g]	Sprache; Zunge
l'Europe *f* [løʀɔp]	Europa
présente [pʀesɑ̃t]	*hier:* gesprochen; präsent
la Suisse [la sɥis]	Schweiz
la Belgique [la bɛlʒik]	Belgien
au Luxembourg [o lykzɑ̃buʀ]	in Luxemburg
le Luxembourg [lə lykzɑ̃buʀ]	Luxemburg
Vous me connaissez. [vu m(ə) kɔnese]	Sie kennen mich.
un peu [ɛ̃ pø]	ein bißchen/wenig
surtout [syʀtu]	vor allem
elle et moi [ɛl e mwa]	sie und ich
ensemble [ɑ̃sɑ̃bl(ə)]	zusammen
parler politique [paʀle pɔlitik]	über Politik reden
la politique [la pɔlitik]	Politik
les affaires *f Pl* [lez‿afɛʀ]	Geschäft(e); Angelegenheiten
nous mangeons [nu mɑ̃ʒɔ̃]	wir essen
souvent [suvɑ̃]	oft
au restaurant [o ʀɛstɔʀɑ̃]	im Restaurant
la choucroute [la ʃukʀut]	Sauerkraut
l'ananas *m* [lanana(s)]	Ananas
le melon [lə məlɔ̃]	Melone
ou [u]	oder
délicieux [delisjø]	lecker, köstlich
communiquer [kɔmynike]	(Nachrichten) austauschen, sich mitteilen
Aix-la-Chapelle [ɛks la ʃapɛl]	Aachen
Strasbourg [stʀasbuʀ]	Straßburg
Ratisbonne [ʀatisbɔn]	Regensburg
pleines de *f Pl* [plɛn də]	*hier:* voller
le charme [lə ʃaʀm(ə)]	Charme, Zauber
en voyage [ɑ̃ vwajaʒ]	auf Reisen
le voyage [lə vwajaʒ]	Reise
la garde-robe [la gaʀdəʀɔb]	Garderobe (Kleidung)
les robes longues [le ʀɔb lɔ̃g]	lange Kleider
la robe, *Pl:* **les robes** [la, le ʀɔb]	Kleid, -er
le négligé, *Pl:* **les négligés** [lə, le negliʒe]	Morgenrock, -röcke
la veste, *Pl:* **les vestes** [la, le vɛst(ə)]	Jacke, -n
toutes les deux *f Pl* [tut le dø]	alle beide
les relations franco-allemandes [le ʀəlasjɔ̃ fʀɑ̃koalmɑ̃d]	die deutsch-französischen Beziehungen
la relation [la ʀəlasjɔ̃]	Beziehung; Verhältnis
à la télévision [a la televizjɔ̃]	im Fernsehen
sur [syʀ]	über, auf; an; bei

J'ai rendez-vous avec vous. [ʒe Rɑ̃devu avɛk vu]	Ich bin mit Ihnen verabredet.
aujourd'hui [oʒuRdɥi]	heute

c2

le pays [lə pei]	Land

c6

Je t'aime. [ʒə tɛm]	Ich liebe Dich.

c7

le thé [lə te]	(Schwarz)Tee
discuter [diskyte]	diskutieren; sich unterhalten
le café [lə kafe]	Kaffee; Lokal, Café
le sucre [lə sykR(ə)]	Zucker
l'opéra *m* [lɔpeRa]	Oper
le fromage [lə fRɔmaʒ]	Käse
le costume, *Pl:* **les costumes** [lə, le kɔstym]	Anzug, Anzüge; (Masken)Kostüm, -e
l'Italie *f* [litali]	Italien
le ski [lə ski]	Ski(sport), Skifahren
la cravate, *Pl:* **les cravates** [la, le kRavat]	Krawatte, -n
le théâtre [lə teɑtR(ə)]	Theater
téléphoner [telefɔne]	telefonieren, anrufen
le parfum, *Pl:* **les parfums** [lə, le paRfɛ̃]	Parfüm, -s; Geruch, Gerüche
la plante, *Pl:* **les plantes** [la, le plɑ̃t]	Pflanze, -n

c8

à la mode [a la mɔd]	modern, in Mode
japonais [ʒapɔnɛ]	japanisch

c9

le dessert [lə desɛR]	Dessert, Nachtisch

le groupe [lə gRup]	Gruppe
seul [sœl]	allein
à deux [a dø]	zu zweit
à la maison [a la mɛzɔ̃]	zu Hause
à la cantine [a la kɑ̃tin]	in der Kantine
par téléphone *m* [paR telefɔn]	mit dem/per Telefon
la carte postale [la kaRt(ə) pɔstal]	Postkarte
le fax [lə faks]	Fax
peu [pø]	wenig
trop [tRo]	zuviel; zu sehr; (all)zu
majorité de [maʒɔRite də]	überwiegend
le silence [lə silɑ̃s]	Stille, Ruhe; Schweigen
le confort [lə kɔ̃fɔR]	Komfort, Bequemlichkeit
Vous êtes solitaire. [vuz‿ɛt sɔlitɛR]	Sie sind ein Einzelgänger.
la personne indépendante [la pɛRsɔn ɛ̃depɑ̃dɑ̃t]	der unabhängige Mensch
la personne [la pɛRsɔn]	Person, Mensch
le conseil [lə kɔ̃sɛj]	Rat(schlag)
Visitez... ! [vizite...]	Besichtigen/Besuchen Sie ...!
l'île *f* [lil]	Insel
en décembre *m* [ɑ̃ desɑ̃bR(ə)]	im Dezember
spontané [spɔ̃tane]	spontan
la personne conviviale [la pɛRsɔn kɔ̃vivjal]	der gesellige Mensch
Allez à... ! (*Inf:* **aller**) [ale a...]	Fahren/Gehen Sie nach ...!
sensible [sɑ̃sibl(ə)]	sensibel, empfindlich, -sam
votre partenaire *m/f* [vɔtR(ə) paRtənɛR]	Ihr, -e Partner, -in
romantique [Rɔmɑ̃tik]	romantisch
Paris la nuit [paRi la nɥi]	Paris bei Nacht

3 COMMENT COMMUNIQUER

comment communiquer [kɔmɑ̃ kɔmynike]	wie man miteinander kommuniziert
Quoi de neuf ? [kwa d(ə) nœf]	Was gibt es Neues?
la conversation [la kɔ̃vɛRsɑsjɔ̃]	Unterhaltung, Gespräch
la correspondance [la kɔRɛspɔ̃dɑ̃s]	Briefwechsel; Anschluß(zug)
lc minitel [lə minitɛl]	Minitel: *nationales Netz für elektronische Info-Dienste in Frankreich, vgl BTX*
le télégramme [lə telegRam]	Telegramm
le télex [lə telɛks]	Telex
l'ordinateur *m* [lɔRdinatœR]	Computer
les gestes *m* [le ʒɛst(ə)]	Gestik

A1

Un grand salut de... [ɛ̃ gʀɑ̃ saly də...]	Einen lieben Gruß aus ...
camper [kɑ̃pe]	zelten, campen
au bord de la mer [o bɔʀ d(ə) la mɛʀ]	(direkt) am Meer
Il fait hyper chaud. [il fɛ ipɛʀ ʃo]	Es ist unheimlich heiß.
chaud/e [ʃo, ʃod]	heiß, warm
Les nuits sont froides. [le nɥi sɔ̃ fʀwad]	In den Nächten/Während der Nächte ist es kalt.
froid/e [fʀwa, fʀwad]	kalt
sympa, sympathique [sɛ̃pa, sɛ̃patik]	sympathisch, nett
Nous faisons des randonnées. (*Inf:* **faire**) [nu fəzɔ̃ de ʀɑ̃dɔne]	Wir wandern.
la randonnée [la ʀɑ̃dɔne]	Wanderung; Tour
dans la montagne [dɑ̃ la mɔ̃taɲ]	in den Bergen, im Gebirge
penser à qn [pɑ̃se a kɛlkɛ̃]	an jdn denken
Grosses bises [gʀɔs biz]	*häufige Abschiedsformel in Briefen an Freunde*
gros/se [gʀo, gʀɔs]	dick
Bonjour à tous ! [bɔ̃ʒuʀ a tus]	Schönen Gruß an alle!
Nous voilà à... [nu vwala a...]	Wir sind in ... angekommen.
enfin [ɑ̃fɛ̃]	endlich
Tout va bien. [tu va bjɛ̃]	Es ist alles in Ordnung.
aller [ale]	gehen; fahren
passionnant/e [pasjɔnɑ̃, pasjɔnɑ̃t]	begeisternd, faszinierend
le/la Québécois/e [lə kebekwa, la kebekwaz]	Einwohner, -in von Québec
charmant/e [ʃaʀmɑ̃, ʃaʀmɑ̃t]	bezaubernd, reizend
Il ne fait pas beau. [il nə fɛ pa bo]	Es ist kein schönes Wetter.
ne... pas [nə... pa]	nicht
beau, belle, bel [bo, bɛl]	schön
Mille baisers *m* [mil beze]	Tausend Küsse
le baiser [lə beze]	Kuß
Chers amis [ʃɛʀz‿ami]	Liebe Freunde
cher, chère [ʃɛʀ]	Lieber, Liebe *am Briefanfang;* teuer
l'ami/e *m/f* [lami]	Freund, -in
Un petit bonjour de... [ɛ̃ p(ə)ti bɔ̃ʒuʀ də...]	Ein kleiner Gruß aus ...
le temps [lə tɑ̃]	Wetter; Zeit
magnifique [maɲifik]	großartig
tous les jours [tu le ʒuʀ]	jeden Tag
le jour [lə ʒuʀ]	Tag
Les enfants sont ravis. [lez‿ɑ̃fɑ̃ sɔ̃ ʀavi]	Die Kinder sind entzückt.
l'enfant *m/f* [lɑ̃fɑ̃]	Kind
ravi/e [ʀavi]	hocherfreut, entzückt
Nous vous embrassons bien fort. [nu vuz‿ɑ̃bʀasɔ̃ bjɛ̃ fɔʀ]	Einen ganz dicken Kuß für Euch. *(am Briefende)*
embrasser [ɑ̃bʀase]	umarmen; küssen
fort/e [fɔʀ, fɔʀt]	kräftig, stark; groß; laut
pour le week-end [puʀ lə wikɛnd]	über das Wochenende
le week-end [lə wikɛnd]	Wochenende
chez des amis [ʃe dez‿ami]	bei Freunden
pour l'instant *m* [puʀ lɛ̃stɑ̃]	im Moment
l'instant *m* [lɛ̃stɑ̃]	Moment, Augenblick
Le temps n'est pas formidable. [lə tɑ̃ nɛ pa fɔʀmidabl(ə)]	Das Wetter ist nicht gerade ausgezeichnet.
formidable [fɔʀmidabl(ə)]	hervorragend
J'espère que vous allez bien. [ʒɛspɛʀ kə vuz‿ale bjɛ̃]	Ich hoffe, es geht Euch gut.
espérer [ɛspeʀe]	hoffen
Amitiés de... [amitje də...]	Viele Grüße von ... *(Abschiedsformel in Briefen an gute Bekannte)*

A5

Quel temps fait-il ? [kɛl tɑ̃ fɛt‿il]	Wie ist das Wetter?
quel/le [kɛl]	welche, -r, -s
Il pleut. (*Inf:* **pleuvoir**) [il plø]	Es regnet.
pleuvoir [pløvwaʀ]	regnen
neiger [neʒe]	schneien
Il fait bon. [il fɛ bɔ̃]	Es ist schönes Wetter.
bon/ne [bɔ̃, bɔn]	gut
Il y a du vent. [ilja dy vɑ̃]	Es ist windig.
le vent [lə vɑ̃]	Wind
Il y a des nuages. [ilja de nɥaʒ]	Es ist bewölkt.
le nuage [lə nɥaʒ]	Wolke

A6

petit/e [p(ə)ti, p(ə)tit]	klein

A7

le musée [lə myze]	Museum

Elle fait trois kilomètres de long. [ɛl fɛ tʀwa kilɔmɛtʀ(ə) də lɔ̃]	Sie ist drei Kilometer lang.
long/ue [lɔ̃, lɔ̃g]	lang
le kilomètre [lə kilɔmɛtʀ(ə)]	Kilometer
célèbre [selɛbʀ(ə)]	berühmt
l'hôtel *m* [lotɛl]	Hotel
le monument historique [lə mɔnymɑ̃ istɔʀik]	das historische Denkmal
les petites rues [le p(ə)tit ʀy]	Nebenstraßen
la rue [la ʀy]	Straße
la Vieille Ville [la vjɛj vil]	Altstadt
frais, fraîche [fʀɛ, fʀɛʃ]	frisch
la boutique [la butik]	Laden, Geschäft
le grand magasin [lə gʀɑ̃ magazɛ̃]	Kaufhaus
grand/e [gʀɑ̃, gʀɑ̃d]	groß
les Galeries *f* **Lafayette** [le gal(ə)ʀi lafajɛt]	*Kaufhauskette in Frankreich*
Ils sont à votre disposition *f*. [il sɔ̃t‿a vɔtʀ(ə) dispozisjɔ̃]	Sie stehen zu Ihrer Verfügung.
le marché aux fleurs [lə maʀʃe o flœʀ]	Blumenmarkt
la fleur [la flœʀ]	Blume
acheter [aʃ(ə)te]	kaufen
le bouquet [lə bukɛ]	Strauß
le mimosa [lə mimoza]	Mimose
vos amis [voz‿ami]	Ihre Freunde

B1

Allô ? [alo]	Hallo?
C'est qui ? [sɛ ki]	*hier:* Wer ist dran?
Tu me passes... ? [ty m(ə) pas...]	Gibst/Reichst du mir ...?
passer [pase]	reichen; vorbei-, durchgehen
s'il te plaît [sil tə plɛ]	bitte; *wenn man um etwas bittet (Du-Form)*
au Canada [o kanada]	in Kanada
le Canada [lə kanada]	Kanada
C'est toi ? [sɛ twa]	Bist du das?
Tu es bien arrivé/e ? [ty ɛ bjɛ̃n‿aʀive]	Bist du gut angekommen?
Est-ce que tu as fait bon voyage ? [ɛskə ty a fɛ bɔ̃ vwajaʒ]	Hattest du eine gute Reise?
Je vais bien. [ʒə vɛ bjɛ̃]	Mir geht es gut.
encore [ɑ̃kɔʀ]	noch
fatigué/e [fatige]	müde
La nuit, il fait moins quinze. [la nɥi il fɛ mwɛ̃ kɛ̃z]	Nachts sind es 15 Grad minus.
Vous allez bien ? [vuz‿ale bjɛ̃]	Geht es euch gut?
Ne t'inquiète pas. [nə tɛ̃kjɛt pa]	Mach dir keine Sorgen.
au fait [o fɛt]	eigentlich
Je voudrais te demander... (*Inf:* **vouloir**) [ʒə vudʀɛ tə d(ə)mɑ̃de...]	Ich würde dich gern fragen ...
demander [d(ə)mɑ̃de]	fragen; bitten
Tu peux me donner... ? (*Inf:* **pouvoir**) [ty pø mə dɔne...]	Kannst du mir ... geben?
donner [dɔne]	geben
le numéro de téléphone [lə nymeʀo d(ə) telefɔn]	Telefonnummer
Attends un instant. (*Inf:* **attendre**) [atɑ̃z‿ɛ̃n‿ɛ̃stɑ̃]	Warte einen Moment.
Ça y est. [sajɛ]	*hier:* Ich habe sie.
C'est le 693.22.38 [sɛ lə sisɑ̃katʀ(ə)vɛ̃tʀɛz vɛ̃dø tʀɑ̃tɥit]	Die Nummer lautet 693 22 38.
je répète [ʒə ʀepɛt]	ich wiederhole
répéter [ʀepete]	wiederholen
Voilà. [vwala]	*hier:* So, das war sie.
Je rappelle bientôt. [ʒə ʀapɛl bjɛ̃to]	Ich rufe bald wieder an.
rappeler qn [ʀaple kɛlkɛ̃]	jdn zurückrufen
Bonjour à Papa. [bɔ̃ʒuʀ a papa]	Schönen Gruß an Papa.
Bisous ! [bizu]	*hier:* Küsse an alle!

B3

Désolé, il n'est pas là. [dezɔle il nɛ pa la]	Tut mir leid, er ist nicht da.
désolé/e [dezɔle]	tiefbetrübt; öde
là [la]	da, dort
tant pis [tɑ̃ pi]	macht nichts
ce soir [sə swaʀ]	heute abend
le soir [lə swaʀ]	Abend; abends

B4

Aimez-vous les voyages ? [eme vu le vwajaʒ]	Reisen Sie gern?

B7

A quelle page trouvez-vous... ? [a kɛl paʒ tʀuve vu...]	Auf welcher Seite finden Sie ...?
le tableau, *Pl:* **-x** [lə tablo]	Gemälde, Bild; Tafel; Tabelle
la grammaire [la gʀa(m)mɛʀ]	Grammatik
le calendrier [lə kalɑ̃dʀije]	Kalender
la carte du monde [la kaʀt(ə) dy mɔ̃d]	Weltkarte
le monde [lə mɔ̃d]	Welt

B8

composer [kɔ̃poze]	wählen; zusammensetzen; verfassen
quand [kɑ̃]	wenn; als; wann
en panne *f* [ɑ̃ pan]	kaputt, defekt; außer Betrieb
le médecin [lə mɛdsɛ̃]	Arzt
Vous avez perdu votre passeport. [vuz‿ave pɛʀdy vɔtʀ(ə) paspɔʀ]	Sie haben Ihren Paß verloren.
le passeport [lə paspɔʀ]	Paß
chercher [ʃɛʀʃe]	suchen
l'explosion *f* [lɛksplozjɔ̃]	Explosion
quelques *m/f Pl* [kɛlk(ə)]	einige, ein paar
utile [ytil]	nützlich
les renseignements *m* [le ʀɑ̃sɛɲmɑ̃]	*hier:* Telefonauskunft; Auskünfte; Angaben
les dérangements *m* [le deʀɑ̃ʒmɑ̃]	*hier:* Störungsstelle
le Service d'Aide Médicale d'Urgence, SAMU [le sɛʀvis dɛd medikal dyʀʒɑ̃s, samy]	*ärztlicher Notdienst in Frankreich*
la police [la pɔlis]	Polizei
les pompiers *m* [le pɔ̃pje]	Feuerwehr(leute)
les renseignements internationaux [le ʀɑ̃sɛɲmɑ̃ ɛ̃tɛʀnasjɔno]	Auslandsauskunft
l'indicatif *m* **du pays** [lɛ̃dikatif dy pei]	Ländervorwahl

B9

pas trop bien [pa tʀo bjɛ̃]	nicht sehr gut
pas mal [pa mal]	nicht schlecht

C1

Joyeux anniversaire ! [ʒwajøz‿anivɛʀsɛʀ]	Herzlichen Glückwunsch zum Geburtstag!
joyeux/-euse [ʒwajø, ʒwajøz]	fröhlich, lustig
l'anniversaire *m* [lanivɛʀsɛʀ]	Geburtstag; Jahrestag
A ta santé ! [a ta sɑ̃te]	Prost! Auf dein Wohl!
la santé [la sɑ̃te]	Gesundheit
A la vôtre ! [a la votʀ(ə)]	Auf euer Wohl!
ce gâteau [sə gɑto]	dieser Kuchen
excellent/e [ɛksɛlɑ̃, ɛksɛlɑ̃t]	exzellent, hervorragend
délicieux/-euse [delisjø, delisjøz]	lecker, köstlich
la chantilly [la ʃɑ̃tiji]	Schlagsahne
Au secours ! [o s(ə)kuʀ]	Zu Hilfe!
je connais (*Inf:* **connaître**) [ʒə kɔnɛ]	ich kenne
joli/e [ʒɔli]	hübsch, schön
touristique [tuʀistik]	touristisch
Ça dépend de la saison. (*Inf:* **dépendre**) [sa depɑ̃ d(ə) la sɛzɔ̃]	Das hängt von der Jahreszeit ab.
la saison [la sɛzɔ̃]	Jahreszeit
Vous avez raison. (*Inf:* **avoir**) [vuz‿ave ʀɛzɔ̃]	Sie haben recht.
septembre *m* [sɛptɑ̃bʀ(ə)]	September
agréable [agʀeabl(ə)]	angenehm
assez [ase]	genug, ausreichend; ziemlich
calme [kalm(ə)]	ruhig
C'est mauvais pour la santé. [sɛ movɛ puʀ la sɑ̃te]	Das ist ungesund.
mauvais/e [movɛ, movɛz]	schlecht, böse
Franchement, tu exagères. [fʀɑ̃ʃmɑ̃ ty egzaʒɛʀ]	Ehrlich gesagt, du übertreibst.
et puis [e pɥi]	und außerdem; und dann
C'est bon pour le moral. [sɛ bɔ̃ puʀ lə mɔʀal]	Das hebt die Stimmung.
merci beaucoup [mɛʀsi boku]	vielen Dank
vraiment [vʀɛmɑ̃]	wirklich, tatsächlich
C'est gentil de votre part *f*. [sɛ ʒɑ̃ti d(ə) vɔtʀ(ə) paʀ]	Das ist nett von euch.
gentil/le [ʒɑ̃ti, ʒɑ̃tij]	nett, freundlich
original/e [ɔʀiʒinal]	originell
le cadeau, *Pl:* **-x** [lə kado]	Geschenk

Ce n'est pas mon genre. [sə nɛ pa mɔ̃ ʒɑ̃ʀ]	Das ist nicht so ganz mein Geschmack.
horrible [ɔʀibl(ə)]	fürchterlich
Je n'aime pas du tout. [ʒə nɛm pa dy tu]	Das gefällt mir überhaupt nicht.
Que dites-vous dans ces situations *f*? (*Inf:* **dire**) [kə dit vu dɑ̃ se sitɥasjɔ̃]	Was sagen Sie in diesen Situationen?
coller un timbre ici [kɔle ɛ̃ tɛ̃bʀ(ə) isi]	Briefmarke hier aufkleben

4 A LA MAISON

chez soi [ʃe swa]	zu Hause

A1

On est bien ici. [ɔ̃n‿ɛ bjɛ̃n‿isi]	Hier ist es schön.
Il fait combien ? [il fɛ kɔ̃bjɛ̃]	Wieviel Grad sind es?
Il fait bien 25° (degrés). [il fɛ bjɛ̃ vɛ̃sɛ̃k (dəgʀe)]	Es sind bestimmt 25° (Grad).
le degré [lə dəgʀe]	Grad
On a de la chance. [ɔ̃n‿a d(ə) la ʃɑ̃s]	Wir haben Glück.
avoir [avwaʀ]	haben
le dîner [lə dine]	(Abend)Essen
déranger [deʀɑ̃ʒe]	stören
farci/e [faʀsi]	gefüllt
Ça vous va ? [sa vu va]	Ist euch das recht?
parfait/e [paʀfɛ, paʀfɛt]	perfekt, prima
On prend l'apéritif *m.* [ɔ̃ pʀɑ̃ lapeʀitif]	Wir trinken einen Aperitif.
prendre [pʀɑ̃dʀ(ə)]	nehmen
Qu'est-ce que vous prenez ? [kɛskə vu pʀəne]	*hier:* Was möchtet ihr trinken?
quelque chose [kɛlk(ə) ʃoz]	etwas
sans alcool [sɑ̃z‿alkɔl]	ohne Alkohol
l'alcool *m* [lalkɔl]	Alkohol
le jus d'orange [lə ʒy dɔʀɑ̃ʒ]	Orangensaft
la menthe à l'eau *f* [la mɑ̃t a lo]	Pfefferminzsirup mit Wasser verdünnt
l'eau *f* [lo]	Wasser
Et toi, Christophe,... ? [e twa kʀistɔf...]	Und du, Christophe, ...?
Je ne prends rien. [ʒə n(ə) pʀɑ̃ ʀjɛ̃]	*hier:* Ich trinke nichts.
ne... rien [nə... ʀjɛ̃]	nichts
avec des glaçons [avɛk de glasɔ̃]	mit Eiswürfeln
le glaçon [lə glasɔ̃]	Eiswürfel
Zut ! [zyt]	Mist! Verdammt!
Tu ne veux pas plutôt... ? [ty nə vø pa plyto...]	Willst du nicht lieber ...?
vouloir [vulwaʀ]	wollen
plutôt [plyto]	eher, lieber

A2

le pousse-café [lə pus kafe]	Schnaps zum Kaffee
le petit-déjeuner [lə p(ə)ti deʒœne]	Frühstück
inviter pour [ɛ̃vite puʀ]	einladen zu

A3

on boit (*Inf:* **boire**) [ɔ̃ bwa]	man trinkt
la grenadine [la gʀənadin]	Sirup aus Granatäpfeln
le fruit [lə fʀɥi]	Frucht, Obst *Pl*
l'eau minérale [lo mineʀal]	Mineralwasser
le chocolat chaud [lə ʃɔkɔla ʃo]	heiße Schokolade
le café au lait [lə kafe o lɛ]	Milchkaffee
le lait [lə lɛ]	Milch
l'infusion *f* [lɛ̃fyzjɔ̃]	Kräutertee
la flûte de champagne [la flyt d(ə) ʃɑ̃paɲ]	Glas Champagner
le verre de vin [lə vɛʀ d(ə) vɛ̃]	Glas Wein
le porto [lə pɔʀto]	Portwein
le digestif [lə diʒɛstif]	Digestif, Verdauungsschnaps

A4

proposer [pʀɔpoze]	vorschlagen
accepter [aksɛpte]	annehmen
refuser [ʀəfyze]	ablehnen

A6

comprendre [kɔ̃pʀɑ̃dʀ(ə)]	verstehen; umfassen
apprendre [apʀɑ̃dʀ(ə)]	(er)lernen; erfahren; lehren

A7

Il est Britannique. [il ɛ bʀitanik]	Er ist Brite.
la femme [la fam]	(Ehe)Frau
raconter [ʀakɔ̃te]	erzählen
le sud [lə syd]	Süd(en)

son livre [sɔ̃ livʀ(ə)]	sein/ihr Buch
le livre [lə livʀ(ə)]	Buch
l'année *f* [lane]	Jahr
provençal/e [pʀɔvɑ̃sal]	provenzalisch
typique [tipik]	typisch
la spécialité [la spesjalite]	Spezialität
la région [la ʀeʒjɔ̃]	Region, Gegend
le fromage de chèvre *f* [lə fʀɔmaʒ d(ə) ʃɛvʀ(ə)]	Ziegenkäse
l'aioli *m* (*auch:* **ailloli**) [lajɔli]	*südfranzösische Knoblauchsauce*
toujours [tuʒuʀ]	immer
sûrement [syʀmɑ̃]	sicherlich

B1

la carte d'anniversaire [la kaʀt(ə) anivɛʀsɛʀ]	Geburtstagskarte
dis donc (*Inf:* **dire**) [di dɔ̃(k)]	sag mal
dire [diʀ]	sagen
avoir des projets [avwaʀ de pʀɔʒɛ]	etwas vorhaben
le projet [lə pʀɔʒɛ]	Plan, Projekt
tu viens [ty vjɛ̃]	du kommst
venir [vəniʀ]	kommen
avoir l'intention *f* **de** [avwaʀ lɛ̃tɑ̃sjɔ̃ də]	die Absicht haben
la raclette [la ʀaklɛt]	Raclette: *Schweizer Käsegericht*
(le) samedi soir [(lə) samdi swaʀ]	Samstag abend(s)
samedi *m* [samdi]	Samstag
(le) dimanche après-midi [(lə) dimɑ̃ʃ apʀɛmidi]	Sonntag nachmittag(s)
dimanche *m* [dimɑ̃ʃ]	Sonntag
l'après-midi *m/f* [lapʀɛmidi]	Nachmittag; nachmittags
Ça te dit ? (*Inf:* **dire**) [sa tə di]	Paßt dir das?/ Hast du Lust?
Rappelle-moi. [ʀapɛl mwa]	Ruf mich zurück.
ton invitation [tɔ̃n‿ɛ̃vitasjɔ̃]	deine Einladung
l'invitation *f* [lɛ̃vitasjɔ̃]	Einladung
C'est gentil de ta part. [sɛ ʒɑ̃ti d(ə) ta paʀ]	Das ist nett von dir.
volontiers [vɔlɔ̃tje]	gern, mit Vergnügen
vendredi *m* [vɑ̃dʀədi]	Freitag
l'idée *f* [lide]	Idee, Einfall
à vendredi [a vɑ̃dʀədi]	bis Freitag

B2

la semaine [la s(ə)mɛn]	Woche
janvier *m* [ʒɑ̃vje]	Januar
lundi *m* [lɛ̃di]	Montag
mardi *m* [maʀdi]	Dienstag
mercredi *m* [mɛʀkʀədi]	Mittwoch
jeudi *m* [ʒødi]	Donnerstag
le vendredi [lə vɑ̃dʀədi]	freitags

B3

toute la nuit [tut la nɥi]	die ganze Nacht
le radis [lə ʀadi]	Radieschen
au lit [o li]	im/ins Bett
le lit [lə li]	Bett
passer une nuit blanche [pase yn nɥi blɑ̃ʃ]	eine schlaflose Nacht verbringen
blanc, blanche [blɑ̃, blɑ̃ʃ]	weiß

B5

avoir envie de faire qch [avwaʀ ɑ̃vi də fɛʀ kɛlk(ə) ʃoz]	Lust haben etw zu machen
hésiter [ezite]	zögern
remercier [ʀəmɛʀsje]	danken
une autre fois [yn otʀ(ə) fwa]	ein anderes Mal
peut-être [pøtɛtʀ(ə)]	vielleicht
Je n'ai pas le temps. [ʒə ne pa l(ə) tɑ̃]	Ich habe keine Zeit.
Je suis désolé/e. [ʒə sɥi dezɔle]	Es tut mir leid.
avec plaisir [avɛk plɛziʀ]	mit Vergnügen, gern

C1

le village [lə vilaʒ]	Dorf
le peintre [lə pɛ̃tʀ(ə)]	Maler
impressionniste [ɛ̃pʀesjɔnist]	impressionistisch
ouvert/e [uvɛʀ, uvɛʀt]	geöffnet, offen
le public [lə pyblik]	Öffentlichkeit; Publikum
s'installer [sɛ̃stale]	sich niederlassen
en 1883 [ɑ̃ mil ɥi sɑ̃ katʀ(ə)vɛ̃tʀwa] oder [ɑ̃ disɥi sɑ̃ katʀ(ə)vɛ̃tʀwa]	(im Jahre) 1883
la famille [la famij]	Familie
restaurer [ʀɛstɔʀe]	renovieren
la couleur [la kulœʀ]	Farbe
choisi/e [ʃwazi]	ausgewählt
l'artiste *m/f* [laʀtist(ə)]	Künstler, -in
lui-même [lɥimɛm]	(er) selbst

la façade [la fasad]	Fassade
rose [ROZ]	rosa, rosé
vert/e [vɛR, vɛRt]	grün
la cuisine [la kɥizin]	Küche
bleu/e [blø]	blau
la salle à manger [la sal a mɑ̃ʒe]	Eßzimmer
jaune [ʒon]	gelb
en entrant [ɑ̃n‿ɑ̃tRɑ̃]	wenn man hereinkommt, beim Eintreten
entrer [ɑ̃tRe]	hereinkommen
à droite [a dRwat]	rechts
à gauche [a goʃ]	links
le salon [lə salɔ̃]	Wohnzimmer
à côté [a kote]	nebenan
l'atelier *m* [latəlje]	Atelier, Werkstatt
la chambre [la ʃɑ̃bR(ə)]	(Schlaf)Zimmer
...sont à l'étage *m* [...sɔ̃t‿a letaʒ]	... sind im oberen Stock
le jardin [lə ʒaRdɛ̃]	Garten
devant la maison [dəvɑ̃ la mɛzɔ̃]	vor dem Haus
la palette de peintre [la palɛt d(ə) pɛ̃tR(ə)]	Malerpalette
le jardinier [lə ʒaRdinje]	Gärtner
le gastronome [lə gastRɔnɔm]	Genießer
l'iris *m* [liRis]	Iris
le nymphéa [lə nɛ̃fea]	Seerose
il meurt (*Inf:* **mourir**) [il mœR]	er stirbt
alors [alɔR]	damals, zu dieser Zeit; also
Il a 86 ans. [il a katR(ə)vɛ̃siz‿ɑ̃]	Er ist 86 (Jahre alt).
l'an *m* [lɑ̃]	Jahr
retrouver [RətRuve]	wiederfinden
l'atmosphère *f* [latmɔsfɛR]	Atmosphäre
le motif [lə mɔtif]	Motiv
sauf [sof]	außer
d'avril *m* **à octobre** *m* [davRil a ɔktɔbR(ə)]	von April bis Oktober

c2

Claude Monet est né... [klod mɔne ɛ ne...]	Claude Monet ist ... geboren.
Il a habité... [il a abite...]	Er hat ... gewohnt.
habiter [abite]	wohnen

c3

l'art *m* [laR]	Kunst

c4

violet/te [vjɔlɛ, vjɔlɛt]	violett
marron [maRɔ̃]	braun
noir/e [nwaR]	schwarz
rouge [Ruʒ]	rot
l'arbre *m* [laRbR(ə)]	Baum

c5

la couleur préférée [la kulœR pRefeRe]	Lieblingsfarbe
la salle de bain(s) [la sal d(ə) bɛ̃]	Badezimmer
le bain [lə bɛ̃]	Bad; Badezimmer *Pl*

c6

les toilettes *f* [le twalɛt]	Toilette

c7

l'entrée *f* [lɑ̃tRe]	*hier:* Eingang; Vorspeise
derrière [dɛRjɛR]	hinter
sous [su]	unter

c8

au fond [o fɔ̃]	im (Hinter)Grund
le champ [lə ʃɑ̃]	Feld
l'ombrelle *f* [lɔ̃bRɛl]	Sonnenschirm
au printemps [o pRɛ̃tɑ̃]	im Frühling
le printemps [lə pRɛ̃tɑ̃]	Frühling

c9

la géographie [la ʒeɔgRafi]	Geographie
le voyageur [lə vwajaʒœR]	Reisender
francophone [fRɑ̃kɔfɔn]	französischsprachig
face *f* [fas]	Kopf *(bei Münzen)*
pile *f* [pil]	Zahl *(bei Münzen)*
la francophonie [la fRɑ̃kɔfɔni]	französisches Sprachgebiet
le drapeau, *Pl:* -x [lə dRapo]	Fahne, Flagge
conjuguer [kɔ̃ʒyge]	konjugieren
le thé à la menthe [lə te a la mɑ̃t]	Pfefferminztee
répondez (*Inf:* **répondre**) [Repɔ̃de]	antworten Sie
le vin de palme *f* [lə vɛ̃ d(ə) palm(ə)]	Palmwein

Quel jour sommes-nous ? [kɛl ʒuʀ sɔm nu]	Welcher Tag ist heute?
Attendez un tour. (*Inf:* **attendre**) [atɑ̃de ɛ̃ tuʀ]	Setzen Sie eine Runde aus.
venir dîner chez qn [vəniʀ dine ʃe kɛlkɛ̃]	zu jdm zum Essen kommen
dîner [dine]	zu Abend essen
où [u]	wo
décrivez (*Inf:* **décrire**) [dekʀive]	beschreiben Sie

Entracte 1

1

le bilan [lə bilɑ̃]	Bilanz

3

écouter [ekute]	(zu)hören
je voudrais [ʒə vudʀɛ]	ich hätte/möchte gern
passer un télégramme [pase ɛ̃ telegʀam]	ein Telegramm aufgeben
Quel numéro êtes-vous ? [kɛl nymeʀo ɛt vu]	Wie lautet Ihre Nummer?
adressé/e [adʀɛse]	adressiert
le square [lə skwaʀ]	*Platz mit Grünfläche*
le texte [lə tɛkst(ə)]	Text
chéri/e *m/f* [ʃeʀi]	Liebling
l'entête *f* [lɑ̃tɛt]	Kopf *(eines Briefes)*
la lettre [la lɛtʀ(ə)]	Brief; Buchstabe
ensuite [ɑ̃sɥit]	was weiter?; dann, darauf
J'entends le vent. (*Inf:* **entendre**) [ʒɑ̃tɑ̃ lə vɑ̃]	Ich höre den Wind.
mort/e [mɔʀ, mɔʀt]	*hier:* ausgestorben; tot
depuis que [dəpɥi kə]	seitdem
tu es parti/e [ty ɛ paʀti]	du bist weg-/fortgegangen
quoi [kwa]	was?; was
à la même place [a la mɛm plas]	an der gleichen Stelle
le prénom [lə pʀenɔ̃]	Vorname
épeler [eple]	buchstabieren
vous savez (*Inf:* **savoir**) [vu save]	Sie wissen/kennen
Je vous relis. (*Inf:* **relire**) [ʒə vu ʀəli]	Ich lese es Ihnen noch einmal vor.
signé/e [siɲe]	unterzeichnet, -schrieben

5

la consigne [la kɔ̃siɲ]	(Arbeits)Anweisung; Gepäckaufbewahrung
imaginer [imaʒine]	sich vorstellen, sich denken
lisez (*Inf:* **lire**) [lize]	lesen Sie
faites correspondre (*Inf:* **faire**) [fɛt kɔʀɛspɔ̃dʀ(ə)]	ordnen Sie ... zu
écrivez (*Inf:* **écrire**) [ekʀive]	schreiben Sie
observer [ɔpsɛʀve]	beobachten
cocher [kɔʃe]	ankreuzen
vérifier [veʀifje]	überprüfen
choisissez (*Inf:* **choisir**) [ʃwazise]	wählen Sie ... aus

5 La vie en ville

comme les autres [kɔm lez‿otʀ(ə)]	wie alle anderen/jeder andere
d'après vous [dapʀɛ vu]	Ihrer Meinung nach
le matin [lə matɛ̃]	Morgen; morgens
faire parler qn [fɛʀ paʀle kɛlkɛ̃]	jdn sprechen lassen
la phrase [la fʀɑz]	Satz

A1

le lieu [lə ljø]	Ort
l'homme *m* [lɔm]	Mensch; Mann
le S.D.F. (sans domicile fixe) [lə ɛs de ɛf]	Obdachloser
le personnage [lə pɛʀsɔnaʒ]	Figur, Person
principal/e [pʀɛ̃sipal]	Haupt-, hauptsächlich
le macadam [lə makadam]	*hier: Name einer Zeitung;* Asphalt
le journal, *Pl:* **les journaux** [lə ʒuʀnal, le ʒuʀno]	Zeitung
vendre [vɑ̃dʀ(ə)]	verkaufen
l'action *f* [laksjɔ̃]	Handlung
partir [paʀtiʀ]	weggehen, -fahren, abfahren, -reisen
s'arrêter [saʀɛte]	anhalten
faire les courses [fɛʀ le kuʀs(ə)]	einkaufen
faire [fɛʀ]	machen, tun
faire la queue [fɛʀ la kø]	Schlange stehen

le/la vendeur/-euse [lə vɑ̃dœʀ, la vɑ̃døz]	Verkäufer, -in
sortir [sɔʀtiʀ]	herausgehen, -kommen; ausgehen
ne... pas de [nə... pa də]	kein, -e
l'argent *m* [laʀʒɑ̃]	Geld; Silber

A2

le collage [lə kɔlaʒ]	Collage
gagner [gaɲe]	verdienen; gewinnen

A3

à l'aide *f* **de** [a lɛd də]	mit Hilfe von
le mot [lə mo]	Wort
suivant/e [sɥivɑ̃, sɥivɑ̃t]	folgend
coûter [kute]	kosten
ça veut dire [sa vø diʀ]	das heißt
ils vivent (*Inf:* **vivre**) [il viv]	sie leben
pour survivre [puʀ syʀvivʀ(ə)]	um zu überleben

A4

attendre [atɑ̃dʀ(ə)]	(er)warten
entendre [ɑ̃tɑ̃dʀ(ə)]	hören
lancer [lɑ̃se]	werfen
le dé [lə de]	Würfel

A5

irrégulier/-ère [iʀegylje, iʀegyljɛʀ]	unregelmäßig
voici [vwasi]	hier ist/sind
l'expression *f* [lɛkspʀɛsjɔ̃]	Ausdruck
correspondre à qch [kɔʀɛspɔ̃dʀ‿a kɛlk(ə) ʃoz]	einer Sache entsprechen
faire un chèque [fɛʀ ɛ̃ ʃɛk]	einen Scheck ausstellen
faire la sieste [fɛʀ la sjɛst(ə)]	ein Nickerchen machen
faire attention [fɛʀ atɑ̃sjɔ̃]	aufpassen, achtgeben
faire la fête [fɛʀ la fɛt]	feiern
former [fɔʀme]	bilden
Chaque équipe choisit... (*Inf:* **choisir**) [ʃak ekip ʃwazi ...]	Jedes Team wählt ...
chaque [ʃak]	jede, -r, -s
l'équipe *f* [lekip]	Mannschaft, Team
mimer [mime]	mimisch darstellen
deviner [dəvine]	(er)raten
poser une question [poze yn kɛstjɔ̃]	eine Frage stellen

A6

partir en vacances *f* [paʀtiʀ ɑ̃ vakɑ̃s]	in den Urlaub/die Ferien fahren
les vacances *f* [le vakɑ̃s]	Urlaub, Ferien
l'été *m* [lete]	Sommer
la fin [la fɛ̃]	Ende
le cours [lə kuʀ]	Kurs, Unterricht(sstunde)
l'impatience *f* [lɛ̃pasjɑ̃s]	Ungeduld
la promenade [la pʀɔm(ə)nad]	Spaziergang; Promenade
le résultat [lə ʀesylta]	Ergebnis

A7

le/la voisin/e [lə vwazɛ̃, la vwazin]	Nachbar, -in
seul/e [sœl]	allein
pendant la semaine [pɑ̃dɑ̃ la s(ə)mɛn]	unter der Woche, wochentags
on peut [ɔ̃ pø]	man kann
la vitrine [la vitʀin]	Schaufenster
le fric *fam* [lə fʀik]	Geld, Kohle

A8

traduisez (*Inf:* **traduire**) [tʀadɥize]	übersetzen Sie
Comment dites-vous... ? [kɔmɑ̃ dit vu...]	Wie sagen Sie ... ?
le chapeau, *Pl:* **-x** [lə ʃapo]	Hut
les frères *m* **et sœurs** *f* [le fʀɛʀ e sœʀ]	Geschwister
le frère [lə fʀɛʀ]	Bruder
la sœur [la sœʀ]	Schwester
le chat [lə ʃa]	Katze
le chien [lə ʃjɛ̃]	Hund
le magnétoscope [lə maɲetɔskɔp]	Videorecorder
le baladeur [lə baladœʀ]	Walkman
l'appareil-photo *m* [lapaʀɛj fɔto]	Fotoapparat
le téléviseur [lə televizœʀ]	Fernsehgerät
les lunettes *f* [le lynɛt]	Brille
le poisson rouge [lə pwasɔ̃ ʀuʒ]	Goldfisch
le poisson [lə pwasɔ̃]	Fisch
la bicyclette [la bisiklɛt]	Fahrrad

A9

l'exemple *m* [lɛgzɑ̃pl(ə)]	Beispiel
l'usine *f* [lyzin]	Fabrik
le bureau, *Pl:* **-x** [lə byʀo]	Büro; Schreibtisch
le pigeon [lə piʒɔ̃]	Taube
la zone piétonne [la zon pjetɔn]	Fußgängerzone
l'immeuble *m* [limœbl(ə)]	Gebäude; Wohnblock
le club de sport [lə klœb d(ə) spɔʀ]	Sportverein
le port [lə pɔʀ]	Hafen
le centre commercial [lə sɑ̃tʀ(ə) kɔmɛʀsjal]	Einkaufszentrum
le supermarché [lə sypɛʀmaʀʃe]	Supermarkt
le magasin [lə magazɛ̃]	Geschäft, Laden
le/la musicien/ne [lə myzisjɛ̃, la myzisjɛn]	Musiker, -in
le fleuve [lə flœv]	Fluß

B1

se présenter [sə pʀesɑ̃te]	sich vorstellen
le petit-cousin, *Pl:* **les petits-cousins** [lə, le p(ə)tikuzɛ̃]	Großcousin
49 avant Jésus Christ [kaʀɑ̃tnœf avɑ̃ ʒezy kʀi]	49 v. Chr.
l'histoire *f* **de France** [listwaʀ d(ə) fʀɑ̃s]	Geschichte Frankreichs
oublier [ublije]	vergessen
aller voir qch [ale vwaʀ kɛlk(ə) ʃoz]	hingehen um etw zu sehen
impressionnant/e [ɛ̃pʀesjɔnɑ̃, ɛ̃pʀesjɔnɑ̃t]	eindrucksvoll
conservé/e [kɔ̃sɛʀve]	erhalten; aufbewahrt
malgré l'âge *m* [malgʀe lɑʒ]	trotz des Alters
l'âge *m* [lɑʒ]	Alter; Zeitalter
le temple [lə tɑ̃pl(ə)]	Tempel
romain/e [ʀɔmɛ̃, ʀɔmɛn]	römisch
bien sûr [bjɛ̃ syʀ]	natürlich
faire le touriste [fɛʀ lə tuʀist(ə)]	Tourist spielen
boire un verre [bwaʀ ɛ̃ vɛʀ]	ein Glas trinken
à l'ombre *f* [a lɔ̃bʀ(ə)]	im Schatten
le platane [lə platan]	Platane
avoir le temps [avwaʀ lə tɑ̃]	Zeit haben
depuis [dəpɥi]	seit
le siècle [lə sjɛkl(ə)]	Jahrhundert
quand même [kɑ̃ mɛm]	dennoch, trotzdem
rendre visite à qn [ʀɑ̃dʀ(ə) vizit a kɛlkɛ̃]	jdn besuchen
la cathédrale [la katedʀal]	Kathedrale, Dom
continuer [kɔ̃tinɥe]	weitergehen; fortfahren
jusqu'à la rue [ʒyska la ʀy]	bis zur Straße
tourner [tuʀne]	abbiegen; wenden
aller tout droit [ale tu dʀwa]	geradeaus gehen
le carrefour [lə kaʀfuʀ]	Kreuzung
traverser [tʀavɛʀse]	über-, durchqueren, hinübergehen
au bout de [o bu də]	am Ende von; nach *(zeitlich)*
Me reconnaissez-vous ? (*Inf:* **reconnaître)** [mə ʀəkɔnese vu]	Erkennen Sie mich wieder?
excusez-moi [ɛkskyze mwa]	entschuldigen Sie, Entschuldigung
par ici [paʀ isi]	in der Nähe, in dieser Richtung
l'office *m* **du/de tourisme** [lɔfis dy/d(ə) tuʀism(ə)]	Fremdenverkehrsamt
Quels mots avez-vous entendus ? [kɛl mo ave vu ɑ̃tɑ̃dy]	Welche Wörter haben Sie gehört?
63 après Jésus Christ [swasɑ̃ttʀwa apʀɛ ʒezy kʀi]	63 n. Chr.
le pont [lə pɔ̃]	Brücke
neuf/-ve [nœf, nœv]	neu(wertig), ungebraucht
suivez le chemin (*Inf:* **suivre)** [sɥive lə ʃ(ə)mɛ̃]	folgen Sie dem Weg
le chemin [lə ʃ(ə)mɛ̃]	Weg
le plan [lə plɑ̃]	Plan, Karte
décrit/e [dekʀi, dekʀit]	beschrieben
le centre ville [lə sɑ̃tʀ(ə) vil]	Stadtmitte, -zentrum

B3

aider qn [ede kɛlkɛ̃]	jdm helfen
le panneau, *Pl:* **-x** [lə pano]	Schild
freiner [fʀene]	bremsen
la direction [la diʀɛksjɔ̃]	Richtung; Geschäftsleitung
préparer [pʀepaʀe]	vor-; zubereiten
Eteignez vos feux ! (*Inf:* **éteindre)** [eteɲe vo fø]	Schalten Sie die Scheinwerfer aus !
le feu, *Pl:* **-x** [lə fø]	Feuer; Licht; Ampel *Pl*
le/la piéton/ne [lə pjetɔ̃, la pjetɔn]	Fußgänger, -in
pousser [puse]	drücken, stoßen

le bouton [lə butɔ̃]	Knopf; Knospe; Pickel
le ticket [lə tikɛ]	Fahrkarte, -schein

B4

d'autres noms [dotʀ(ə) nɔ̃]	andere Namen
le nom [lə nɔ̃]	Name
comparer [kɔ̃paʀe]	vergleichen
courant/e [kuʀɑ̃, kuʀɑ̃t]	häufig, geläufig
le quai [lə kɛ]	Kai, Ufer-; Bahnsteig
l'impasse *f* [lɛ̃pas]	Sackgasse
la mairie [la mɛʀi]	Rathaus
la paix [la pɛ]	Frieden
le paradis [lə paʀadi]	Paradies

B5

au milieu de [o miljø də]	in der Mitte von, mitten in
en face de [ɑ̃ fas də]	gegenüber von
près de [pʀɛ də]	bei, in der Nähe von
la description [la dɛskʀipsjɔ̃]	Beschreibung
l'église *f* [legliz]	Kirche
la pharmacie [la faʀmasi]	Apotheke
prochain/e [pʀɔʃɛ̃, pʀɔʃɛn]	nächste, -r, -es
loin [lwɛ̃]	weit entfernt
japonais/e [ʒapɔnɛ, ʒapɔnɛz]	japanisch
facile [fasil]	leicht, einfach
sur la droite [syʀ la dʀwat]	auf der rechten Seite

B6

secrètement [səkʀɛtmɑ̃]	insgeheim, unbeobachtet
expliquez-lui [ɛksplike lɥi]	erklären Sie (es) ihm/ihr
arriver [aʀive]	(an)kommen
Inversez les rôles. [ɛ̃vɛʀse le ʀol]	Tauschen Sie die Rollen.

B7

reprendre [ʀəpʀɑ̃dʀ(ə)]	noch einmal/wieder nehmen
répondre à qn [ʀepɔ̃dʀ‿a kɛlkɛ̃]	jdm antworten
demander son chemin [d(ə)mɑ̃de sɔ̃ ʃ(ə)mɛ̃]	nach dem Weg fragen
jouer [ʒwe]	spielen

B8

le nombre d'habitants *m* [lə nɔ̃bʀ(ə) dabitɑ̃]	Einwohnerzahl
les habitants *m* [lez‿abitɑ̃]	Einwohner
important/e [ɛ̃pɔʀtɑ̃, ɛ̃pɔʀtɑ̃t]	wichtig, bedeutend

B10

le département [lə depaʀtəmɑ̃]	Departement *(vgl Kreis oder Bezirk)*
le musée le plus connu [lə myze lə ply kɔny]	das bekannteste Museum
connu/e [kɔny]	bekannt
un monument à voir [ɛ̃ mɔnymɑ̃ a vwaʀ]	sehenswertes Denkmal
la distance [la distɑ̃s]	Entfernung
échanger [eʃɑ̃ʒe]	austauschen
le/la joueur/-euse [lə ʒwœʀ, la ʒwøz]	Spieler, -in
l'aéronautique *f* [laeʀɔnotik]	Flugzeugbau
environ [ɑ̃viʀɔ̃]	ungefähr, etwa

B11

le prospectus [lə pʀɔspɛktys]	Prospekt
le circuit [lə siʀkɥi]	Rundgang, -fahrt

C1

le temps libre [lə tɑ̃ libʀ(ə)]	Freizeit
l'exposition *f* [lɛkspozisjɔ̃]	Ausstellung
étranger/-ère [etʀɑ̃ʒe, etʀɑ̃ʒɛʀ]	ausländisch, fremd
parmi [paʀmi]	(mitten) unter; aus
le jour de fermeture [lə ʒuʀ d(ə) fɛʀmətyʀ]	Ruhetag

C2

Faites-les correspondre à... [fɛt le kɔʀɛspɔ̃dʀ‿a...]	Ordnen Sie sie ... zu.
précédent/e [pʀesedɑ̃, pʀesedɑ̃t]	vorhergehend, vorig
C'est combien ? [sɛ kɔ̃bjɛ̃]	Was kostet das?
le tarif réduit [lə taʀif ʀedɥi]	Ermäßigung, ermäßigter Preis
réduit/e [ʀedɥi, ʀedɥit]	ermäßigt

Ça fait 800 F. [sa fɛ ɥi sɑ̃ fʀɑ̃]	Das sind dann 800 Francs.
le spectacle [lə spɛktakl(ə)]	Vorstellung, Aufführung
durer [dyʀe]	dauern
une heure et demie [yn‿œʀ e d(ə)mi]	anderthalb Stunden; halb zwei
Bof, je n'ai pas le moral. [bɔf ʒə ne pa l(ə) mɔʀal]	Ach Mensch, mir stinkt's.
le concert d'orgue [lə kɔ̃sɛʀ dɔʀg]	Orgelkonzert
l'orgue *m*, *Pl:* **les orgues** *f* [lɔʀg, lez‿ɔʀg]	Orgel
à quelle heure? [a kɛl œʀ]	um wieviel Uhr?
l'heure *f* [lœʀ]	(Uhr)Zeit; Stunde
à huit heures et demie [a ɥit œʀ e d(ə)mi]	um halb neun
à huit heures et quart [a ɥit œʀ e kaʀ]	um viertel nach acht
le tarif étudiant [lə taʀif etydjɑ̃]	Studentenermäßigung
l'étudiant/e *m/f* [letydjɑ̃, letydjɑ̃t]	Student, -in
gratuit/e [gʀatɥi, gʀatɥit]	umsonst, gratis
Bonne journée! [bɔn ʒuʀne]	Einen schönen Tag noch!

c3

se renseigner [sə ʀɑ̃seɲe]	sich erkundigen
donner un prix [dɔne ɛ̃ pʀi]	einen Preis nennen/angeben
donner l'heure [dɔne lœʀ]	die Uhrzeit sagen

c4

l'horloge *f* [lɔʀlɔʒ]	(Turm/Stand)Uhr
le cadran [lə kadʀɑ̃]	Zifferblatt
midi [midi]	zwölf Uhr *(mittags)*, Mittag
minuit [minɥi]	zwölf Uhr *(nachts)*, Mitternacht

c5

trois heures moins le quart [tʀwaz‿œʀ mwɛ̃ l(ə) kaʀ]	viertel vor drei

c6

(se) terminer [(sə) tɛʀmine]	zu Ende sein/gehen, (be)enden
maintenant [mɛ̃t(ə)nɑ̃]	jetzt
selon vous [s(ə)lɔ̃ vu]	Ihrer Meinung nach
selon [s(ə)lɔ̃]	gemäß, nach
l'école *f* [lekɔl]	Schule

c7

l'interview *f* [lɛ̃tɛʀvju]	Interview
la profession [la pʀɔfɛsjɔ̃]	Beruf
le/la coiffeur/-euse [lə kwafœʀ, la kwaføz]	Friseur, -in
nous commençons [nu kɔmɑ̃sɔ̃]	wir beginnen
commencer [kɔmɑ̃se]	beginnen, anfangen
nous finissons (*Inf:* **finir**) [nu finisɔ̃]	*hier:* wir schließen
premier/-ère [pʀəmje, pʀəmjɛʀ]	erste, -r, -s
le jour de congé *m* [lə ʒuʀ d(ə) kɔ̃ʒe]	freier Tag
les horaires *m* [lez‿ɔʀɛʀ]	*hier:* Öffnungs- und Ladenschlußzeiten, Geschäftszeiten; Fahrpläne
les heures d'ouverture *f* [lez‿œʀ duvɛʀtyʀ]	Öffnungszeiten
les heures de fermeture *f* [lez‿œʀ d(ə) fɛʀmətyʀ]	Ladenschlußzeiten
l'hypermarché *m* [lipɛʀmaʀʃe]	großer Supermarkt
par cœur *m* [paʀ kœʀ]	auswendig
ouvrir en journée continue [uvʀiʀ ɑ̃ ʒuʀne kɔ̃tiny]	durchgehend öffnen
plus tôt [ply to]	früher

c9

la prononciation [la pʀɔnɔ̃sjasjɔ̃]	Aussprache
faire connaissance [fɛʀ kɔnɛsɑ̃s]	kennenlernen, Bekanntschaft machen
la connaissance [la kɔnɛsɑ̃s]	Bekanntschaft; Kenntnis

6 LES AMIS D'ABORD

amicalement [amikalmɑ̃]	mit herzlichen Grüßen *(in Briefen)*
tout le monde [tu l(ə) mɔ̃d]	jeder, alle
l'œil *m*, *Pl:* **les yeux** [lœj, lez‿jø]	Auge

le cœur [lə kœʀ]	Herz
mieux [mjø]	besser
les parents *m* [le paʀɑ̃]	Eltern; Verwandte
l'ennemi *m* [lɛnmi]	Feind
l'amitié *f* [lamitje]	Freundschaft
le sentiment [lə sɑ̃timɑ̃]	Gefühl
réciproque [ʀesipʀɔk]	gegenseitig
l'affection *f* [lafɛksjɔ̃]	Zuneigung
le besoin [lə bəzwɛ̃]	Bedürfnis, Not
le proverbe [lə pʀɔvɛʀb(ə)]	Sprichwort
ci-dessous [sid(ə)su]	nachstehend, -folgend

A2

une photo que j'aime [yn fɔto kə ʒɛm]	ein Foto, das ich mag
mes amis [mez‿ami]	meine Freunde
mal rasé [mal ʀaze]	unrasiert
rigoler *fam* [ʀigɔle]	Witze machen, lachen
tout le temps [tu l(ə) tɑ̃]	die ganze Zeit
celui avec les superbes yeux bleus [səlɥi avɛk le sypɛʀbz‿jø blø]	der mit den wunderschönen blauen Augen
superbe [sypɛʀb(ə)]	wunderbar, -schön
réservé/e [ʀezɛʀve]	zurückhaltend, reserviert
terriblement [tɛʀibləmɑ̃]	schrecklich
le cheveu, *Pl:* -x [lə ʃ(ə)vø]	Haar
mi-long/ue [milɔ̃, milɔ̃g]	halblang
sa copine *fam* [sa kɔpin]	seine/ihre Freundin
le copain, la copine *fam* [lə kɔpɛ̃, la kɔpin]	Freund, -in
je la connais [ʒə la kɔnɛ]	ich kenne sie
compter sur qn [kɔ̃te syʀ kɛlkɛ̃]	auf jdn zählen
faire les boutiques [fɛʀ le butik]	Einkaufsbummel machen
avoir beaucoup de goût [avwaʀ boku d(ə) gu]	einen guten Geschmack haben
le goût [lə gu]	Geschmack
brun/e [bʀɛ̃, bʀyn]	braun(haarig)
le/la cuisinier/-ière [lə kɥizinje, la kɥizinjɛʀ]	Koch, Köchin; Herd *f*
le plat [lə pla]	Gericht
entre [ɑ̃tʀ(ə)]	zwischen, unter
je ne sais pas (*Inf:* savoir) [ʒə nə sɛ pa]	ich weiß nicht
avoir l'air *m* [avwaʀ lɛʀ]	so aussehen, als ob
triste [tʀist(ə)]	traurig

A3

relever [ʀəlve]	heraussuchen, auflisten

A4

le physique [lə fizik]	Aussehen, Äußeres

A5

frisé/e [fʀize]	lockig
presque [pʀɛsk(ə)]	fast
chauve [ʃov]	kahl(köpfig)
gai/e [gɛ]	fröhlich
la barbe [la baʀb(ə)]	(Voll)Bart
court/e [kuʀ, kuʀt]	klein; kurz
faire le portrait de qn [fɛʀ lə pɔʀtʀɛ d(ə) kɛlkɛ̃]	von jdm das Portrait anfertigen; jdn beschreiben

A6

Qui est-ce ? [ki ɛs]	Wer ist das?

A7

la fille [la fij]	Mädchen; Tochter
C'est vrai. [sɛ vʀɛ]	Das ist wahr.
vrai/e [vʀɛ]	wahr; echt
être de bonne humeur [ɛtʀ(ə) də bɔn‿ymœʀ]	guter Laune sein
l'humeur *f* [lymœʀ]	Laune, Stimmung

A8

le sujet [lə syʒɛ]	Thema; Subjekt

A9

le signe [lə siɲ]	(Stern)Zeichen
le zodiaque [lə zɔdjak]	Tierkreis
difficile [difisil]	schwierig
studieux/-euse [stydjø, stydjøz]	fleißig, strebsam
jaloux/-se [ʒalu, ʒaluz]	eifersüchtig
aventureux/-euse [avɑ̃tyʀø, avɑ̃tyʀøz]	abenteuerlustig
impatient/e [ɛ̃pasjɑ̃, ɛ̃pasjɑ̃t]	ungeduldig
fidèle [fidɛl]	treu
indépendant/e [ɛ̃depɑ̃dɑ̃, ɛ̃depɑ̃dɑ̃t]	unabhängig, selbständig
courageux/-euse [kuʀaʒø, kuʀaʒøz]	mutig
le capricorne [lə kapʀikɔʀn(ə)]	Steinbock
le verseau, *Pl:* -x [lə vɛʀso]	Wassermann
le bélier [lə belje]	Widder
le taureau, *Pl:* -x [lə toʀo]	Stier

les gémeaux *m* [le ʒemo] Zwillinge
le cancer [lə kɑ̃sɛʀ] Krebs
le lion [lə ljɔ̃] Löwe
la vierge [la vjɛʀʒ(ə)] Jungfrau
la balance [la balɑ̃s] Waage
le scorpion [lə skɔʀpjɔ̃] Skorpion
le sagittaire [lə saʒitɛʀ] Schütze

A10

préciser [pʀesize] genauer beschreiben
le jugement [lə ʒyʒmɑ̃] Meinung; Urteil

B1

(aller) danser [(ale) dɑ̃se] tanzen (gehen)
(se) détendre [(sə) detɑ̃dʀ(ə)] (sich) entspannen
faire du sport [fɛʀ dy spɔʀ] Sport treiben
jouer au tennis [ʒwe o tɛnis] Tennis spielen
(se) rencontrer [(sə) ʀɑ̃kɔ̃tʀe] (sich) begegnen/treffen
regarder la télé(vision) [ʀəgaʀde la tele(vizjɔ̃)] fernsehen
faire la cuisine [fɛʀ la kɥizin] kochen
jouer aux cartes [ʒwe o kaʀt(ə)] Karten spielen
de temps en temps [də tɑ̃s‿ɑ̃ tɑ̃] manchmal, hin und wieder
avant [avɑ̃] vor, eher als
courir [kuʀiʀ] laufen
le bois [lə bwa] Wald; Holz
jouer de la musique [ʒwe d(ə) la myzik] Musik machen
autrefois [otʀəfwa] früher, einst
chanter [ʃɑ̃te] singen
la chorale [la kɔʀal] Chor
la soirée de jeux [la swaʀe d(ə) ʒø] Spielabend
le jeu, *Pl:* **-x** [lə ʒø] Spiel
faire une balade [fɛʀ yn balad] spazierengehen
la balade [la balad] Spaziergang
cuisiner [kɥizine] kochen
prendre un verre [pʀɑ̃dʀ‿ɛ̃ vɛʀ] etwas trinken (gehen)
apprendre une langue étrangère [apʀɑ̃dʀ‿yn lɑ̃g etʀɑ̃ʒɛʀ] eine Fremdsprache lernen
faire du vélo [fɛʀ dy velo] Fahrrad fahren
le vélo [lə velo] (Fahr)Rad

B2

la réponse [la ʀepɔ̃s] Antwort
ne... jamais [nə... ʒamɛ] nie(mals)
établissez (*Inf:* **établir**) [etablise] stellen Sie ... auf
tous ensemble [tus ɑ̃sɑ̃bl(ə)] alle zusammen/gemeinsam

B4

l'écrivain *m/f* [lekʀivɛ̃] Schriftsteller, -in
depuis longtemps [dəpɥi lɔ̃tɑ̃] seit langem
longtemps [lɔ̃tɑ̃] lange (Zeit)
le vieil ami [lə vjɛj ami] alter Freund
vieux, vieille, vieil [vjø, vjɛj] alt
Notre amitié a plus de 30 ans. [nɔtʀ‿amitje a plys də tʀɑ̃t ɑ̃] Unsere Freundschaft ist älter als 30 Jahre.
le problème [lə pʀɔblɛm] Problem
le banquier [lə bɑ̃kje] Bankier, Banker
Les amis, ce n'est pas fait pour ça. [lez‿ami sə nɛ pa fɛ puʀ sa] Dazu sind Freunde nicht da.
Les amis, à quoi ça sert? [lez‿ami a kwa sa sɛʀ] Wozu sind Freunde da?
servir à qch [sɛʀviʀ a kɛlk(ə) ʃoz] zu etw nütze sein; zu etw dienen
les problèmes de couple [le pʀɔblɛm d(ə) kupl(ə)] Beziehungs-, Eheprobleme
le couple [lə kupl(ə)] (Ehe)Paar
s'encourager [sɑ̃kuʀaʒe] sich Mut machen
rêver [ʀɛve] träumen

B5

indiquer [ɛ̃dike] anzeigen; einzeichnen

C1

ta lettre tant attendue [ta lɛtʀ(ə) tɑ̃t‿atɑ̃dy] dein Brief, auf den ich so gewartet habe
dernier/-ère [dɛʀnje, dɛʀnjɛʀ] letzte, -r, -s
Je suis content pour toi. [ʒə sɥi kɔ̃tɑ̃ puʀ twa] Ich freue mich für dich.
content/e [kɔ̃tɑ̃, kɔ̃tɑ̃t] zufrieden, froh
travailler dur [tʀavaje dyʀ] hart/schwer arbeiten
Toutes mes félicitations! [tut me felisitasjɔ̃] Meinen Glückwunsch!
les félicitations *f* [le felisitasjɔ̃] Glückwünsche

l'appartement *m* [lapaʀt(ə)mɑ̃]	Wohnung
On a bien ri. [ɔ̃n a bjɛ̃ ʀi]	Wir haben viel gelacht.
rire [ʀiʀ]	lachen
Il a demandé de tes nouvelles. [il a d(ə)mɑ̃de də te nuvɛl]	Er hat sich nach dir erkundigt.
la nouvelle [la nuvɛl]	Nachricht; Neuigkeit
la vallée [la vale]	Tal
cet été [sɛt ete]	diesen/kommenden Sommer
Bonne chance pour la suite! [bɔn ʃɑ̃s puʀ la sɥit]	Alles Gute für die Zukunft!
la suite [la sɥit]	Folge, Fortsetzung
Mes amitiés à Jérôme. [mez amitje a ʒeʀom]	Grüß Jérôme herzlich von mir.
Je t'embrasse bien fort. [ʒə tɑ̃bʀas bjɛ̃ fɔʀ]	Dir einen dicken Kuß *(am Briefende)*

c2

Cette lettre nous apprend... [sɛt lɛtʀ(ə) nuz apʀɑ̃...]	Aus diesem Brief erfahren wir ...
la phrase-clef [la fʀɑzkle]	Schlüsselsatz, Kernsatz
le paragraphe [lə paʀagʀaf]	Abschnitt

c3

la possession [la pɔsɛsjɔ̃]	Besitz

c4

il vouvoie [il vuvwa]	er siezt
vouvoyer [vuvwaje]	siezen
transformer [tʀɑ̃sfɔʀme]	umformen

c5

la bande dessinée, la B.D. [la bɑ̃d desine, la bede]	Comic
la possibilité [la pɔsibilite]	Möglichkeit
la différence [la difeʀɑ̃s]	Unterschied
le principal [lə pʀɛ̃sipal]	Hauptsache
garder [gaʀde]	behalten; beaufsichtigen
Voyons Rose,... (*Inf:* **voir)** [vwajɔ̃ ʀoz...]	Also Rose, ...
d'habitude [dabityd]	gewöhnlich
familier/-ère [familje, familjɛʀ]	vertraulich, vertraut
Affectueux bonjour! [afɛktɥø bɔ̃ʒuʀ]	Liebe Grüße!

c6

la carte de vœux [la kaʀt(ə) d(ə) vø]	Glückwunschkarte
le vœu, *Pl:* **-x** [lə vø]	Glückwunsch
Meilleurs vœux! [mɛjœʀ vø]	Alles Gute!
Tous nos vœux de bonheur! [tu no vø d(ə) bɔnœʀ]	Alles Gute für Sie/Euch!
le bonheur [lə bɔnœʀ]	Glück
Bon rétablissement! [bɔ̃ ʀetablismɑ̃]	Gute Besserung!
écrivez un mot [ekʀivez ɛ̃ mo]	schreiben Sie ein paar Zeilen
merveilleux/-euse [mɛʀvɛjø, mɛʀvɛjøz]	wunderbar
le mariage [lə maʀjaʒ]	Hochzeit; Ehe
sincères condoléances *f* [sɛ̃sɛʀ kɔ̃dɔleɑ̃s]	aufrichtiges Beileid
le diplôme [lə diplom]	Abschluß, Diplom
Bonne année! [bɔn ane]	Frohes neues Jahr!

c7

utiliser [ytilize]	benutzen
le passé [lə pase]	Vergangenheit
l'accent *m* [laksɑ̃]	Betonung, Akzent

c8

l'événement *m* [levɛnmɑ̃]	Ereignis
fumer [fyme]	rauchen
faire le tour du monde [fɛʀ lə tuʀ dy mɔ̃d]	eine Weltreise machen
l'emploi *m* [lɑ̃plwa]	Arbeitsplatz, Stelle
gagner au loto [gaɲe o lɔto]	im Lotto gewinnen

c9

la caisse [la kɛs]	Kiste; Kasse
prendre une décision [pʀɑ̃dʀ yn desizjɔ̃]	eine Entscheidung treffen, entscheiden
vite [vit]	schnell

la lune [la lyn]	Mond
le dessin [lə desɛ̃]	Zeichnung
imaginer une histoire [imaʒine yn istwaʀ]	sich eine Geschichte ausdenken
rimer [ʀime]	sich reimen
inventer [ɛ̃vɑ̃te]	erfinden
le poème [lə pɔɛm]	Gedicht
la fenêtre [la f(ə)nɛtʀ(ə)]	Fenster

(se) revoir [(sə) ʀəvwaʀ]	(sich) wiedersehen
Qui sait? (*Inf:* savoir) [ki sɛ]	Wer weiß?
Une lettre me parlera de toi. (*Inf:* parler) [yn lɛtʀ(ə) mə paʀləʀa də twa]	Ein Brief wird mir von dir erzählen.
le souvenir [lə suvniʀ]	Erinnerung; Andenken
le ciel, *Pl:* les cieux [lə sjɛl, le sjø]	Himmel
immense [im(m)ɑ̃s]	unermeßlich, unendlich
Iront-ils vers toi... (*Inf:* aller) [iʀɔ̃t‿il vɛʀ twa...]	Werden sie zu dir gehen ...
vers [vɛʀ]	gegen, in Richtung, nach
partagé/e [paʀtaʒe]	geteilt
Je ne les oublierai jamais. (*Inf:* oublier) [ʒə nə lez‿ubliʀe ʒamɛ]	Ich werde sie niemals vergessen.
la lumière [la lymjɛʀ]	Licht
le noir [lə nwaʀ]	Dunkel
l'espoir *m* [lɛspwaʀ]	Hoffnung
Quand nous refaisions le monde... (*Inf:* refaire) [kɑ̃ nu ʀəfəzjɔ̃ l(ə) mɔ̃d...]	Als wir die Welt neu erschufen ...
...le voyais-tu aussi grand... (*Inf:* voir) [...l(ə) vwajɛ ty osi gʀɑ̃...]	... hast du sie dir so groß vorgestellt ...
le pas [lə pa]	Schritt
pressé/e [pʀese]	eilig, in Eile
séparer [sepaʀe]	trennen
chacun/e [ʃakɛ̃, ʃakyn]	jede, -r, -s
sentir [sɑ̃tiʀ]	fühlen; riechen
le lien [lə ljɛ̃]	Verbindung
la terre [la tɛʀ]	Erde
J'y tiens. (*Inf:* tenir) [ʒi tjɛ̃]	Ich lege Wert darauf./Es liegt mir etwas daran.
hier [(i)jɛʀ]	gestern
Quel proverbe contredit la chanson? (*Inf:* contredire) [kɛl pʀɔvɛʀb(ə) kɔ̃tʀədi la ʃɑ̃sɔ̃]	Welches Sprichwort widerspricht dem Lied?

7 Le plat du jour

le plat du jour [lə pla dy ʒuʀ]	Tagesgericht
Vous désirez? [vu deziʀe]	Was hätten Sie gerne?/ Was darf es sein?
la crêpe [la kʀɛp]	Pfannkuchen, Crêpe

A1

le repas [lə ʀəpa]	Essen, Mahlzeit
pas cher [pa ʃɛʀ]	preiswert
dîner en musique [dine ɑ̃ myzik]	bei Musik essen
le cadre [lə kadʀ(ə)]	Rahmen, Umgebung

A2

la Chine [la ʃin]	China
chinois/e [ʃinwa, ʃinwaz]	chinesisch
le/la Chinois/e [lə ʃinwa, la ʃinwaz]	Chinese, -in
suisse [sɥis]	schweizerisch
le/la Suisse [lə, la sɥis]	Schweizer, -in
la Russie [la ʀysi]	Rußland
russe [ʀys]	russisch
le/la Russe [lə, la ʀys]	Russe, -in
italien/ne [italjɛ̃, italjɛn]	italienisch
l'Italien/ne [litaljɛ̃, litaljɛn]	Italiener, -in
le Maroc [lə maʀɔk]	Marokko
marocain/e [maʀɔkɛ̃, maʀɔkɛn]	marokkanisch
le/la Marocain/e [lə maʀɔkɛ̃, la maʀɔkɛn]	Marokkaner, -in
l'Ile Maurice [lil mɔʀis]	Mauritius
mauricien/ne [mɔʀisjɛ̃, mɔʀisjɛn]	mauritisch
le/la Mauricien/ne [lə mɔʀisjɛ̃, la mɔʀisjɛn]	Mauritier, -in
la Grèce [la gʀɛs]	Griechenland
grec, grecque [gʀɛk]	griechisch
le Grec, la Grecque [lə, la gʀɛk]	Grieche, -in
la nationalité [la nasjɔnalite]	Nationalität, Staatsangehörigkeit
remarquer [ʀ(ə)maʀke]	bemerken

A3

l'origine *f* [lɔʀiʒin]	Ursprung, Herkunft
mexicain/e [mɛksikɛ̃, mɛksikɛn]	mexikanisch
indien/ne [ɛ̃djɛ̃, ɛ̃djɛn]	indisch
alsacien/ne [alzasjɛ̃, alzasjɛn]	elsässisch
espagnol/e [ɛspaɲɔl]	spanisch
le canard [lə kanaʀ]	Ente

le poulet au curry [lə pule o kyʀi]	Huhn/Hähnchen in Currysauce
la moule [la mul]	Miesmuschel
les frites *f* [le fʀit]	Pommes frites
garni/e [gaʀni]	mit (Fleisch-, Gemüse-) Beilage
le bœuf bourguignon [lə bœf buʀgiɲɔ̃]	Rindergulasch
le bœuf, *Pl:* **les bœufs** [lə bœf, le bø]	Ochse; Rind

A4

On va manger indien? [ɔ̃ va mɑ̃ʒe ɛ̃djɛ̃]	Gehen wir indisch essen?
épicé/e [epise]	scharf, gewürzt
l'ail *m* [laj]	Knoblauch
lourd/e [luʀ, luʀd]	schwer, *hier:* schwer verdaulich
abandonner [abɑ̃dɔne]	aufgeben
le type [lə tip]	Art, Typ

A5

fixer [fikse]	vereinbaren, festsetzen
la table [la tabl(ə)]	Tisch
entendu [ɑ̃tɑ̃dy]	einverstanden, in Ordnung
A quel nom? [a kɛl nɔ̃]	Auf welchen Namen?

B2

le/la restaurateur/-trice [lə ʀɛstɔʀatœʀ, la ʀɛstɔʀatʀis]	Gastronom/Speisewirt, -in
au mois de mai [o mwa d(ə) mɛ]	im Mai
le mois [lə mwa]	Monat
mai *m* [mɛ]	Mai
Ça fait longtemps. [sa fɛ lɔ̃tɑ̃]	Das ist lange her.
Ça fera donc quatre ans en avril. (*Inf:* **faire**) [sa fəʀa dɔ̃ katʀ‿ɑ̃ ɑ̃n‿avʀil]	Im April werden es also vier Jahre her sein.
la date [la dat]	Datum, Termin

B3

en partie [ɑ̃ paʀti]	zum Teil
puisque [pɥisk(ə)]	da, weil
la partie [la paʀti]	Teil
la salade [la salad]	Salat
le carré d'agneau [lə kaʀe daɲo]	Lammrippe
l'agneau *m*, *Pl:* **-x** [laɲo]	Lamm
rôti/e [ʀoti]	gebraten, im Ofen gebacken
les herbes *f* [lez‿ɛʀb(ə)]	Kräuter
le chef cuisinier [lə ʃɛf kɥizinje]	Küchenchef
se diriger vers [sə diʀiʒe vɛʀ]	*hier:* in Richtung ... gehen
le produit [lə pʀɔdɥi]	Produkt
le saumon [lə somɔ̃]	Lachs
la lentille [la lɑ̃tij]	Linse
par exemple [paʀ ɛgzɑ̃pl(ə)]	zum Beispiel
le Crémant [lə kʀemɑ̃]	*frz. Sektart*
le hors-d'œuvre [lə 'ɔʀdœvʀ(ə)]	Vorspeise
la soupe maison [la sup mɛzɔ̃]	Suppe nach Art des Hauses
l'assiette *f* [lasjɛt]	Teller
les crudités *f* [le kʀydite]	Rohkost(salat)
frit/e [fʀi, fʀit]	gebacken; fritiert
l'escargot *m* [lɛskaʀgo]	Schnecke
la noix, *Pl:* **les noix** [la, le nwa]	(Wal)Nuß
le roquefort [lə ʀɔkfɔʀ]	*frz. Blauschimmelkäse*
fumé/e [fyme]	geräuchert
le vinaigre [lə vinɛgʀ(ə)]	Essig
la framboise [la fʀɑ̃bwaz]	Himbeere
le sandre [lə sɑ̃dʀ(ə)]	Zander
le pinot noir [lə pino nwaʀ]	*Rotweinrebe, u. a. aus Burgund*
poché/e [pɔʃe]	pochiert
la viande [la vjɑ̃d]	Fleisch
l'entrecôte *f* [lɑ̃tʀəkot]	Rippenstück
le magret de canard [lə magʀɛ d(ə) kanaʀ]	Entenbrust
la cerise [la s(ə)ʀiz]	Kirsche
varié/e [vaʀje]	verschieden, wechselnd

B4

l'ordre *m* [lɔʀdʀ(ə)]	*hier:* Speisenfolge
fréquent/e [fʀekɑ̃, fʀekɑ̃t]	häufig, ständig wiederkehrend
le pâté [lə pate]	Pastete
le coq au vin [lə kɔk o vɛ̃]	Hähnchen in Weinsoße
la côte d'agneau [la kot daɲo]	Lammkotelett
la tarte aux fraises [la taʀt(ə) o fʀɛz]	Erdbeertorte, -kuchen
la fraise [la fʀɛz]	Erdbeere
l'escalope *f* **de veau** [lɛskalɔp də vo]	Kalbsschnitzel
le veau [lə vo]	Kalb
éviter [evite]	vermeiden
la mauvaise surprise [la movɛz syʀpʀiz]	unangenehme/böse Überraschung
la surprise [la syʀpʀiz]	Überraschung

le dictionnaire [lə diksjɔnɛʀ]	Wörterbuch

B5

la préférence [la pʀefeʀɑ̃s]	Vorliebe
le/la client/e [lə klijɑ̃, la klijɑ̃t]	Kunde, -in
certain/e [sɛʀtɛ̃, sɛʀtɛn]	bestimmte, gewisse; sicher
changer [ʃɑ̃ʒe]	ändern; wechseln
deux fois par an [dø fwa paʀ ɑ̃]	zweimal im Jahr
avec de nouveaux produits [avɛk də nuvo pʀɔdɥi]	mit neuen Produkten
nouveau, nouvelle, nouvel [nuvo, nuvɛl]	neu
essayer [eseje]	versuchen, probieren
apprécié/e [apʀesje]	geschätzt
la clientèle [la klijɑ̃tɛl]	Kundschaft
devenir [dəv(ə)niʀ]	werden
avoir des loisirs [avwaʀ de lwaziʀ]	(Frei)Zeit haben
thaïlandais/e [tajlɑ̃dɛ, tajlɑ̃dɛz]	thailändisch
la curiosité [la kyʀjozite]	Neugier
par rapport à [paʀ ʀapɔʀ a]	in bezug auf, was ... betrifft

B6

souligner [suliɲe]	unterstreichen; betonen
la forme [la fɔʀm(ə)]	Form, Gestalt
j'ai travaillé [ʒe tʀavaje]	ich habe gearbeitet
je suis allé/e [ʒə sɥiz‿ale]	ich bin gegangen/gefahren

B7

le mouvement [lə muvmɑ̃]	Bewegung
se conjuguer [sə kɔ̃ʒyge]	konjugiert werden
monter [mɔ̃te]	hinaufgehen, -tragen
descendre [desɑ̃dʀ(ə)]	heruntergehen, -tragen
un peu plus tard [ɛ̃ pø ply taʀ]	ein wenig später
revenir [ʀəvniʀ]	zurückkommen

B8

interroger [ɛ̃teʀɔʒe]	(be)fragen; verhören
la boisson [la bwasɔ̃]	Getränk
dernièrement [dɛʀnjɛʀmɑ̃]	in letzter Zeit, neulich

B9

le destin [lə dɛstɛ̃]	Schicksal
heureux/-euse [œʀø, œʀøz]	glücklich, froh
l'avenir *m* [lav(ə)niʀ]	Zukunft
souhaiter qch à qn [swete kɛlk(ə) ʃoz a kɛlkɛ̃]	jdm etw wünschen
recevoir [ʀəsvwaʀ]	empfangen; erhalten

C1

le Proche-Orient [lə pʀɔʃɔʀjɑ̃]	Naher Osten
la Tunisie [la tynizi]	Tunesien
l'Egypte *f* [leʒipt]	Ägypten
boire [bwaʀ]	trinken
le miel [lə mjɛl]	Honig
l'amande *f* [lamɑ̃d]	Mandel
debout [dəbu]	im Stehen, stehend
au bar [o baʀ]	am Tresen; in der (Steh)Kneipe
assis/e [asi, asiz]	im Sitzen, sitzend
en général [ɑ̃ ʒeneʀal]	im allgemeinen
la tartine [la taʀtin]	Schnitte, Butterbrot
le beurre [lə bœʀ]	Butter
la confiture [la kɔ̃fityʀ]	Marmelade
tremper [tʀɑ̃pe]	eintauchen, -tunken
le bol [lə bɔl]	(Trink)schale
l'Autriche *f* [lotʀiʃ]	Österreich
les Pays-Bas *m* [le peiba]	Niederlande
le café liégeois [lə kafe ljeʒwa]	Eiskaffee
l'Irlande *f* [liʀlɑ̃d]	Irland

C2

commander [kɔmɑ̃de]	bestellen

C3

retourner [ʀ(ə)tuʀne]	zurückkehren, -gehen

C6

se composer (de) [sə kɔ̃poze (də)]	zusammengesetzt sein/bestehen (aus)
la crème [la kʀɛm]	(Kaffee)Sahne
la glace [la glas]	Eis(krem); Spiegel
la recette [la ʀəsɛt]	Rezept

C7

les céréales *f* [le seReal] *Sammelbegriff für Getreideprodukte wie Müsli, Cornflakes etc.*
le petit pain [lə p(ə)ti pɛ̃] Brötchen
le pain [lə pɛ̃] Brot
l'œuf *m*, *Pl:* **les œufs** [lœf, lez‿ø] Ei
le yaourt [lə jauR(t)] Joghurt
le jambon [lə ʒɑ̃bɔ̃] Schinken
maigrir [megRiR] abnehmen
partir en voyage [paRtiR ɑ̃ vwajaʒ] verreisen
végétarien/ne [veʒetaRjɛ̃, veʒetaRjɛn] vegetarisch
l'Angleterre *f* [lɑ̃glətɛR] England
l'Espagne *f* [lɛspaɲ] Spanien
les Etats-Unis *m* [lez‿etaz‿yni] Vereinigte Staaten

C8

fêter [fɛte] feiern
faire du café [fɛR dy kafe] Kaffee kochen/machen
la crème anglaise [la kRɛm ɑ̃glɛz] Vanillesauce
anglais/e [ɑ̃glɛ, ɑ̃glɛz] englisch
L'addition, s'il vous plaît ! [ladisjɔ̃ sil vu plɛ] Die Rechnung/Zahlen bitte!
l'addition *f* [ladisjɔ̃] Rechnung
tout de suite [tutsɥit] sofort
la carte bancaire [la kaRt(ə) bɑ̃kɛR] Kreditkarte

8 EN ROUTE

en route [ɑ̃ Rut] unterwegs
Bon voyage ! [bɔ̃ vwajaʒ] Gute Reise!
le tramway [lə tRamwɛ] Straßenbahn
l'avion *m* [lavjɔ̃] Flugzeug
le train [lə tRɛ̃] Zug, Eisenbahn
la péniche [la peniʃ] Kahn
le bateau, *Pl:* **-x** [lə bato] Boot, Schiff
le cheval, *Pl:* **les chevaux** [lə ʃ(ə)val, le ʃ(ə)vo] Pferd
le bus [lə bys] (Stadt)Bus
à pied *m* [a pje] zu Fuß
le ferry [lə fɛRi] Fähre
le chameau, *Pl:* **-x** [lə ʃamo] Kamel
la mobylette [la mɔbilɛt] Mofa, Moped
le moyen de transport [lə mwajɛ̃ də tRɑ̃spɔR] Verkehrsmittel

A1

l'embouteillage *m* [lɑ̃butɛjaʒ] (Verkehrs)Stau
la circulation [la siRkylasjɔ̃] (Straßen)Verkehr
le scooter [lə skutœR] oder [lə skutɛR] Motorroller
le deux-roues [lə døRu] Zweirad
...je viens de me le faire voler... [...ʒə vjɛ̃ də mə lə fɛR vɔle...] ... er wurde mir vor kurzem erst gestohlen
voler [vɔle] stehlen; fliegen
marcher [maRʃe] (zu Fuß) gehen; treten
être pressé/e [ɛtR(ə) pRese] es eilig haben
à l'étranger *m* [a letRɑ̃ʒe] im/ins Ausland
le bouchon [lə buʃɔ̃] (Verkehrs)Stau; Korken
le stationnement [lə stasjɔnmɑ̃] Parken
être à l'heure [ɛtR‿a lœR] pünktlich sein
faire du stop [fɛR dy stɔp] per Anhalter fahren

A2

rapide [Rapid] schnell
ensoleillé/e [ɑ̃sɔlɛje] sonnig

A3

la campagne [la kɑ̃paɲ] Land (*i. Ggs. zu Stadt*)
le mari [lə maRi] (Ehe)Mann, Gatte

A4

le haut-parleur, *Pl:* **les haut-parleurs** [lə, le 'opaRlœR] Lautsprecher
le bruit [lə bRɥi] Geräusch; Lärm
l'aéroport *m* [laeRɔpɔR] Flughafen
la gare [la gaR] Bahnhof

A5

faire le plein [fɛR lə plɛ̃] volltanken
le billet [lə bijɛ] Fahrkarte, -schein
s'informer sur les horaires [sɛ̃fɔRme syR lez‿ɔRɛR] sich über die Fahrzeiten informieren
la carte routière [la kaRt(ə) Rutjɛ(R)] Straßenkarte
contrôler [kɔ̃tRole] kontrollieren

le pneu, *Pl:* **les pneus** [lə, le pnø]	Reifen
composter le billet [kɔ̃pɔste lə bijɛ]	die Fahrkarte entwerten
le départ [lə depaʀ]	Abfahrt, -reise
présenter son passeport [pʀesɑ̃te sɔ̃ paspɔʀ]	seinen Paß vorzeigen

A6

la destination [la dɛstinasjɔ̃]	Ziel, Bestimmungsort, Richtung
le guichet [lə giʃɛ]	Schalter
changer de gare [ʃɑ̃ʒe də gaʀ]	den Bahnhof wechseln
le wagon-lit [lə vagɔ̃li]	Schlafwagen
le compartiment [lə kɔ̃paʀtimɑ̃]	Abteil
fumeur [fymœʀ]	Raucher
non-fumeur [nɔ̃fymœʀ]	Nichtraucher
la voiture-restaurant [la vwatyʀʀɛstɔʀɑ̃]	Speisewagen
le supplément [lə syplemɑ̃]	Zuschlag, Aufpreis
l'aller-retour *m* [laleʀ(ə)tuʀ]	Hin- und Rückfahrkarte, Hin- und Zurück
la réduction [la ʀedyksjɔ̃]	Ermäßigung
la couchette [la kuʃɛt]	Liegewagenplatz

B1

la côte [la kot]	Küste
l'île flottante [lil flɔtɑ̃t]	*Süßspeise mit Eischneehaube*

B2

le passage [lə pasaʒ]	Überfahrt
l'hiver *m* [livɛʀ]	Winter
dangereux/-euse [dɑ̃ʒʀø, dɑ̃ʒʀøz]	gefährlich
du côté de [dy kote də]	*hier:* in der Gegend von
de nos jours [də no ʒuʀ]	heutzutage
atteindre [atɛ̃dʀ(ə)]	erreichen
facilement [fasilmɑ̃]	einfach, leicht
construire [kɔ̃stʀɥiʀ]	bauen; bilden
accessible [aksɛsibl(ə)]	zugänglich, erreichbar
préserver [pʀesɛʀve]	erhalten, bewahren
l'environnement *m* [lɑ̃viʀɔnmɑ̃]	Umwelt
interdire [ɛ̃tɛʀdiʀ]	verbieten
le tracteur [lə tʀaktœʀ]	Traktor
la chambre d'hôte [la ʃɑ̃bʀ(ə) dot]	Fremdenzimmer
l'hôte *m* [lot]	Wirt; Gast
le retour [lə ʀ(ə)tuʀ]	Rückkehr
le pêcheur [lə pɛʃœʀ]	Fischer
bronzer [bʀɔ̃ze]	braun werden, sich sonnen
sur la plage [syʀ la plaʒ]	am Strand
le coquillage [lə kɔkijaʒ]	Muschel
admirer [admiʀe]	bewundern
la rose trémière [la ʀoz tʀemjɛʀ]	Stockrose
la découverte [la dekuvɛʀt]	Entdeckung
le rythme de vie [lə ʀitm(ə) də vi]	Lebensrhythmus
prendre son temps [pʀɑ̃dʀ(ə) sɔ̃ tɑ̃]	sich Zeit lassen/nehmen
repérer [ʀəpeʀe]	(kenn-)zeichnen, markieren

B4

prendre un bain de soleil [pʀɑ̃dʀ ɛ̃ bɛ̃ d(ə) sɔlɛj]	ein Sonnenbad nehmen
le soleil [lə sɔlɛj]	Sonne
pêcher [pɛʃe]	angeln, fischen; sündigen
ramasser [ʀamase]	auf-, einsammeln
nager [naʒe]	schwimmen
la vague [la vag]	Welle

B5

remettre qch dans l'ordre [ʀəmɛtʀ(ə) kɛlk(ə) ʃoz dɑ̃ lɔʀdʀ(ə)]	etw. in die richtige Reihenfolge/in Ordnung bringen
plusieurs [plyzjœʀ]	mehrere, verschiedene

B6

secret/-ète [səkʀɛ, səkʀɛt]	geheim, verborgen
délicieusement [delisjøzmɑ̃]	köstlich, angenehm
le calme [lə kalm(ə)]	Ruhe, Stille
la sérénité [la seʀenite]	Ausgeglichenheit, Ruhe
être long de [ɛtʀ(ə) lɔ̃ də]	lang sein
être large de [ɛtʀ(ə) laʀʒ də]	breit sein
la maison de poupées [la mɛzɔ̃ də pupe]	Puppenstube, -haus
la poupée [la pupe]	Puppe
la sonnette [la sɔnɛt]	Klingel
le marin [lə maʀɛ̃]	Seemann
la ferme [la fɛʀm(ə)]	Bauernhof, -haus
le roi [lə ʀwa]	König
la beauté [la bote]	Schönheit
découvrir [dekuvʀiʀ]	entdecken
rare [ʀaʀ]	selten, rar; knapp
apparaître [apaʀɛtʀ(ə)]	erscheinen, auftauchen

haut/e ['o, 'ot]	hoch (gelegen); groß
planter [plɑ̃te]	pflanzen
la Méditerranée [la mediteʀane]	Mittelmeer
la falaise abrupte [la falɛz abʀypt(ə)]	Steilklippe
sauvage [sovaʒ]	wild, ungezähmt; *hier:* wildwachsend
le maquis [lə maki]	*hier:* Buschwald, Macchia
natal/e [natal]	Geburts-, Heimat-
apprécier [apʀesje]	zu schätzen wissen, achten
dormir comme une souche [dɔʀmiʀ kɔm yn suʃ]	wie ein Murmeltier schlafen
dormir [dɔʀmiʀ]	schlafen
bercer [bɛʀse]	wiegen, schaukeln
le chant des grillons [lə ʃɑ̃ de gʀijɔ̃]	das Zirpen der Grillen
échanger des informations [eʃɑ̃ʒe dez‿ɛ̃fɔʀmɑsjɔ̃]	Informationen austauschen
le surnom [lə syʀnɔ̃]	Bei-, Spitzname
la grandeur [la gʀɑ̃dœʀ]	Größe
la situation géographique [la sitɥasjɔ̃ ʒeɔgʀafik]	geographische Lage
ce qu'il faut aller voir (*Inf:* **falloir**) [s(ə) kil fot‿ale vwaʀ]	was man unbedingt sehen muß
il faut [il fo]	man muß/soll

B7

à moto *f* [a mɔto]	mit/auf dem Motorrad

B8

désert/e [dezɛʀ, dezɛʀt]	unbewohnt, einsam
emporter [ɑ̃pɔʀte]	mitnehmen
la bouteille [la butɛj]	Flasche
vide [vid]	leer
le crayon [lə kʀɛjɔ̃]	Bleistift
le papier [lə papje]	Papier
la boussole [la busɔl]	Kompaß
le maillot de bain [lə majo d(ə) bɛ̃]	Badeanzug
la chaîne Hi-Fi [la ʃɛn ifi]	Stereoanlage
la pile solaire [la pil sɔlɛʀ]	Solarzelle
la collection [la kɔlɛksjɔ̃]	Sammlung
le disque [lə disk(ə)]	(Schall)Platte
supporter [sypɔʀte]	ertragen, aushalten
le matelas pneumatique [lə mat(ə)la pnømatik]	Luftmatratze
la brosse à dents [la bʀɔs a dɑ̃]	Zahnbürste
la dent [la dɑ̃]	Zahn

C1

la chambre double [la ʃɑ̃bʀ(ə) dubl(ə)]	Doppelzimmer
la demi-pension [la dəmipɑ̃sjɔ̃]	Halbpension
la location [la lɔkɑsjɔ̃]	Verleih, Vermietung
le plein tarif [lə plɛ̃ taʀif]	voller Preis

C2

organiser [ɔʀganize]	organisieren
le car [le kaʀ]	(Reise)Bus
la roulotte [la ʀulɔt]	Wohnwagen
un hôtel de deux ou trois étoiles [ɛ̃n‿otɛl də dø u tʀwaz‿etwal]	ein Zwei- oder Drei-Sterne-Hotel
l'étoile *f* [letwal]	Stern
les bagages *m* [le bagaʒ]	Gepäck
le dossier touristique [lə dɔsje tuʀistik]	*hier:* Informationsmappe für Touristen
être au programme [ɛtʀ‿o pʀɔgʀam]	auf dem Programm stehen
le château, *Pl:* **-x** [lə ʃɑto]	Schloß
réfléchir [ʀefleʃiʀ]	überlegen
Nous ne savons pas encore... (*Inf:* **savoir**) [nu n(ə) savɔ̃ paz‿ɑ̃kɔʀ...]	Wir wissen noch nicht ...
la visite guidée [la vizit gide]	Führung
à peu près [a pø pʀɛ]	ungefähr
Je vous en prie. [ʒə vuz‿ɑ̃ pʀi]	Bitte./Keine Ursache.
la moitié [la mwatje]	Hälfte

C3

à partir de [a paʀtiʀ də]	*hier:* anhand von; von ... an
la discussion [la diskysjɔ̃]	Diskussion; Auseinandersetzung
à la sortie de [a la sɔʀti də]	beim Verlassen von
la sortie [la sɔʀti]	Ausgang, -fahrt

C4

à Noël [a nɔɛl]	an Weihnachten

C5

la formule [la fɔʀmyl]	Kategorie, Angebot; Formel
l'hébergement *m* [lebɛʀʒəmɑ̃]	Unterkunft
loger [lɔʒe]	wohnen, absteigen
dépenser (de l'argent) [depɑ̃se (də laʀʒɑ̃)]	(Geld) ausgeben

C6

à tour de rôle [a tuʀ də ʀol]	der Reihe nach, einer nach dem anderen
le logement [lə lɔʒmɑ̃]	Unterbringung; Wohnung
le choix [lə ʃwa]	(Aus)Wahl
l'emplacement *m* [lɑ̃plasmɑ̃]	Platz *(z.B. auf dem Campingplatz)*
le gîte [lə ʒit]	Ferienhaus, -wohnung
pour la période du... au... [puʀ la peʀiɔd dy... o...]	für den Zeitraum vom ... bis zum ...
la douche [la duʃ]	Dusche
la chambre simple [la ʃɑ̃bʀ(ə) sɛ̃pl(ə)]	Einzelzimmer
simple [sɛ̃pl(ə)]	einfach, leicht
confirmer [kɔ̃fiʀme]	bestätigen
la télécopie [la telekɔpi]	Fax
inclus/e [ɛ̃kly, ɛ̃klyz]	inbegriffen
suite à mon appel [sɥit a mɔ̃n‿apɛl]	im Anschluß an meinen Anruf
Avec mes meilleures salutations [avɛk me mɛjœʀ salytasjɔ̃]	Mit freundlichen Grüßen
à destination de [a dɛstinasjɔ̃ də]	nach *(Richtung)*
Qu'est-ce qui se passe? [kɛski s(ə) pas]	Was geschieht?/Was ereignet sich?
l'accès *m* **à bord** [laksɛ a bɔʀ]	Zutritt an Bord

ENTRACTE 2

1

discret/-ète [diskʀɛ, diskʀɛt]	diskret, zurückhaltend
le bistrot [lə bistʀo]	Bistrot, Kneipe
confortable [kɔ̃fɔʀtabl(ə)]	bequem, komfortabel

2

agir [aʒiʀ]	handeln
l'écrit *m* [lekʀi]	Geschriebene(s)
ralentir [ʀalɑ̃tiʀ]	verlangsamen
la vente [la vɑ̃t]	Verkauf

3

l'amant/e *m/f* [lamɑ̃, lamɑ̃t]	Liebhaber/Geliebter, Geliebte
la chaussure [la ʃosyʀ]	Schuh
l'or *m* [lɔʀ]	Gold
lentement [lɑ̃t(ə)mɑ̃]	langsam
visible [vizibl(ə)]	offensichtlich, sichtbar
intimidé/e [ɛ̃timide]	eingeschüchtert
sourire [suʀiʀ]	lächeln
offrir [ɔfʀiʀ]	anbieten; schenken
trembler [tʀɑ̃ble]	zittern
la race [la ʀas]	Rasse
tranquille [tʀɑ̃kil]	ruhig
D'où venez-vous? [du vəne vu]	Woher kommen Sie?
l'instituteur/-trice *m/f* [lɛ̃stitytœʀ, lɛ̃stitytʀis]	Grundschullehrer, -in
la mère [la mɛʀ]	Mutter
justement [ʒystəmɑ̃]	genau, gerade, (so)eben
la balustrade [la balystʀad]	Geländer, Gitter

4

les cinq sens *m* [le sɛ̃ sɑ̃s]	die fünf Sinne
le sens [lə sɑ̃s]	Sinn
l'oreille *f* [lɔʀɛj]	Ohr
le nez [lə ne]	Nase
la main [la mɛ̃]	Hand
la bouche [la buʃ]	Mund
le gaz [lə gaz]	Gas
voir [vwaʀ]	sehen
goûter [gute]	schmecken; probieren
toucher [tuʃe]	anfassen, berühren

9 PLAISIR DES SENS

tenter [tɑ̃te]	in Versuchung führen
détester [detɛste]	verabscheuen
associer [asɔsje]	zusammenschließen, verbinden
le plus de mots possibles [lə plys də mo pɔsibl(ə)]	so viele Wörter wie möglich
le modèle [lə mɔdɛl]	Muster, Modell

A1

le critère [lə kritɛr]	Kriterium
Mettez-vous d'accord sur qch (*Inf:* **mettre**) [mɛte vu dakɔr syr kɛlk(ə) ʃoz]	Einigen Sie sich auf etw
économique [ekɔnɔmik]	billig, sparsam, wirtschaftlich
plaire à qn [plɛr a kɛlkɛ̃]	jdm gefallen
l'ingrédient *m* [lɛ̃gredjɑ̃]	Zutat
la veille [la vɛj]	Vortag, Tag vorher

A2

la cuillère à café [la kɥijɛr a kafe]	Teelöffel
l'huile *f* **d'olive** *f* [lɥil dɔliv]	Olivenöl
le poivre [lə pwavr(ə)]	Pfeffer
mélangé/e [melɑ̃ʒe]	gemischt
la frisée [la frize]	Eisbergsalat
la laitue [la lety]	Kopfsalat
la mâche [la mɑʃ]	Feldsalat
la tranche [la trɑ̃ʃ]	Scheibe
fin/e [fɛ̃, fin]	dünn, fein
la vinaigrette [la vinɛgrɛt]	Essigsauce
la cuillère à soupe [la kɥijɛr a sup]	Eßlöffel
l'huile de noix [lɥil də nwa]	Walnußöl
le sel [lə sɛl]	Salz
la préparation [la preparasjɔ̃]	Zu-, Vorbereitung
mettre [mɛtr(ə)]	legen, setzen, stellen
plusieurs fois [plyzjœr fwa]	mehrere Male
laisser reposer au frais [lɛse r(ə)poze o frɛ]	an einem kühlen Ort ruhen lassen
mélanger [melɑ̃ʒe]	(ver)mischen
répartir [repartir]	verteilen, aufteilen
le tout [lə tu]	das Ganze, alles
faire griller [fɛr grije]	grillen, toasten
le four [lə fur]	Backofen
disposer [dispoze]	verteilen, arrangieren
le muscadet [lə myskadɛ]	Muskateller: *Weißwein aus der Loireregion*
sec, sèche [sɛk, sɛʃ]	trocken
manquer [mɑ̃ke]	fehlen
(se) réaliser [(sə) realize]	(sich) verwirklichen, durchführen
établir une liste [etablir yn list(ə)]	eine Liste aufstellen
la liste des courses [la list(ə) de kurs(ə)]	Einkaufsliste
il vous faut [il vu fo]	Sie brauchen

A3

la boulangerie [la bulɑ̃ʒri]	Bäckerei
l'épicerie *f* [lepisri]	Lebensmittelgeschäft
au marché [o marʃe]	auf dem Markt
Et avec ça? [e avɛk sa]	Darf es sonst noch etwas sein?
le kilo [lə kilo]	Kilo
le gramme [lə gram]	Gramm
le paquet [lə pakɛ]	Schachtel, Paket, Päckchen

A5

le croque-monsieur [lə krɔkməsjø]	*überbackenes Sandwich*
le pain de mie [lə pɛ̃ d(ə) mi]	Toastbrot
le régime [lə reʒim]	Diät
avoir droit à qch [avwar drwa a kɛlk(ə) ʃoz]	*hier:* etw dürfen; auf etw Anspruch haben
la biscotte [la biskɔt]	Zwieback
les pommes de terre à l'eau [le pɔm də tɛr a lo]	gekochte Kartoffeln
la pomme de terre [la pɔm də tɛr]	Kartoffel
le riz [lə ri]	Reis
le bouillon [lə bujɔ̃]	Brühe, Bouillon
les légumes *m* [le legym]	Gemüse
dur/e [dyr]	hart, schwer

A6

remplir [rɑ̃plir]	auf-, ausfüllen, vollmachen
Mettez-vous en cercle. [mɛte vu ɑ̃ sɛrkl(ə)]	Stellen Sie sich im Kreis auf.
la balle [la bal]	Ball, Kugel
ajouter [aʒute]	hinzufügen

A7

rédiger [rediʒe]	abfassen, aufschreiben
si nécessaire [si nesesɛr]	falls nötig

B1

Qu'est-ce qui doit être beau? (*Inf:* **devoir**) [kɛski dwat‿ɛtr(ə) bo]	Was muß schön sein?

devoir [d(ə)vwaʀ]	müssen, sollen; schulden
le meuble [lə mœbl(ə)]	Möbel(stück)
le vêtement [lə vɛtmɑ̃]	Kleidungsstück

B2

l'objet *m* [lɔbʒɛ]	Objekt
la valise [la valiz]	Koffer
le chemisier [lə ʃ(ə)misje]	Bluse
la jupe [la ʒyp]	Rock
le collier [lə kɔlje]	Halskette
le parapluie [lə paʀaplɥi]	Regenschirm
le foulard [lə fulaʀ]	(Hals)Tuch, Schal
la ceinture [la sɛ̃tyʀ]	Gürtel
l'imperméable *m* [lɛ̃pɛʀmeabl(ə)]	Regenmantel
la trousse de toilette [la tʀus də twalɛt]	Kulturbeutel
le tailleur [lə tajœʀ]	(Damen)Kostüm
la chaussette [la ʃosɛt]	Strumpf, Socke
la chemise [la ʃ(ə)miz]	Hemd
le pantalon [lə pɑ̃talɔ̃]	Hose
le rasoir [lə ʀazwaʀ]	Rasierapparat
les bretelles *f* [le bʀətɛl]	Hosenträger
le pull [lə pyl]	Pulli, Pullover

B3

un dîner à deux [ɛ̃ dine a dø]	Abendessen zu zweit
le repas d'affaires [lə ʀəpa dafɛʀ]	Geschäftsessen

B4

la laine [la lɛn]	Wolle
l'acrylique *m* [lakʀilik]	Polyacryl
le coton [lə kɔtɔ̃]	Baumwolle
le lin [lə lɛ̃]	Leinen; Flachs
la soie [la swa]	Seide
porter [pɔʀte]	tragen
la matière [la matjɛʀ]	*hier:* Material; Fach
la feuille [la fœj]	Blatt
redistribuer [ʀədistʀibɥe]	neu verteilen
lire à voix haute [liʀ a vwa 'ot]	vorlesen
la voix [la vwa]	Stimme
L'habit ne fait pas le moine. [labi nə fɛ pa l(ə) mwan]	Der Schein trügt.

B5

Je peux vous aider? [ʒə pø vuz‿ede]	Kann ich Ihnen behilflich sein?
une paire de chaussures [yn pɛʀ də ʃosyʀ]	ein Paar Schuhe
la paire [la pɛʀ]	Paar
bleu foncé [blø fɔ̃se]	dunkelblau
foncé/e [fɔ̃se]	dunkel- *(Farbe)*
la pointure [la pwɛ̃tyʀ]	(Schuh)Größe
Je les ai seulement en 37. [ʒə lez‿e sœlmɑ̃ ɑ̃ tʀɑ̃tsɛt]	Ich habe sie nur in (Größe) 37.
le talon [lə talɔ̃]	Absatz
le cuir [lə kɥiʀ]	Leder
Elles sont plus jolies. [ɛl sɔ̃ ply ʒɔli]	Sie sind schöner.
Elles sont moins chères que les autres. [ɛl sɔ̃ mwɛ̃ ʃɛʀ kə lez‿otʀ(ə)]	Sie sind günstiger als die anderen.
Elles vous vont bien. [ɛl vu vɔ̃ bjɛ̃]	Sie stehen Ihnen gut.
Elle fait du 38. [ɛl fɛ dy tʀɑ̃tɥit]	Sie hat Größe 38.
La cliente n'achète rien. [la klijɑ̃t naʃɛt ʀjɛ̃]	Die Kundin kauft nichts.

B7

sportif/-ive [spɔʀtif, spɔʀtiv]	sportlich
ordinaire [ɔʀdinɛʀ]	einfach, gewöhnlich, normal
usé/e [yze]	abgenutzt
clair/e [klɛʀ]	hell- *(Farbe)*; klar, deutlich
vieux souliers aux lacets [vjø sulje o lasɛ]	alte Schnürstiefel

B8

se rapporter à qch [sə ʀapɔʀte a kɛlk(ə) ʃoz]	sich auf etw beziehen
employer [ɑ̃plwaje]	verwenden; anstellen

B9

bon marché [bɔ̃ maʀʃe]	billig
moche *fam* [mɔʃ]	mies; häßlich
vieillot/te [vjɛjo, vjɛjɔt]	altmodisch

B10

circuler [siʀkyle]	herumgehen, -laufen; fahren

B11

s'entraîner [sɑ̃tʀɛne]	trainieren, üben

le son [lə sɔ̃]	Laut, Klang
la truite [la tʀɥit]	Forelle
cuit/e [kɥi, kɥit]	gekocht; gar
la pluie [la plɥi]	Regen
le biscuit [lə biskɥi]	Keks, Gebäck

c1

l'alimentation *f* [lalimɑ̃tɑsjɔ̃]	Ernährung; Lebensmittel
le corps [lə kɔʀ]	Körper
l'âme *f* [lɑm]	Seele
manger léger [mɑ̃ʒe leʒe]	leicht/etwas Leichtes essen
léger/-ère [leʒe, leʒɛʀ]	leicht
la natation [la natɑsjɔ̃]	Schwimmen, Schwimmsport
les sports de plein air [le spɔʀ d(ə) plɛ̃n‿ɛʀ]	Freiluftsportarten
la piscine [la pisin]	Schwimmbad
le massage [lə masaʒ]	Massage
la marche [la maʀʃ(ə)]	Wandern; Marsch; Stufe
l'oiseau *m*, *Pl:* **-x** [lwazo]	Vogel
le message [lə mesaʒ]	Nachricht
le shampooing [lə ʃɑ̃(m)pwɛ̃]	Shampoo; Haarwäsche
spirituel/le [spiʀitɥɛl]	geistig

c2

se maintenir en forme [sə mɛ̃t(ə)niʀ ɑ̃ fɔʀm(ə)]	sich fit halten
se garder en bonne santé [sə gaʀde ɑ̃ bɔn sɑ̃te]	gesund bleiben
une chose qui me tient à cœur (*Inf*: **tenir**) [yn ʃoz ki m(ə) tjɛ̃t‿a kœʀ]	eine Sache, die mir am Herzen liegt
réellement [ʀeɛlmɑ̃]	wirklich, in Wirklichkeit
tout ce qui concerne... [tu s(ə) ki kɔ̃sɛʀn(ə)...]	alles, was ... betrifft
s'occuper (de) [sɔkype (də)]	sich kümmern (um)
la balconnière [la balkɔnjɛʀ]	Balkonpflanze
arroser [aʀoze]	gießen
autrement [otʀəmɑ̃]	anders; sonst
se rendre compte [sə ʀɑ̃dʀ(ə) kɔ̃t]	sich klarmachen
effectivement [efɛktivmɑ̃]	tatsächlich, in der Tat
commencer par faire qch [kɔmɑ̃se paʀ fɛʀ kɛlk(ə) ʃoz]	damit anfangen, etw zu tun
se lever [sə l(ə)ve]	aufstehen, sich erheben
prendre contact [pʀɑ̃dʀ(ə) kɔ̃takt]	in Verbindung treten
humide [ymid]	feucht
au contraire [o kɔ̃tʀɛʀ]	im Gegenteil
le contraire [lə kɔ̃tʀɛʀ]	Gegenteil
avoir l'impression *f* [avwaʀ lɛ̃pʀɛsjɔ̃]	den Eindruck haben
s'éveiller [seveje]	wach werden, sich munter machen
véritable [veʀitabl(ə)]	wahr(haft), echt
environnant/e [ɑ̃viʀɔnɑ̃, ɑ̃viʀɔnɑ̃t]	umliegend
exclure [ɛksklyʀ]	ausschließen
d'ailleurs [dajœʀ]	übrigens, überdies
avoir besoin de [avwaʀ bəzwɛ̃ də]	brauchen, benötigen
le litre [lə litʀ(ə)]	Liter
par jour [paʀ ʒuʀ]	pro Tag
sinon [sinɔ̃]	sonst
le point [lə pwɛ̃]	Punkt
surveiller [syʀveje]	kontrollieren, überwachen, beaufsichtigen
principalement [pʀɛ̃sipalmɑ̃]	vor allem
bouger [buʒe]	bewegen
également [egalmɑ̃]	ebenfalls
l'automne *m* [lɔtɔn]	Herbst
faire des marches [fɛʀ de maʀʃ(ə)]	wandern
au maximum [o maksimɔm]	*hier:* so viel wie möglich
rentrer du travail [ʀɑ̃tʀe dy tʀavaj]	von der Arbeit heimkehren
se changer [sə ʃɑ̃ʒe]	sich umziehen
enlever [ɑ̃lve]	ausziehen *(Kleider)*; wegnehmen
(se) relaxer [(sə) ʀəlakse]	(sich) entspannen
prendre soin [pʀɑ̃dʀ(ə) swɛ̃]	pflegen
le soin [lə swɛ̃]	Sorge; Pflege
pour vous sentir le mieux possible dans votre peau [puʀ vu sɑ̃tiʀ lə mjø pɔsibl(ə) dɑ̃ vɔtʀ(ə) po]	damit Sie sich in Ihrer Haut rundum wohl fühlen
la peau, *Pl:* **-x** [la po]	Haut
essentiellement [esɑ̃sjɛlmɑ̃]	hauptsächlich, im wesentlichen
tranquillement [tʀɑ̃kilmɑ̃]	in Ruhe, ruhig
relaxant/e [ʀəlaksɑ̃, ʀəlaksɑ̃t]	entspannend
la bulle [la byl]	(Sprech)Blase

C3

autour [otuʀ]	drumherum
l'habitude *f* [labityd]	Gewohnheit

C4

s'amuser [samyze]	sich vergnügen

C6

le rhume [lə ʀym]	Schnupfen, Erkältung
avoir mal à la tête [avwaʀ mal a la tɛt]	Kopfschmerzen haben
être bien dans sa peau [ɛtʀ(ə) bjɛ̃ dɑ̃ sa po]	sich wohl fühlen in seiner Haut
être allergique à qch [ɛtʀ alɛʀʒik a kɛlk(ə) ʃoz]	gegen etw allergisch sein
le dos [lə do]	Rücken
être en pleine forme [ɛtʀ ɑ̃ plɛn fɔʀm(ə)]	topfit/in Höchstform sein
le bras [lə bʀa]	Arm
casser [kase]	(zer)brechen
J'ai mal au cœur. [ʒe mal o kœʀ]	Mir ist übel.

C7

humain/e [ymɛ̃, ymɛn]	menschlich
l'épaule *f* [lepol]	Schulter
le sein [lə sɛ̃]	Busen
le ventre [lə vɑ̃tʀ(ə)]	Bauch
le genou, *Pl:* **-x** [lə ʒ(ə)nu]	Knie
la jambe [la ʒɑ̃b]	Bein
le pied [lə pje]	Fuß
fermé/e [fɛʀme]	geschlossen
reconstituer [ʀəkɔ̃stitɥe]	wiederherstellen

C8

Faites-vous donner un conseil par... [fɛt vu dɔne ɛ̃ kɔ̃sɛj paʀ...]	Lassen Sie sich von ... einen Rat geben.

C9

se tenir bien droit [sə təniʀ bjɛ̃ dʀwa]	sich ganz gerade halten
à plat sur le sol [a pla syʀ lə sɔl]	flach auf dem Boden
fermer les yeux [fɛʀme lez jø]	die Augen schließen
la respiration [la ʀɛspiʀɑsjɔ̃]	Atmung
battre vite [batʀ(ə) vit]	schnell schlagen
le buste [lə byst(ə)]	Oberkörper, Büste
se promener [sə pʀɔmne]	spazierengehen
pieds nus [pje ny]	barfuß
nu/e [ny]	nackt, unbekleidet
le sable [lə sabl(ə)]	Sand
doux, douce [du, dus]	sanft; süß; zart
au loin [o lwɛ̃]	in der Ferne, weit weg
crier [kʀije]	schreien
au-dessus de [od(ə)sy də]	über, oberhalb (von)
le visage [lə vizaʒ]	Gesicht
la lèvre [la lɛvʀ(ə)]	Lippe
vivant/e [vivɑ̃, vivɑ̃t]	lebendig
finalement [finalmɑ̃]	schließlich, endlich
doucement [dusmɑ̃]	langsam; sanft; leise
la salle de cours [la sal də kuʀ]	Klassenzimmer
remuer [ʀ(ə)mɥe]	bewegen; umrühren
ouvrir les yeux [uvʀiʀ lez jø]	die Augen öffnen
être de retour [ɛtʀ(ə) də ʀ(ə)tuʀ]	zurück sein
l'expérience *f* [leksperjɑ̃s]	Erfahrung; Versuch
partager [paʀtaʒe]	teilen
la sensation [la sɑ̃sɑsjɔ̃]	Empfindung, Eindruck

10 AUTREFOIS AUJOURD'HUI

Comment vivons-nous aujourd'hui ? (*Inf*: **vivre**) [kɔmɑ̃ vivɔ̃ nu oʒuʀdɥi]	Wie leben wir heute?

A1

sur le même modèle [syʀ lə mɛm mɔdɛl]	nach dem gleichen Modell
réussir qch [ʀeysiʀ kɛlk(ə) ʃoz]	etw zustande bringen/fertigbringen
le fils [lə fis]	Sohn
le père [lə pɛʀ]	Vater
exceptionnel/le [ɛksɛpsjɔnɛl]	außergewöhnlich, -ordentlich

A2

au sujet de [o syʒɛ də]	zu, über
la note [la nɔt]	Note, Zensur
le contrôle [lə kɔ̃tʀol]	*hier:* Klassenarbeit

l'appréciation *f* [lapʀesjasjɔ̃]	Beurteilung, (Ein-)Schätzung
en tant que père [ɑ̃ tɑ̃ kə pɛʀ]	als Vater
le/la chercheur/-euse [lə ʃɛʀʃœʀ, la ʃɛʀʃøz]	Forscher, -in
se poser la question [sə poze la kɛstjɔ̃]	sich die Frage stellen
ça marche [sa maʀʃ(ə)]	es klappt/funktioniert
l'expert-comptable *m/f* [lɛkspɛʀkɔ̃tabl(ə)]	Wirtschafts-, Buchprüfer
l'amour *m* [lamuʀ]	Liebe
la tendresse [la tɑ̃dʀɛs]	Zärtlichkeit
rester au lit [ʀɛste o li]	im Bett bleiben
réveiller qn [ʀeveje kɛlkɛ̃]	jdn wecken
faire un bisou [fɛʀ ɛ̃ bizu]	einen kleinen Kuß geben
plein/e de [plɛ̃, plɛn də]	viel,-e; voll, -er
le/la décorateur/-trice [lə dekɔʀatœʀ, la dekɔʀatʀis]	Dekorateur, -in; Innenarchitekt, -in
responsable [ʀɛspɔ̃sabl(ə)]	verantwortlich
le courage [lə kuʀaʒ]	Mut
l'effort *m* [lefɔʀ]	Anstrengung, Bemühung
la poésie [la pɔezi]	Dichtung
transmettre qch à qn [tʀɑ̃smɛtʀ(ə) kɛlk(ə) ʃoz a kɛlkɛ̃]	jdm etw vermitteln/übermitteln
montrer qch à qn [mɔ̃tʀe kɛlk(ə) ʃoz a kɛlkɛ̃]	jdm etw zeigen
à nouveau [a nuvo]	noch einmal (neu)

A3

l'éducation *f* [ledykasjɔ̃]	Erziehung
la réussite [la ʀeysit]	Erfolg

A6

le poète libanais [lə pɔɛt libanɛ]	der libanesische Dichter
donner son avis [dɔne sɔ̃n‿avi]	seine Meinung sagen
le désir [lə deziʀ]	Wunsch; Verlangen
la pensée [la pɑ̃se]	Gedanke, Denken
leurs propres pensées [lœʀ pʀɔpʀ(ə) pɑ̃se]	ihre eigenen Gedanken
la demeure [la dəmœʀ]	Heim, Bleibe

B1

le voile [lə vwal]	Schleier, Tuch
le/la comédien/ne [lə kɔmedjɛ̃, la kɔmedjɛn]	Schauspieler, -in
(s')inspirer (de) [(s)ɛ̃spiʀe (də)]	(sich) inspirieren lassen (von)

B2

une toute bête photo [yn tut bɛt fɔto]	ein ganz normales Foto
bête [bɛt]	dumm, einfältig
la grand-mère [la gʀɑ̃mɛʀ]	Großmutter
le garçon [lə gaʀsɔ̃]	Junge; Ober, Kellner
le/la conjoint/e [lə kɔ̃ʒwɛ̃, la kɔ̃ʒwɛ̃t]	Ehegatte, -gattin
les petits-enfants *m/f* [le p(ə)tiz‿ɑ̃fɑ̃]	Enkel
contempler [kɔ̃tɑ̃ple]	betrachten
maternel/le [matɛʀnɛl]	mütterlich, mütterlicherseits
la machine à coudre [la maʃin a kudʀ(ə)]	Nähmaschine
sans doute [sɑ̃ dut]	wahrscheinlich
la mémoire [la memwaʀ]	Erinnerung; Gedächtnis
opaque [ɔpak]	trübe, undurchsichtig
ne... aucun/e [nə... okɛ̃, okyn]	kein, -e ...
l'image *f* [limaʒ]	Bild, Abbildung
à demi-fondu/e dans l'ombre [a dəmifɔ̃dy dɑ̃ lɔ̃bʀ(ə)]	halb im Schatten verschwunden
conquérant/e [kɔ̃keʀɑ̃, kɔ̃keʀɑ̃t]	*hier:* selbstbewußt; eroberungslustig
la grand(e)-tante [la gʀɑ̃(d)tɑ̃t]	Großtante
éternel/le [etɛʀnɛl]	ewig
à l'arrière-plan *m* [a laʀjɛʀplɑ̃]	im Hintergrund
le jouet [lə ʒwɛ]	Spielzeug
le bout de bois [lə bu d(ə) bwa]	Holzstück, Stöckchen
la ficelle [la fisɛl]	Faden
jouer aux dominos [ʒwe o dɔmino]	Domino spielen
le goûter [lə gute]	Kaffee und Kuchen
invariablement [ɛ̃vaʀjabləmɑ̃]	jedes Mal, regelmäßig
le chausson aux pommes [lə ʃosɔ̃ o pɔm]	Apfeltasche
la pomme [la pɔm]	Apfel
amoureux/-euse [amuʀø, amuʀøz]	verliebt
l'après-guerre *m* [lapʀɛgɛʀ]	Nachkriegszeit

prendre des poses [pʀɑ̃dʀ(ə) de poz]	(vor dem Fotoapparat) posieren
se marier [sə maʀje]	(sich ver)heiraten

B3

les grands-parents *m* [le gʀɑ̃paʀɑ̃]	Großeltern
le grand-père [lə gʀɑ̃pɛʀ]	Großvater
le petit-fils [lə p(ə)tifis]	Enkel
la petite-fille [la p(ə)titfij]	Enkelin
l'oncle *m* [lɔ̃kl(ə)]	Onkel
la tante [la tɑ̃t]	Tante

B5

l'enfance *f* [lɑ̃fɑ̃s]	Kindheit
régulièrement [ʀegyljɛʀmɑ̃]	regelmäßig

C1

l'auteur *m* [lotœʀ]	Autor, Schriftsteller
le livre d'aventure [lə livʀ(ə) davɑ̃tyʀ]	Abenteuerbuch
l'aventure *f* [lavɑ̃tyʀ]	Abenteuer
avaler [avale]	(ver)schlucken
le fauve [lə fov]	wildes Tier
tracer [tʀase]	entwerfen, aufzeichnen
piloter [pilɔte]	steuern *(Flugzeug, Schiff)*
le serpent [lə sɛʀpɑ̃]	Schlange *(Tier)*
mâcher [maʃe]	kauen
faire peur à qn [fɛʀ pœʀ a kɛlkɛ̃]	jdm Angst machen
dessiner [desine]	zeichnen
la digestion [la diʒɛstjɔ̃]	Verdauung
la proie [la pʀwa]	Beute
la jungle [la ʒɔ̃gl(ə)]	Dschungel
la forêt vierge [la fɔʀɛ vjɛʀʒ(ə)]	Urwald
le chef-d'œuvre [lə ʃɛdœvʀ(ə)]	Meisterwerk

C2

le prince [lə pʀɛ̃s]	Prinz
le début [lə deby]	Anfang, Beginn
histoires vécues [istwaʀ veky]	wahre Geschichten
représenter [ʀ(ə)pʀesɑ̃te]	darstellen
entier/-ère [ɑ̃tje, ɑ̃tjɛʀ]	*hier:* unzerkleinert; ganz, voll(ständig)
à mon tour [a mɔ̃ tuʀ]	meinerseits
digérer [diʒeʀe]	verdauen
l'intérieur *m* [lɛ̃teʀjœʀ]	das Innere
afin qu'elles puissent (*Inf:* **pouvoir**) [afɛ̃ kɛl pɥis]	damit sie ... können
l'explication *f* [lɛksplikasjɔ̃]	Erklärung
conseiller qch à qn [kɔ̃seje kɛlk(ə) ʃoz a kɛlkɛ̃]	jdm etw raten
laisser de côté [lɛse d(ə) kote]	aufgeben, lassen
s'intéresser à qch [sɛ̃teʀese a kɛlk(ə) ʃoz]	sich für etw interessieren
le calcul [lə kalkyl]	Rechnen, Berechnung
le métier [lə metje]	Beruf
partout dans le monde [paʀtu dɑ̃ l(ə) mɔ̃d]	überall in der Welt
savoir reconnaître [savwaʀ ʀ(ə)kɔnɛtʀ(ə)]	erkennen können
du premier coup d'œil [dy pʀəmje ku dœj]	auf den ersten Blick
égaré/e [egaʀe]	verirrt, verlaufen

C3

le/la narrateur/-trice [lə naʀatœʀ, la naʀatʀis]	Erzähler, -in
changer d'avis [ʃɑ̃ʒe davi]	seine Meinung ändern

C5

le récit [lə ʀesi]	Erzählung; Bericht
accomplir [akɔ̃pliʀ]	voll-, beenden; erfüllen

C6

la rencontre [la ʀɑ̃kɔ̃tʀ(ə)]	Begegnung, Treffen
le désert [lə dezɛʀ]	Wüste
au lever du jour [o l(ə)ve dy ʒuʀ]	bei Tagesanbruch
une drôle de petite voix [yn dʀol də p(ə)tit vwa]	eine merkwürdige leise Stimme
le bonhomme [lə bɔnɔm]	Knirps, kleiner Mann; gutmütiger Mann
extraordinaire [ekstʀaɔʀdinɛʀ]	außerordentlich; seltsam
le symbole [lə sɛ̃bɔl]	Symbol
le mouton [lə mutɔ̃]	Schaf

C7

Tout s'arrange. [tu saʀɑ̃ʒ]	Alles geht in Ordnung.
faire le ménage [fɛʀ l(ə) menaʒ]	saubermachen, putzen

le ménage [lə menaʒ]	Haushalt; Ehepaar
enseigner [ɑ̃seɲe]	lehren, unterrichten

11 SE RENDRE UTILE

se rendre utile [sə ʀɑ̃dʀ‿ytil]	sich nützlich machen
le boulot *arg* [lə bulo]	Arbeit, Beschäftigung
travailler pour la gloire [tʀavaje puʀ la glwaʀ]	ohne Bezahlung arbeiten
la gloire [la glwaʀ]	Ruhm
se tourner les pouces [sə tuʀne le pus]	Däumchen drehen
le pouce [lə pus]	Daumen
avoir du pain sur la planche [avwaʀ dy pɛ̃ syʀ la plɑ̃ʃ]	noch viel zu tun haben
la planche [la plɑ̃ʃ]	Brett
faire le pont [fɛʀ l(ə) pɔ̃]	einen Brückentag nehmen
se tuer au travail [sə tɥe o tʀavaj]	sich totarbeiten
tuer [tɥe]	töten
tuer le temps [tɥe l(ə) tɑ̃]	die Zeit totschlagen
avoir un poil dans la main [avwaʀ ɛ̃ pwal dɑ̃ la mɛ̃]	faulenzen
le poil [lə pwal]	(Körper/Bart)Haar
mettre la main à la pâte [mɛtʀ(ə) la mɛ̃ a la pɑt]	selbst Hand anlegen, anpacken
la pâte [la pɑt]	Teig
le jour férié [lə ʒuʀ feʀje]	Feiertag
paresseux/-euse [paʀɛsø, paʀɛsøz]	faul
l'importance *f* [lɛ̃pɔʀtɑ̃s]	Bedeutung, Wichtigkeit
avoir qch en perspective [avwaʀ kɛlk(ə) ʃoz ɑ̃ pɛʀspɛktiv]	etw in Aussicht haben

A1

le service [lə sɛʀvis]	Abteilung, Bereich; Dienstleistung
la formation [la fɔʀmɑsjɔ̃]	Ausbildung
s'inscrire [sɛ̃skʀiʀ]	sich einschreiben
la faculté [la fakylte]	Universität; Fähigkeit
passer un examen [pase ɛ̃n‿ɛgzamɛ̃]	eine Prüfung ablegen
faire des études [fɛʀ dez‿etyd]	studieren

A2

se décider [sə deside]	sich entschließen
conduire [kɔ̃dɥiʀ]	fahren; steuern
au point de vue financier [o pwɛ̃ d(ə) vy finɑ̃sje]	vom finanziellen Standpunkt aus
financier/-ère [finɑ̃sje, finɑ̃sjɛʀ]	finanziell
le trafic [lə tʀafik]	Verkehr; Handel
avoir les nerfs *m* **solides** [avwaʀ le nɛʀ sɔlid]	starke Nerven haben
tomber sur qn [tɔ̃be syʀ kɛlkɛ̃]	auf jdn treffen, an jdn geraten
engager la conversation [ɑ̃gaʒe la kɔ̃vɛʀsɑsjɔ̃]	eine Unterhaltung beginnen
regretter [ʀ(ə)gʀete]	bedauern; vermissen
même si [mɛm si]	selbst/sogar wenn; trotzdem
fonder une famille [fɔ̃de yn famij]	eine Familie gründen
l'infirmier/-ère *m/f* [lɛ̃fiʀmje, lɛ̃fiʀmjɛʀ]	Krankenpfleger, -schwester
le/la malade [lə, la malad]	Kranke(r)
l'hôpital *m* [lopital]	Krankenhaus
la taille [la taj]	Größe
souhaiter faire qch [swete fɛʀ kɛlk(ə) ʃoz]	(herbei)wünschen etw zu tun
la difficulté [la difikylte]	Schwierigkeit
l'avantage *m* [lavɑ̃taʒ]	Vorteil

A3

le regret [lə ʀ(ə)gʀɛ]	Bedauern
la satisfaction [la satisfaksjɔ̃]	Zufriedenheit; Befriedigung
le/la comptable [lə, la kɔ̃tabl(ə)]	Buchhalter, -in

A6

la priorité [la pʀijɔʀite]	Vorrang; Vorfahrt
donner une raison [dɔne yn ʀɛzɔ̃]	begründen, einen Grund nennen
la raison [la ʀɛzɔ̃]	Vernunft; Grund
bien gagner sa vie [bjɛ̃ gaɲe sa vi]	gut verdienen
à l'extérieur *m* [a lɛksteʀjœʀ]	draußen; außerhalb
être son propre patron [ɛtʀ(ə) sɔ̃ pʀɔpʀ(ə) patʀɔ̃]	sein eigener Chef sein
être en contact avec le public [ɛtʀ‿ɑ̃ kɔ̃takt avɛk lə pyblik]	Kontakt zu Menschen haben

la responsabilité [la rɛspɔ̃sabilite]	Verantwortung, Verantwortlichkeit
la sécurité de l'emploi *m* [la sekyrite d(ə) lɑ̃plwa]	sicherer Arbeitsplatz
la protection sociale [la prɔtɛksjɔ̃ sɔsjal]	soziale (Ab)Sicherung; soziales Netz
à temps partiel [a tɑ̃ parsjɛl]	Teilzeit-
rebondir [r(ə)bɔ̃dir]	wieder in Gang kommen; wieder aktuell werden
l'entreprise *f* [lɑ̃trəpriz]	Firma, Unternehmen
les droits *m* [le drwa]	Rechte

A8

se réveiller [sə reveje]	auf-, erwachen
se laver [sə lave]	sich waschen
se coucher [sə kuʃe]	zu Bett gehen, sich hinlegen
la matinée [la matine]	Vormittag
le cours de pâtisserie [lə kur d(ə) pɑtisri]	Backkurs
Vivement dimanche ! [vivmɑ̃ dimɑ̃ʃ]	Hoffentlich ist bald Sonntag!

A9

l'inconvénient *m* [lɛ̃kɔ̃venjɑ̃]	Nachteil
le/la chef de service [lə, la ʃɛf d(ə) sɛrvis]	Abteilungsleiter, -in
l'employé/e de bureau *m/f* [lɑ̃plwaje d(ə) byro]	Büroangestellte, -r
l'homme/la femme au foyer [lɔm, la fam o fwaje]	Hausmann, Hausfrau
le/la conducteur/-trice [lə kɔ̃dyktœr, la kɔ̃dyktris]	Fahrer, -in
le poids lourd [lə pwa lur]	Lastwagen, LKW
le membre [lə mɑ̃br(ə)]	Mitglied

B1

réparer [repare]	reparieren
le terrain de jeux [lə tɛrɛ̃ d(ə) ʒø]	Spielplatz
faire la lecture à qn [fɛr la lɛktyr a kɛlkɛ̃]	jdm vorlesen
l'aveugle *m/f* [lavœgl(ə)]	Blinde(r)
rédiger qch [rediʒe kɛlk(ə) ʃoz]	etw schreiben, abfassen

B2

l'association *f* [lasɔsjɑsjɔ̃]	Verein; Verband; Vereinigung
le réseau d'échanges de savoirs [lə rezo deʃɑ̃ʒ d(ə) savwar]	Netzwerk für Wissensaustausch
le chômage [lə ʃomaʒ]	Arbeitslosigkeit
la retraite [la rətrɛt]	Ruhestand, Pensionierung
la solitude [la sɔlityd]	Einsamkeit, Alleinsein
échangeable contre [eʃɑ̃ʒabl(ə) kɔ̃tr(ə)]	eintauschbar/einzutauschen gegen
...dont vous avez besoin. [...dɔ̃ vuz‿ave bəzwɛ̃]	... die Sie benötigen.
le service public [lə sɛrvis pyblik]	*hier:* Behörde; Öffentlicher Dienst
bref [brɛf]	kurz und gut, mit einem Wort
participer à qch [partisipe a kɛlk(ə) ʃoz]	an etw teilhaben, -nehmen
la prestation [la prɛstɑsjɔ̃]	Leistung
profiter de qch [prɔfite də kɛlk(ə) ʃoz]	etwas (aus)nutzen
la réparation [la reparɑsjɔ̃]	Reparatur
sans avoir un sou à dépenser [sɑ̃z‿avwar ɛ̃ su a depɑ̃se]	ohne einen Pfennig ausgeben zu müssen
sûr/e [syr]	sicher
curieux/-euse [kyrjø, kyrjøz]	neugierig; merkwürdig
la permanence [la pɛrmanɑ̃s]	durchgehende Öffnungszeiten
le/la collaborateur/-trice [lə kɔlabɔratœr, la kɔlabɔratris]	Mitarbeiter, -in
être bénévole [ɛtr(ə) benevɔl]	ehrenamtlich tätig sein

B3

l'appel *m* **téléphonique** [lapɛl telefɔnik]	Telefonanruf
la bourse d'échange [la burs(ə) deʃɑ̃ʒ]	Tauschbörse
en échange de [ɑ̃n‿eʃɑ̃ʒ də]	im Tausch gegen
fabriquer [fabrike]	herstellen
enregistrer [ɑ̃r(ə)ʒistre]	aufnehmen (Ton); speichern
le conte [lə kɔ̃t]	(erfundene) Geschichte, Erzählung
faire une conférence [fɛr yn kɔ̃ferɑ̃s]	einen Vortrag halten

la couture [la kutyʀ]	Nähen, Schneidern
soigner [swaɲe]	pflegen

B4

la soirée diapositives [la swaʀe diapɔsitiv]	Dia-Abend
la déclaration d'impôts [la deklaʀasjɔ̃ dɛ̃po]	Steuererklärung
repeindre [ʀ(ə)pɛ̃dʀ(ə)]	neu streichen
tricoter [tʀikɔte]	stricken
coudre [kudʀ(ə)]	nähen

B6

futur/e [fytyʀ]	(zu)künftig
à la retraite [a la ʀ(ə)tʀɛt]	im Ruhestand
marié/e [maʀje]	verheiratet

B7

l'oubli *m* [lubli]	Vergessen(heit)
le sida [lə sida]	Aids
le secours populaire [lə s(ə)kuʀ pɔpylɛʀ]	Volksfürsorge
le relais [lə ʀəlɛ]	*hier:* Hilfsküche; Raststätte

B8

épouser qn [epuze kɛlkɛ̃]	jdn heiraten
s'asseoir [saswaʀ]	sich setzen, Platz nehmen

C1

tenir dans la main [təniʀ dɑ̃ la mɛ̃]	*hier:* in der Hand Platz haben; in der Hand halten
y'a plus de ... (il n'y a plus de) [ja ply də ...]	es gibt kein/-e ... mehr
se mettre en train [sə mɛtʀ ɑ̃ tʀɛ̃]	sich wachmachen, sich bereit machen
presser le pas [pʀese l(ə) pa]	sich beeilen
se mettre en tas [sə mɛtʀ ɑ̃ ta]	sich in die Menge stürzen
Ça va la forme? *fam* [sa va la fɔʀm(ə)]	Wie geht's?/Alles klar?
(Il) faudrait que je dorme. (*Inf*: falloir; dormir) [(il) fodʀɛ kə ʒ(ə) dɔʀm(ə)]	(Ich) müßte mal wieder schlafen.
le dossier [lə dɔsje]	Akte
énorme [enɔʀm(ə)]	riesig
classifier [klasifje]	ordnen, ablegen
la norme [la nɔʀm(ə)]	Norm, Vorschrift
s'aligner [saliɲe]	sich aneinanderreihen
sans éclat *m* [sɑ̃z ekla]	*hier:* endlos; glanzlos
le chiffre [lə ʃifʀ(ə)]	Ziffer; Zahl
le ticket-restau(rant) [lə tikɛ ʀɛsto(ʀɑ̃)]	Essensgutschein für Vertragsrestaurants
le gars *fam* [lə ga]	Junge
Je ne suis pas du lot. *fam* [ʒə n(ə) sɥi pa dy lo]	Ich verdrücke mich/ Ich klinke mich aus.
le rencart *fam* [lə ʀɑ̃kaʀ]	Verabredung
par erreur [paʀ ɛʀœʀ]	irrtümlich, aus Versehen
combler le retard [kɔ̃ble lə ʀ(ə)taʀ]	*hier:* den Rückstand aufholen
le retard [lə ʀ(ə)taʀ]	Verspätung
cesser de [sɛse də]	aufhören zu
s'en mordre les doigts *fam* [sɑ̃ mɔʀdʀ(ə) le dwa]	(etw) schwer bereuen
le doigt [lə dwa]	Finger
Je ne suis pas... ni... [ʒə n(ə) sɥi pa... ni...]	Ich bin weder ... noch ... .
draguer *arg* [dʀage]	anbaggern, anmachen
l'ennui *m* [lɑ̃nɥi]	Langeweile; Ärger
manquer d'appétit [mɑ̃ke dapeti]	keinen Appetit haben
en signe de vie [ɑ̃ siɲ də vi]	als Lebenszeichen
s'enchaîner [sɑ̃ʃene]	aufeinander folgen; ablaufen
les variétés *f* [le vaʀjete]	Shows, Unterhaltung
varier [vaʀje]	sich abwechseln, Abwechslung bringen

C5

dans le but de [dɑ̃ lə byt də]	in der Absicht zu
le parcours [lə paʀkuʀ]	Strecke
professionnel/le [pʀɔfɛsjɔnɛl]	beruflich, Berufs-
la crèche [la kʀɛʃ]	Kindertagesstätte; Krippe
le stage [lə staʒ]	Praktikum

12 Rêves et projets

le rêve [lə ʀɛv]	Traum
l'illustration *f* [lilystʀasjɔ̃]	Bild, Abbildung
la crainte [la kʀɛ̃t]	Furcht, Angst

A1

le titre [lə titʀ(ə)]	Titel
classer [klase]	einordnen, sortieren
l'économie *f* [lekɔnɔmi]	Wirtschaft
les communications *f* [le kɔmynikɑsjɔ̃]	Medien und Kommunikation
la hausse du trafic [la 'os dy tʀafik]	Zunahme des Straßenverkehrs
en pleine mutation [ɑ̃ plɛn mytɑsjɔ̃]	im völligen Wandel, im Umbruch
se faire rare [sə fɛʀ ʀaʀ]	sich rar machen; sich nur noch selten sehen lassen
(se) consacrer à qch [(sə) kɔ̃sakʀe a kɛlk(ə) ʃoz]	(sich) einer Sache widmen; verwenden zu/für
remporter un grand succès [ʀɑ̃pɔʀte ɛ̃ gʀɑ̃ syksɛ]	großen Erfolg haben, viel Beifall ernten
l'entretien *m* [lɑ̃tʀətjɛ̃]	(Vorstellungs)Gespräch
réussir à [ʀeysiʀ a]	gelingen, Erfolg haben; bestehen
conclure un accord [kɔ̃klyʀ ɛ̃n‿akɔʀ]	einen Vertrag abschließen
la vache à lait [la vaʃ a lɛ]	Milchkuh
rejeter [ʀəʒte]	ablehnen, zurückweisen
particulier/-ère [paʀtikylje, paʀtikyljɛʀ]	besonders, speziell

A2

le quinquennat [lə kɛ̃kɛna]	fünfjährige Amtszeit

A3

le domaine [lə dɔmɛn]	Bereich
cohérent/e [kɔeʀɑ̃, kɔeʀɑ̃t]	zusammenhängend

A5

le portrait-robot [lə pɔʀtʀɛʀɔbo]	Phantombild
l'Européen/ne *m/f* [løʀɔpeɛ̃, løʀɔpeɛn]	Europäer, -in
pratiquer un sport [pʀatike ɛ̃ spɔʀ]	Sport treiben

B1

le changement [lə ʃɑ̃ʒ(ə)mɑ̃]	(Ver)Änderung
bouleverser [bulvɛʀse]	durcheinanderbringen, auf den Kopf stellen
survenir [syʀv(ə)niʀ]	eintreten, sich ereignen
poursuivre [puʀsɥivʀ(ə)]	verfolgen, nachjagen
l'éditeur/-trice *m/f* [leditœʀ, leditʀis]	Redakteur, -in; Verleger, -in
le pays d'origine [lə pei dɔʀiʒin]	Ursprungsland
la naissance [la nɛsɑ̃s]	Geburt
monter à Paris [mɔ̃te a paʀi]	nach Paris umziehen/gehen
la société [la sɔsjete]	Unternehmen; Gesellschaft
rentrer aux services de... [ʀɑ̃tʀe o sɛʀvis də...]	eine Tätigkeit bei ... aufnehmen
s'expatrier [sɛkspatʀije]	auswandern, ins Ausland gehen
quitter [kite]	verlassen
le/la retraité/e [lə, la ʀ(ə)tʀete]	Rentner,-in
le décès [lə desɛ]	Ableben, Todesfall
prendre des responsabilités [pʀɑ̃dʀ(ə) de ʀɛspɔ̃sabilite]	Verantwortung übernehmen
au sein de [o sɛ̃ də]	in, innerhalb
l'association caritative [lasɔsjɑsjɔ̃ kaʀitativ]	wohltätiger Verein
l'expo *f* **(l'exposition)** [lekspo]	Ausstellung
grandir [gʀɑ̃diʀ]	(heran)wachsen
l'école de langues [lekɔl d(ə) lɑ̃g]	Sprachschule
premièrement [pʀəmjɛʀmɑ̃]	erstens
deuxièmement [døzjɛmmɑ̃]	zweitens
démissionner [demisjɔne]	kündigen *(von Seiten des Arbeitnehmers)*, zurücktreten
les guillemets *m* [le gijmɛ]	Anführungszeichen
la volonté déterminée [la vɔlɔ̃te detɛʀmine]	fester Wille
la passion [la pɑ(a)sjɔ̃]	Leidenschaft
l'hésitation *f* [lezitɑsjɔ̃]	Zögern
l'état *m* **civil** [leta sivil]	Familienstand
célibataire [selibatɛʀ]	ledig
le/la veuf/-ve [le vœf, la vœv]	Witwer, Witwe
divorcé/e [divɔʀse]	geschieden
déménager [demenaʒe]	umziehen
tomber amoureux/-euse [tɔ̃be amuʀø, amuʀøz]	sich verlieben
tomber malade [tɔ̃be malad]	krank werden

B4

faire partie de [fɛʀ paʀti də]	gehören zu, dabeisein bei
Nous nous y plaisons. (*Inf*: **plaire**) [nu nuz‿i plɛzɔ̃]	Es gefällt uns dort.

B5

l'adolescent/e *m/f* [ladɔlesɑ̃, ladɔlesɑ̃t]	Heranwachsende, -r
dans quelle mesure [dɑ̃ kɛl məzyʀ]	inwieweit/inwiefern
la guerre [la gɛʀ]	Krieg
à l'époque [a lepɔk]	damals, zu dieser Zeit
calmement [kalməmɑ̃]	ruhig
modeste [mɔdɛst(ə)]	anspruchslos, bescheiden
automatiquement [otɔmatikmɑ̃]	automatisch

C1

le/la gaucher/-ère [le goʃe, la goʃɛʀ]	Linkshänder, -in
l'alliance *f* [laljɑ̃s]	*hier:* Ehering; Bund
la rive [la ʀiv]	Ufer; Küste(nstreifen)

C2

ignorer [iɲɔʀe]	nicht kennen/wissen
abriter [abʀite]	verstecken; schützen; beherbergen
la population [la pɔpylɑsjɔ̃]	Bevölkerung
le/la droitier/-ère [le dʀwatje, la dʀwatjɛʀ]	Rechtshänder, in
la minorité [la minɔʀite]	Minderheit
minuscule [minyskyl]	winzig
avoir pour but [avwaʀ puʀ byt]	zum Ziel haben
une question colossale [yn kɛstjɔ̃ kɔlɔsal]	eine wichtige Frage
austral/e [ostʀal]	südlich
l'enfer *m* [lɑ̃fɛʀ]	Hölle
l'endroit *m* [lɑ̃dʀwa]	Ort, Stelle
le rapport [lə ʀapɔʀ]	Verhältnis, Beziehung
tendre [tɑ̃dʀ(ə)]	zärtlich, zart
la mongolfière [la mɔ̃gɔlfjɛʀ]	Heißluftballon
le chariot [lə ʃaʀjo]	Wagen, Karren
le cavalier [lə kavalje]	Reiter; Kavalier
évidemment [evidamɑ̃]	offensichtlich
désirable [deziʀabl(ə)]	begehrenswert
tasser [tase]	zusammenpferchen, drängen
la voiture à moteur [la vwatyʀ a mɔtœʀ]	motorisierter Wagen
écarter [ekaʀte]	ablehnen, zurückweisen
la boîte aux lettres [la bwat o lɛtʀ(ə)]	Briefkasten
l'époux/-se *m/f* [lepu, lepuz]	Gatte, Gattin
la fierté [la fjɛʀte]	Stolz
être à l'image de qn [ɛtʀ‿a limaʒ də kɛlkɛ̃]	das Ebenbild/Abbild von jdm sein
le/la maître/sse de maison [lə mɛtʀ(ə), la mɛtʀɛs də mɛzɔ̃]	Hausherr, -in
suivre qch [sɥivʀ(ə) kɛlk(ə) ʃoz]	sich nach etw richten
frappant/e [fʀapɑ̃, fʀapɑ̃t]	auffällig
certes [sɛʀt(ə)]	gewiß, natürlich; zwar
le trait [lə tʀɛ]	(Charakter/Gesichts)Zug
le regard [lə ʀ(ə)gaʀ]	Blick
la délectation [la delɛktɑsjɔ̃]	Genuß, Hingabe
en retour [ɑ̃ ʀ(ə)tuʀ]	wieder-, zurück-
l'interdiction *f* [lɛ̃tɛʀdiksjɔ̃]	Verbot
éclairer [ekleʀe]	beleuchten
la bougie [la buʒi]	Kerze
l'instauration *f* [lɛ̃stoʀɑsjɔ̃]	Einführung; Einsetzung
à durée limitée [a dyʀe limite]	auf begrenzte Zeit, mit begrenzter Dauer
le divorce [lə divɔʀs(ə)]	Scheidung
la réparation [la ʀepaʀɑsjɔ̃]	*hier:* Schadenersatz, Wiedergutmachung
le tribunal, *Pl.* **les tribunaux** [lə tʀibynal, le tʀibyno]	Gericht
excessif/-ive [ɛksesif, ɛksɛsiv]	übermäßig, übertrieben
la réapparition [la ʀeapaʀisjɔ̃]	Wiedererscheinen
la suppression [la sypʀɛsjɔ̃]	Abschaffung
résumer [ʀezyme]	zusammenfassen

C4

quotidien/ne [kɔtidjɛ̃, kɔtidjɛn]	täglich, Alltags-
paraître [paʀɛtʀ(ə)]	(er)scheinen
impossible [ɛ̃pɔsibl(ə)]	unmöglich
Vienne [vjɛn]	Wien
glorieux/-euse [glɔʀjø, glɔʀjøz]	ruhmreich
fondre [fɔ̃dʀ(ə)]	(ver)schmelzen

étroitement [etʀwatmɑ̃]	eng
l'unité supérieure [lynite sypeʀjœʀ]	übergeordnete Einheit
constituer [kɔ̃stitɥe]	darstellen; bilden
la fraternité [la fʀatɛʀnite]	Bruderschaft, Geschwisterlichkeit
le/la physicien/ne [le fizisjɛ̃, la fizisjɛn]	Physiker, -in
le/ la créateur/-trice de haute-couture [lə kʀeatœʀ, la kʀeatʀis də 'otkutyʀ]	Modeschöpfer, -in
collectif/-ive [kɔlɛktif, kɔlɛktiv]	gemeinsam

ENTRACTE 3

1

jardiner [ʒaʀdine]	sich um den Garten kümmern

2

le langage [lə lɑ̃gaʒ]	Sprache

3

neutre [nøtʀ(ə)]	neutral
la colère [la kɔlɛʀ]	Zorn, Ärger, Wut
la joie [la ʒwa]	Freude
l'étonnement *m* [letɔnmɑ̃]	Erstaunen, Verwunderung
la confidence [la kɔ̃fidɑ̃s]	vertrauliche Mitteilung
la demande d'information *f* [la dəmɑ̃d dɛ̃fɔʀmasjɔ̃]	Bitte um Auskunft

4

chacun croit que... (*Inf:* **croire**) [ʃakɛ̃ kʀwa kə...]	jeder glaubt, daß ...

5

la règle du jeu [la ʀɛgl(ə) dy ʒø]	Spielregel
Mettez les pions sur la case *Départ.* [mɛte le pjɔ̃ syʀ la kɑz depaʀ]	Stellen Sie die Läufer auf *Start.*
Avancez les pions sur les cases... [avɑ̃se le pjɔ̃ syʀ le kɑz...]	Rücken Sie mit den Läufern auf die Felder vor ...
...vous devez répondre aux questions correspondantes. (*Inf*: **devoir**) [...vu dəve ʀepɔ̃dʀ o kɛstjɔ̃ kɔʀɛspɔ̃dɑ̃t]	... müssen Sie die jeweiligen Fragen beantworten.
...si vous avez répondu correctement à la question posée. [...si vuz ave ʀepɔ̃dy kɔʀɛktəmɑ̃ a la kɛstjɔ̃ poze]	... ob Sie die Ihnen gestellte Frage richtig beantwortet haben.
...reculez sur la case jaune précédente. [...ʀəkyle syʀ la kɑz blɑ̃ʃ pʀesedɑ̃t]	... gehen Sie auf das nächste gelbe Feld zurück.
...saluez-le et avancez d'une case. [...salɥe lə e avɑ̃se dyn kɑz]	... grüßen Sie ihn und rücken Sie ein Feld weiter.
...qui arrive directement sur la case *Arrivée*... [...ki aʀiv diʀɛktəmɑ̃ syʀ la kɑz aʀive...]	... der mit der gewürfelten Augenzahl direkt auf *Ziel* kommt ...
laisser un message [lɛse ɛ̃ mesaʒ]	eine Nachricht hinterlassen
le répondeur [lə ʀepɔ̃dœʀ]	Anrufbeantworter
désigner [deziɲe]	kennzeichnen, hinweisen
la formule de politesse [la fɔʀmyl d(ə) pɔlitɛs]	Höflichkeitsformel
emmener [ɑ̃mne]	mitnehmen
la quantité [la kɑ̃tite]	Menge
le couteau, *Pl:* **-x** [lə kuto]	Messer
la prophétie [la pʀɔfesi]	Voraussage, Prophezeiung
formuler [fɔʀmyle]	formulieren, schreiben

Alphabetische Wortliste

- Die fettgedruckten Zahlen verweisen auf die Lektion, in der das betreffende Wort zum ersten Mal vorkommt.
- **E** (**1**, **2** oder **3**) bedeutet *Entracte*.
- Die Kombination Buchstabe/Zahl (A3, B2, C1 usw.) benennt den betreffenden Übungsschritt der Lektion.
- Eine fettgedruckte Lektionszahl ohne Übungsschritt verweist auf die Auftakt- oder Schlußseite einer Lektion.

A

à **1** A1
à côté **4** C1
à droite **4** C1
à gauche **4** C1
à l'heure **8** A1
à partir de **8** C3
à peu près **8** C2
à pied **8**
à plat **9** C9
abandonner **7** A4
abriter **12** C2
accepter **4** A4
accès **8**
accessible **8** B2
accomplir **10** C5
accord **12** A1
acheter **3** A7
acrylique **9** B4
action **5** A1
addition **7**
adieu **1** B6
admirer **8** B2
adolescent/e **12** B5
adorer **2** A1
adressé/e **E1** 3
aéronautique **5** B10
aéroport **8** A4
affaires **2** C1
affection **6**
afin que **10** C2
Afrique **2** B1
âge **5** B1
agir **E2** 2
agneau **7** B3
agréable **3** C1
aide **3** B8
aider **5** B3
ail **7** A4
aimer **2**
aioli **4** A7
ajouter **9** A6
alcool **4** A1
s'aligner **11** C1
alimentation **9** C1
Allemagne **2** A4
allemand/e **2** A4
Allemand/e **2** A4
aller **3** A1
aller-retour **8** A6
allergique **9** C6
alliance **12** C1
allô **3** B1
alors **4** C1
Alsace **2**
alsacien/ne **7** A3
amande **7** C1
amant/e **E2** 3
âme **9** C1
ami/e **3** A1
amicalement **6**
amitié **6**
amitiés **3** A1
amour **10** A2
amoureux/-euse **10** B2
s'amuser **9** C4
an **4** C1
ananas **2** C1
anglais/e **7** C8
Angleterre **7** C7
année **4** A7
anniversaire **3** C1
apéritif **4** A1
apparaître **8** B6
appareil-photo **5** A8
appartement **6** C1
s'appeler **1** A1
appréciation **10** A2
apprécié/e **7** B5
apprécier **8** B6
apprendre **2** B1
après **5** B1
après-guerre **10** B2
après-midi **4** B1
arbre **4** C4
architecture **2** A1
argent **5** A1
s'arranger **10** C7
s'arrêter **5** A1
arrière-plan **10** B2
arriver **3** B1
arroser **9** C2
art **4** C3
artiste **4** C1
assez **3** C1
assiette **7** B3
assis/e **7** C1
association **11** B2
atelier **4** C1
atmosphère **4** C1
atteindre **8** B2
attendre **5** A4
attention **2** B2
au bout de **5** B1
au fait **3** B1
au fond **4** C8
au milieu de **5** B5
au revoir **1** A1
au sein de **12** B1
au-dessus de **9** C9
aujourd'hui **2** C1
aussi **2** A1
austral/e **12** C2
Australie **2** B3
auteur **10** C1
automatiquement **12** B5
automne **9** C2
autoroute **2** A4
autour **9** C3
autre **4** B5
autrefois **6** B1
autrement **9** C2
Autriche **7** C1
avaler **10** C1
avant **5** B1
avantage **11** A2
avenir **7** B9
aventure **10** C1
aventureux/-euse **6** A9
aveugle **11** B1
avion **8**
avis **2** A7
avoir **4** A1
avoir besoin de **9** C2
avoir droit à **9** A5
avoir envie de **4** B5
avoir l'air **6** A2
avoir mal **9** C6
avoir raison **3** C1
avril **4** C1

B

bagages **8** C2
bain **4** C5
baiser **3** A1
balade **6** B1
baladeur **5** A8
balance **6** A9
balconnière **9** C2
balle **9** A6
balustrade **E2** 3
bande dessinée **6** C5
banquier **6** B4
bar **7** C1
barbe **6** A5
bateau **8**
battre **9** C9
beau, belle, bel **3** A1
beauté **8** B6
beaucoup **2** A1
belge **2** A7
Belgique **2** C1
bélier **6** A9
bénévole **11** B2
bercer **8** B6
besoin **6**
bête **10** B2
beurre **7** C1
bicyclette **5** A8
bien **1** A1
bien sûr **5** B1
bientôt **3** B1
bière **2** A4
bilan **E1** 1
billet **8** A5
biscotte **9** A5
biscuit **9** B11
bise **1**
bisous **3** B1
bistrot **E2** 1
blanc, blanche **4** B3
bleu/e **4** C1
bœuf **7** A3
boire **4** A3
bois **6** B1
boisson **7** B8
boîte aux lettres **12** C2
bol **7** C1
bon marché **9** B9
bon/ne **3** A5
bonheur **6** C6
bonhomme **10** C6
bonjour **1**
bouche **E2** 4

F

G

H

I

nouveau, nouvelle, nouvel **7** B5
nouvelle **6** C1
nu/e **9** C9
nuage **3** A5
nuit **2**
numéro **3** B1
nymphéa **4** C1

O

objet **9** B2
s'occuper (de) **9** C2
œil **6**
œuf **7** C7
office **5** B1
offrir **E2** 3
oiseau **9** C1
ombre **5** B1
ombrelle **4** C8
on **1** A1
oncle **10** B3
opaque **10** B2
opéra **2** C7
or **E2** 3
ordinaire **9** B7
ordinateur **3**
ordre **7** B4
oreille **E2** 4
organiser **8** C2
orgue **5** C2
original/e **3** C1
origine **7** A3
ou **2** C1
où **4**
oubli **11** B7
oublier **5** B1
oui **1** A1
ouvert/e **4** C1
ouverture **5** C7
ouvrir **5** C7

P

page **3** B7
pain **7** C7
paire **9** B5
paix **5** B4
palette **4** C1
palme **4**
panneau **5** B3
pantalon **9** B2
papier **8** B8
paquet **9** A3
par exemple **7** B3
par ici **5** B1
paradis **5** B4
paraître **12**
parapluie **9** B2
parce que **2** A1
parcours **11**
pardon **1** B2
parents **6**
paresseux/-euse **11**
parfait/e **4** A1
parfum **2** C7
parler **2** B1
parmi **5** C1
part **3** C1
partagé/e **6**
partager **9**
partenaire **2**
participer **11** B2
particulier/-ère **12** A1
partie **7** B3
partiel/le **11** A6
partir **5** A1
partout **10** C2
pas **6**
passage **8** B2
passeport **3** B8
passer **3** B1
se passer **8**
passion **12** B1
passionnant/e **3** A1
pâté **7** B4
pâte **11**
pâtisserie **11** A8
patron **11** A6
pays **2** C2
Pays-Bas **7** C1
paysage **2** A1
peau **9** C2
pêcher **8** B4
pêcheur **8** B2
peintre **4** C1
peinture **2** A1
pendant **5** A7
péniche **8**
pensée **10** A6
penser **3** A1
père **10** A1
période **8** C6
permanence **11** B2
personnage **5** A1
personne **2**
perspective **11**
petit/e **3** A6
petit pain **7** C7
petit-cousin **5** B1
petit-déjeuner **4** A2
petit-fils **10** B3
petite-fille **10** B3
petits-enfants **10** B2
peu **2** C1
peur **10** C1
peut-être **4** B5
pharmacie **5** B5
philosophie **2** A4
photo **1**
phrase **5**
physicien/ne **12**
physique **6** A4
pied **9** C7
piéton/ne **5** B3
pigeon **5** A9
pile **4**
pile solaire **8** B8
piloter **10** C1
pinot **7** B3
piscine **9** C1
place **1** B2
plage **8** B2
plaire **9** A1
plaisir **2** B1
plan **5** B1
planche **11**
plante **2** C7
planter **8** B6
plat **6** A2
platane **5** B1
plein/e de **2** C1
pleuvoir **3** A5
pluie **9** B11
plusieurs **8** B5
plutôt **4** A1
pneu **8** A5
poché/e **7** B3
poème **6**
poésie **10** A2
poète **10** A6
poids lourd **11** A9
poil **11**
point **9** C2
point de vue **11** A2
pointure **9** B5
poisson **5** A8
poivre **9** A2
police **3** B8
politesse **E3** 5
politique **2** C1
pomme **10** B2
pomme de terre **9** A5
pompiers **3** B8
pont **5** B1
population **12** C2
port **5** A9
porter **9** B4
porto **4** A3
portrait **6** A5
possibilité **6** C5
possible **1** A1
pouce **11**
poulet **7** A3
poupée **8** B6
pour **2** A4
pourquoi **2** A1
poursuivre **12** B1
pousse-café **4** A2
pousser **5** B3
pouvoir **5** A7
préciser **6** A10
préféré/e **4** C5
préférence **7** B5
préférer **2** A4
premier/-ère **5** C7
premièrement **12** B1
prendre **4** A1
prénom **E1** 3
préparation **9** A2
préparer **5** B3
près de **5** B5
présent/e **2** C1
se présenter **5** B1
préserver **8** B2
presque **6** A5
pressé/e **6**
prestation **11** B2
prince **10** C2
principal **6** C5
principal/e **5** A1
principalement **9** C2
printemps **4** C8
prix **5** C3
problème **6** B4
prochain/e **5** B5
Proche-Orient **7** C1
produit **7** B3
profession **5** C7
professionnel/le **11**
profiter **11** B2
programme **8** C2
proie **10** C1
projet **4** B1
promenade **5** A6
se promener **9** C9
prophétie **E3** 5
proposer **4** A4
propre **10** A6
propreté **2** A4
prospectus **5** B11
protection **11** A6
provençal/e **4** A7
proverbe **6**
public **4** C1
puis **3** C1
puisque **7** B3
pull **9** B2
Pyrénées **2**

Q

quai **5** B4
quand **3** B8
quand même **5** B1
quantité **E3** 5
quart **5** C2
que **6** A2
Québécois/e **3** A1
quel/le **3** A5
quelque chose **4** A1
quelques **3** B8
question **5** A5
queue **5** A1
qui ? **1** A1
quinquennat **12** A2
quitter **12** B1
quoi **E1** 3
quotidien/ne **12** C4

R

race **E2** 3
raclette **4** B1
raconter **4** A7
radis **4** B3
raison **11** A6
ralentir **E2** 2
ramasser **8** B4
randonnée **3** A1
rapide **8** A2
rappeler **3** B1
rapport **12** C2
rare **8** B6
rasé/e **6** A2
rasoir **9** B2
ravi/e **3** A1
(se) réaliser **9** A2
réapparition **12** C2
rebondir **11** A6
recette **7** C6
recevoir **7** B9
réciproque **6**
récit **10** C5
reconnaître **5** B1
reconstituer **9** C7
rédiger **11** B1
réduction **8** A6
réduit/e **5** C2
réellement **9** C2
refaire **6**
réfléchir **8** C2
refuser **4** A4
regard **12** C2
regarder **1**
régime **9** A5
région **4** A7
regret **11** A3
regretter **11** A2
régulièrement **10** B5
rejeter **12** A1
relais **11** B7
relation **2** C1
relaxant/e **9** C2
(se) relaxer **9** C2
relire **E1** 3
remarquer **7** A2
remercier **4** B5
remplir **9** A6
remporter **12** A1
remuer **9** C9
rencart **11** C1
rencontre **10** C6
(se) rencontrer **6** B1
rendez-vous **1** A1
se rendre compte **9** C2
rendre visite **5** B1
renseignements **3** B8
se renseigner **5** C3
rentrer **9** C2
réparation **11** B2
réparer **11** B1
répartir **9** A2
repas **7** A1
repeindre **11** B4
répéter **3** B1
répondeur **E3** 5
répondre **4**
réponse **6** B2
représenter **10** C2
réservé/e **6** A2
respiration **9** C9
responsabilité **11** A6
responsable **10** A2
restaurant **2** C1
restaurateur/ trice **7** B2
restaurer **4** C1
rester **2** B1
résultat **5** A6
résumer **12** C2
rétablissement **6** C6
retard **11** C1
retour **8** B2
retourner **7** C3
retraite **11** B2
retraité/e **12** B1
retrouver **4** C1
réussir **10** A1
réussite **10** A3
rêve **12**
réveiller **10** A2
se réveiller **11** A8
revenir **7** B7
rêver **6** B4
(se) revoir **6**
rhume **9** C6
rigoler **6** A2
rimer **6**
rire **6** C1
rive **12** C1
riz **9** A5
robe **2** C1
roi **8** B6
romain/e **5** B1
romantique **2**
roquefort **7** B3
rose **4** C1
rôti/e **7** B3
rouge **4** C4
rouler **2** A4
roulotte **8** C2
route **8**
rue **3** A7
russe **7** A2
Russe **7** A2
Russie **7** A2
rythme **8** B2

S

S.D.F. **5** A1
s'il te plaît **3** B1
s'il vous plaît **1** B2
sable **9** C9
sagittaire **6** A9
saison **3** C1
salade **7** B3
salle **4** C1
salon **4** C1
salut **1** A1
salutations **1**
samedi **4** B1
sandre **7** B3
sans **4** A1
sans doute **10** B2
santé **3** C1
satisfaction **11** A3
sauf **4** C1
saumon **7** B3
sauvage **8** B6
savoir **6** A2
scooter **8** A1
scorpion **6** A9
sec, sèche **9** A2
secours **3** C1
secret/-ète **8** B6
sécurité **11** A6
sein **9** C7
sel **9** A2
selon **5** C6
semaine **4** B2
sens **E2** 4
sensation **9**
sensible **2**
sentiment **6**
sentir **6**
séparer **6**
septembre **3** C1
sérénité **8** B6
serpent **10** C1
service **11** A1
service public **11** B2
servir **6** B4
seul/e **2**
shampooing **9** C1
sida **11** B7
siècle **5** B1
sieste **5** A5
signe **6** A9
signé/e **E1** 3
silence **2**
simple **8** C6
sincère **6** C6
sinon **9** C2
situation **8** B6
ski **2** C7
société **12** B1
sœur **5** A8
soie **9** B4
soigner **11** B3
soin **9** C2
soir **3** B3
soirée **1** A1
soleil **8** B4
solitaire **2**
solitude **11** B2
son **9** B11
sonnette **8** B6
sortie **8** C3
sortir **5** A1
souhaiter **7** B9
souligner **7** B6
soupe **7** B3
sourire **E2** 3
sous **4** C7
souvenir **6**
souvent **2** C1
spécialité **4** A7
spectacle **5** C2
spirituel/le **9** C1
spontané/e **2**
sportif/-ive **9** B7
square **E1** 3
stage **11**
stationnement **8** A1
stop **8** A1
studieux/-euse **6** A9
succès **12** A1
sucre **2** C7
sud **4** A7
Suisse **2** C1
suisse **2** A6

Hörtexte

Leçon 1

A3

- Bonjour, je suis Sylvie.
- Et moi, je m'appelle Michel.
- Je suis Jacqueline.
- Salut, je m'appelle Bernd.
- Et moi, Martine. Et vous, vous êtes… ?

B2 b.

P-E-U-G-E-O-T = Peugeot
P-Y-R-A-M-I-D-E = pyramide
M-A-N-N-E-Q-U-I-N = mannequin
C-H-A-M-P-A-G-N-E = champagne
L-A-V-A-N-D-E = lavande
C-R-O-I-S-S-A-N-T = croissant

B6 a.

Estragon : Alors, adieu.
Pozzo : Adieu.
Vladimir : Adieu.
Estragon : Adieu.
Silence. Personne ne bouge.
Vladimir : Adieu.
Pozzo : Adieu.
Estragon : Adieu.
Silence.
Pozzo : Et merci.
Vladimir : Merci à vous.
Pozzo : De rien.
Estragon : Mais si.
Pozzo : Mais non.
Vladimir : Mais si.
Estragon : Mais non.
Silence.
Pozzo : Je n'arrive pas… *(il hésite)* à partir.
Estragon : C'est la vie.

SALUTATIONS

- Bonjour !
○ Bonjour !
- Ah, mais à Bruxelles c'est quatre !
○ Mais à Paris, on en fait deux !

Leçon 2

A1 a.

Journaliste : Pourquoi vous aimez la France ?
- Alors moi, tout d'abord, parce que le climat est super !
- Je trouve qu'en France, il y a un paysage très diversifié, la mer, la montagne… J'aime beaucoup les paysages de Provence.

Journaliste : Et vous, pourquoi vous aimez la France ?
- Nous aimons la France parce que nous adorons manger !

Journaliste : Et vous ?
- Moi aussi, je suis tout à fait d'accord !
- Oui, moi aussi ! le foie gras ! Le vin français !

Journaliste : Et vous, pourquoi vous aimez la France ?
- J'aime bien la culture française, la littérature, la peinture etc… Et euh… j'aime aussi la mentalité des Français !

A4 b.

- J'ai un grand attachement pour l'Allemagne, j'aime l'Allemagne, j'aime les Allemands, j'aime la culture allemande.
- En Allemagne, j'aime bien les autoroutes parce qu'on peut y rouler rapidement, la vitesse n'est pas limitée.
- Ce que je préfère le plus, c'est la bière, très réputée, et la charcuterie, très réputée aussi.
- Ce que j'apprécie le plus en Allemagne… je crois bien que c'est leurs voitures.
- J'aime beaucoup les grands compositeurs de musique classique comme Bach, Beethoven…
- Ce que j'aime en Allemagne, c'est le paysage, c'est la propreté des villes et les gâteaux, comme la Forêt Noire que j'aime beaucoup.

Leçon 3

A7

Nice est une ville magnifique. Il y a des musées passionnants : le musée Marc Chagall, le musée Matisse. La Promenade des Anglais est très belle, elle fait trois kilomètres de long. Le très célèbre hôtel Negresco est un monument historique, mais attention, le café est très cher. Les petites rues de la Vieille Ville sont fraîches quand il fait chaud. Pour le shopping, c'est formidable : boutiques et grands magasins, comme les Galeries Lafayette, sont à votre disposition. Visitez le marché aux fleurs et achetez un gros bouquet de mimosas pour vos amis.

Leçon 4

B1

(Anrufbeantworter Isabelle)
Bonjour, vous êtes bien chez Isabelle Lejeune. Je ne suis pas là pour le moment, mais si vous me laissez vos coordonnées, je vous rappellerai dès mon retour.

(Anrufbeantworter Nicolas)
Bonjour ! Je ne suis pas là. Ayez la gentillesse de me laisser un message après le bip sonore.

Leçon 5

B1 a.

Je suis un monument antique. Un de mes petits-cousins est à Paris, mais moi, je suis à Orange. Je suis né en 49 avant Jésus-Christ, je connais donc toute l'Histoire de France. Si vous venez à Orange, n'oubliez pas d'aller voir quelques monuments très impressionnants et encore bien conservés, malgré leur âge : le Temple Romain, le Théâtre Antique et moi ! Bien sûr, quand il fait beau, plutôt que de faire le touriste, vous préférez sûrement boire un verre à la terrasse d'un café, à l'ombre des platanes de la Place Clémenceau, au centre de la ville... Vous avez le temps, le Théâtre et le Temple attendent depuis des siècles... Mais venez quand même me rendre visite ! Voici comment me trouver : vous êtes Place Clémenceau et la cathédrale est devant vous. Prenez la petite rue à gauche et continuez jusqu'à la rue Victor Hugo. Là, vous tournez à droite et vous allez tout droit jusqu'au carrefour. Traversez alors le Pont de Langes, je suis au bout de l'avenue. Je vous attends. Me reconnaissez-vous ? Qui suis-je ?

C5 b.

Horloge parlante : Lundi 26 juin 1995. Au quatrième top, il sera : neuf heures quarante six minutes.
Radio : France Info Express, quinze heures vingt-trois.
Radio : BFM, il est seize heures, à la Bourse de Paris...

C7 a.

Journaliste : Quelle est votre profession ?
- Eh bien, je suis coiffeuse et je travaille toute la semaine.

Journaliste : A quelle heure vous commencez le matin ?
- Nous commençons à 9 h, nous finissons à midi les trois premiers jours de la semaine, et... 14h jusqu'à 19h le soir, nous faisons une nocturne le jeudi soir jusqu'à 20h. Ensuite, le vendredi et le samedi, nous commençons à 9h et nous finissons à 19h le soir. Ça nous fait une semaine de 45 heures.

Journaliste : Quel est votre jour de congé ?
- Alors le jour de congé, c'est le dimanche et le lundi.

C7 b.

Journaliste : Quels sont les horaires en France des grands magasins comme celui-ci, des hypermarchés ?
- Alors, les hypermarchés, à peu près, hein, parce que je ne les sais pas par cœur, ouvrent en journée continue de 10 h du matin à 21 h, 22h.

Journaliste : Et les petits magasins ?
- Ils ouvrent généralement beaucoup plus tôt le matin, c'est-à-dire 7h30, 8 h, ferment généralement à 12h30, 13 h et rouvrent à 16h, jusqu'à 19h30, 20h.

Leçon 6

B1 a.

Journaliste : Qu'est-ce que vous aimez faire quand vous vous retrouvez avec vos amis ?
- On va souvent au cinéma ensemble et après, on va dans un café pour discuter du film. Quand on se retrouve avec nos amis on aime bien danser, faire la fête, rigoler, s'amuser. On aime bien après le travail se détendre, aller faire du sport, par exemple jouer au tennis.

Journaliste : Quand vous rencontrez vos amis, qu'est-ce que vous aimez faire avec eux ?
- Bon, on aime bien regarder la télé.
- On aime bien discuter, puis s'amuser dans des soirées ou alors... sortir au cinéma... ou faire du sport, c'est tout.
- Avec mes amis, j'aime beaucoup faire la cuisine et pourquoi pas aller au restaurant. J'aime beaucoup jouer aux cartes et regarder des cassettes vidéo de temps en temps.
- Ce qui m'intéresse avant tout avec les amis, c'est la communication. Et puis j'aime bien... j'aime bien faire du sport quand c'est des sports collectifs, aller courir dans les bois, dans la nature.
- En fait j'aime beaucoup inviter mes amis et je leur fais la cuisine. J'aime beaucoup jouer de la musique et moi-même j'aimais beaucoup autrefois chanter dans une chorale et il m'arrive encore de le faire, de retrouver donc des amis pour chanter dans une chorale.

Journaliste : Nicole, avec vos copines ou avec vos amis, qu'est-ce que vous aimez bien faire ?
Nicole : On aime bien jouer aux cartes, faire des soirées de jeux.

Chanson "La même lune que moi", Enzo Enzo.

Je regarde à la fenêtre
Je nous revois autrefois
Qui sait peut-être une lettre
Me parlera de toi.
Les souvenirs dansent
Dans le ciel immense
Iront-ils vers toi
Pour te dire que je pense à toi.
Tous ces moments partagés
J'les oublierai jamais.

Ami ami ami
Toi qui vis loin d'ici
Dis-moi si la nuit
Tu vois la même lune que moi
Une lumière dans le noir
Comme un signe, un espoir
De se revoir.

Quand nous refaisions le monde
Le voyais-tu aussi grand.
Les distances si longues
Le pas pressé du temps.
La vie nous sépare.
Chacun son histoire.
Mais en moi je sens
Que tu es là tout comme avant.
Ce lien du bout de la terre
J'y tiens demain comme hier.

Ami ami ami
Toi qui vis loin d'ici
Dis-moi si la nuit
Tu vois la même lune que moi.
Une lumière dans le noir
Comme un signe, un espoir
De se revoir.

Ami ami ami
Toi qui vis loin d'ici
Dis-moi si la nuit
Tu vois la même lune que moi.
Une lumière dans le noir
Comme un signe, un espoir
De se revoir.
Au revoir.

Leçon 7

B2 a.

J. : Journaliste ; C.B. : Cyril Blavier

J. : Vous êtes à Stuttgart depuis quand ?
C.B. : A Stuttgart depuis bientôt cinq ans. Je crois que je suis arrivé au mois de mai 1990.
J. : Vous avez ouvert le restaurant quand ? Ça fait longtemps ?
C.B. : Euh... ça fera donc quatre ans en avril... de cette année, 95.

B3 a.

J. : Quelles sont vos spécialités dans le restaurant ?
C.B. : Nos spécialités culinaires sont en partie provençales, puisque moi-même, j'ai passé une grande partie de ma vie en Provence, avec mes parents. Donc, nous avons... comme le chèvre chaud, servi sur sa salade, ou le carré d'agneau rôti aux herbes, ce sont des spécialités de Provence. Ensuite, nous avons un chef cuisinier, Yves Sande, qui est, lui, d'origine alsacienne. Donc, une deuxième partie de la carte aussi se dirige vers des produits un peu plus alsaciens, comme... le saumon servi sur ses lentilles, et sauce au raifort, par exemple.

B5

C.B. : Nous avons des préférences sur certains produits donc, qui sont restés sur la carte depuis quelques années déjà...
J. : Et qui marchent bien donc...
C.B. : Voilà ! Ce qu'il faut dire, c'est que notre carte change minimum deux fois par an, avec toujours des nouveaux produits. On essaie constamment de se renouveler. Par contre, il y a des produits qui sont vraiment appréciés de la clientèle, donc, qui sont devenus eux-mêmes des spécialités et qui restent à la carte, comme le fromage de chèvre, par exemple, ou en dessert la tarte Tatin aussi, qui est assez réputée.

J. : Et vous aimez... vous préférez la cuisine alsacienne ou la cuisine provençale ?
C.B. : J'aime bien toutes les cuisines, en fait, et même pas seulement les françaises ou régionales françaises, mais... bon, quand j'ai des loisirs, j'aime bien aller au restaurant thaïlandais ou japonais. J'ai une curiosité par rapport à ma profession.

B9

J. : Vous pensez rester longtemps à Stuttgart ?
C.B. : Eh bien euh... Personne ne connaît son destin, mais oui, je pense que nous sommes heureux ici, et je pense que l'avenir sera plus souriant que n'était le passé.
J. : Je vous le souhaite aussi ; et puis, je vous remercie beaucoup aussi de nous avoir reçus aujourd'hui pour cette interview, et d'avoir répondu à toutes mes questions. Puis, je vous souhaite bonne continuation à Stuttgart.
C.B. : Ça m'a fait grand plaisir. Je vous remercie aussi. Au revoir !
J. : Au revoir !

Leçon 8

A1 a.

- Oh, pour moi, le moyen de transport le plus pratique à Paris, c'est vraiment le métro. Je me déplace toujours en métro. A mon avis, c'est la seule façon d'éviter les embouteillages et d'être à l'heure à ses rendez-vous ; et en plus, j'aime ça. Je sais que c'est pas le cas de tout le monde, mais moi j'aime beaucoup le métro : même quand on est serré, on a toujours une petite place pour lire son journal, alors ça va.

Journaliste : Bonjour madame, quel est votre moyen de transport préféré ?
- Mon moyen de transport préféré à Paris est la voiture. Simplement, il est très difficile d'avoir une voiture à Paris. D'abord parce qu'il y a beaucoup de circulation, donc vous perdez beaucoup de temps. Ensuite ça coûte très très cher d'avoir une voiture à Paris. Donc, là, j'ai acheté il y a un mois, un scooter, un deux roues. On gagne beaucoup de temps, on va à l'autre bout de Paris en un quart d'heure, vingt minutes. Simplement, je viens de me le faire voler... Donc, il n'y a plus la voiture, il n'y a plus le scooter... Je fais comme tout le monde, je prends le métro et le bus.

Journaliste : Bonjour monsieur, qu'est-ce que vous prenez comme moyen de transport habituellement ?
- Lorsque je suis à Paris et lorsqu'il fait beau, j'adore marcher, et éventuellement, je prends le bus. Si je suis très pressé, je prends un taxi. Pour mes voyages à l'étranger, j'adopte systématiquement l'avion. En France, ma préférence va au train, et si possible le TGV.

A3 a.

Journaliste : Bonjour madame, quel est votre moyen de transport préféré ?
- C'est le train en général... Quand je n'ai pas d'argent, ben je fais du stop !

Journaliste : Bonjour madame, c'est quoi votre moyen de transport préféré ?
- Et bien, j'aime bien prendre mon vélo pour faire mes courses dans mon village. Sinon, les jours de grands déplacements, eh bien je vais en voiture avec mon mari.

B8

- Une bouteille vide, un crayon et du papier !
- Une boussole et un chien.
- Moi, j'emporte un grand dictionnaire encyclopédique.
- Mon maillot de bain.
- Une chaîne Hi-Fi avec des piles solaires et ma collection de disques de Mozart.
- Un chapeau, car je ne supporte pas le soleil.
- Vendredi.
  Un matelas pneumatique.
- Ma brosse à dents.

C2 a.

A : l'employée de l'office du tourisme ;
B et C : le couple de touristes

A : Bonjour, messieurs dames, je peux vous aider ?
B : Oui, une question... On voudrait visiter la vallée de la Loire, il y a des circuits organisés ?

A : Oui. Attendez, je... prends une brochure... Voilà. Il y a plusieurs circuits possibles, en car, à bicyclette ou en roulotte.
C : A bicyclette ? C'est une idée ! Ça dure combien de jours ?
A : Entre cinq et huit jours.
B : Oh, c'est bien... Et quels sont les prix ?
A : Pour un circuit de 7 jours, c'est 2890 F et pour 5 jours, c'est 2010 F. Ces prix comprennent la chambre double dans un hôtel de deux ou trois étoiles, la demi-pension, la location de la bicyclette, le transport des bagages et un dossier touristique.
C : Ah c'est parfait ! La visite du château de Chambord est au programme ?
A : Oui, bien sûr, c'est très bien organisé, vous savez... Vous voulez réserver ?
B : Euh... Si vous permettez, nous allons réfléchir encore un peu. Nous ne savons pas encore combien de jours, nous allons rester dans la région. Et puis ça dépend du temps ! Vous pouvez nous donner la brochure ?
A : Bien sûr ! Vous désirez d'autres renseignements ?
C : Euh non... Ah si ! Il y a des visites guidées du château de Blois ?
A : Oui, la visite commence à 10 heures, tous les jours, devant le château.
B : Ça dure longtemps ?
A : Deux heures à peu près. C'est 32 F par personne. Ah, il y a une visite qui commence dans dix minutes, si vous voulez...
B : Non, on attend demain... Merci encore, au revoir !
A : Je vous en prie, au revoir !
C : Au revoir.
B : Tu exagères, c'est chaque fois la même chose !

Leçon 9

B5

V : le vendeur ; A et B : deux clientes

V : Bonjour madame, je peux vous aider ?
A : Je regarde, merci...
V : Madame ?
B : J'ai vu une paire de chaussures dans la vitrine...
V : Lesquelles ?
B : Les bleu foncé, là.
V : Quelle est votre pointure ?
B : 37-38.
V : Je vais voir... Un instant, s'il vous plaît. Voilà ! Mais je les ai seulement en 37.
B : Bon, je vais essayer... Oh, je crois qu'elles sont trop petites.
V : En 38, il reste seulement des rouges.
B : Non, pas du rouge. Vous n'avez pas un autre modèle en bleu ?
V : Oui, venez voir... Voici un modèle italien.
B : Ah oui, je le trouve plus original, mais le talon est trop haut.
V : C'est un très beau cuir, vous savez.
B : Oui, c'est vrai, et elles sont plus jolies... Elles me plaisent bien. Je vais essayer...
Ces chaussures coûtent combien ?
V : 389 F.
B : Ah, elles sont moins chères que les autres !
V : Elles vous vont bien, je trouve.
B : Vous trouvez ? Alors je les prends !

C2 a.

Journaliste : Sabine, qu'est-ce que tu fais, à quoi fais-tu attention pour te garder en bonne santé ?

Sabine : Il y a une chose qui me tient beaucoup à cœur et qui me détend réellement, c'est... c'est tout ce qui concerne la relation avec la nature, c'est de pouvoir faire une grande promenade, par exemple, avec mon chien... et je m'occupe des plantes de mon balcon, des balconnières : j'arrose mes fleurs... le fait de m'occuper des fleurs, c'est une autre façon de m'occuper de moi.

Journaliste : Jean, qu'est-ce que tu fais pour t'occuper de ta santé ?

Jean : Pour m'occuper de ma santé ? Je poserais la question autrement : est-ce que je m'occupe de ma santé ? En fait, je m'en rends compte que..., une partie des décisions que je prends concerne effectivement ma santé et ça commence par me lever le matin et faire un peu de mouvements de gymnastique. Et à ce propos, je... tous les matins, je vais courir, pas longtemps, vingt minutes, une demi-heure... et ce petit jogging du matin me permet de... d'abord de prendre contact avec la température du matin, humide ou sèche, froide ou fraîche, ou au contraire, lourde et chaude, et de voir le ciel. Je m'amuse à penser que les oiseaux, le matin, sont joyeux et sont en bonne santé et qu'ils m'envoient le message : regarde, comme la vie est belle ! C'est aussi... c'est aussi un message que je me donne. J'ai l'impression que, par cette petite demi-heure prise le matin, je m'éveille à travers les cinq sens, je m'éveille à la nature, je m'éveille à l'environnement. C'est un véritable cadeau que me donne la nature environnante et dont je n'exclue pas d'ailleurs toute une dimension spirituelle.

Journaliste : Que faites-vous pour vous maintenir en forme ?

Claire : Pour me maintenir en forme, la première chose, c'est... pour moi, c'est de boire de l'eau. J'ai besoin de deux litres d'eau par jour, sinon ça ne va pas. Ça c'est un premier point. Et je surveille mon alimentation, j'essaye de manger léger, je n'y arrive pas toujours mais j'essaye. Beaucoup de légumes, principalement. J'ai besoin de bouger également, donc cela va dépendre des saisons : le printemps et l'automne sont idéals *(sic)* pour courir ou pour faire des marches, pour des randonnées, l'été ça sera plutôt la piscine, la natation. Donc, j'essaye de faire... au maximum, des sports de plein air.

Journaliste : Et le soir ? Quand vous rentrez du travail, que faites-vous pour vous détendre ?

Claire : Alors, pour me détendre, déjà, je me change : j'ai besoin de me changer, d'enlever les chaussures, d'écouter de la musique. Ça déjà, ça me relaxe bien.

Journaliste : Comment prenez-vous soin de vous pour vous sentir le mieux possible dans votre peau ?

Claire : Eh bien, ça va se passer essentiellement le week-end parce qu'en semaine, on n'a pas toujours le temps, mais le week-end, c'est vrai que j'aime bien me lever tranquillement, prendre un petit-déjeuner très tranquillement, en musique ou en lisant ou..., et ensuite ça va être les soins du corps : ça va être le bain, la douche, ou un massage, ça va être le shampooing, et puis ça va être ensuite des crèmes et tout ça est très très relaxant, ça demande du temps, donc c'est vrai que ça se passe essentiellement le week-end.

C9 a.

Tenez-vous bien droit, les pieds à plat sur le sol, les mains sur les genoux. Fermez les yeux. Ecoutez votre respiration... Ecoutez votre cœur... Votre cœur bat vite ?... fort ?... Vous sentez votre corps : les pieds..., les jambes..., le ventre..., le buste..., les bras..., les épaules..., la tête... Imaginez... vous êtes sur une plage... et vous vous promenez pieds nus... Vous marchez sur la plage... Le sable est chaud et doux... Vous entendez la mer... la mer et les vagues... la musique de la mer au loin... Vous entendez les oiseaux... Ils chantent... Ils crient... Ils sont libres et heureux... Au-dessus de vous, le ciel est bleu, très bleu... et devant vous, la mer est bleue aussi... Il fait beau, il fait soleil... Il y a un peu de vent... Il vient de la mer et vous sentez le parfum de la mer sur votre visage... Vous avez un goût de sel sur les lèvres... Puis, imaginez... quelque chose est sous vos pieds... Est-ce que c'est dur ?... vivant ?... grand ?... De quelle couleur ?... De quelle forme ?... Observez bien cet objet. Avez-vous envie de le toucher ? Prenez-le dans vos mains... puis finalement... vous le posez au bord des vagues... Vous l'abandonnez... Vous lui dites au revoir... et vous retournez sur le sable... Vous revenez doucement dans la salle de cours... Vos yeux sont encore fermés... Vous remuez vos pieds, vos jambes, vos mains, vos bras, vous tournez la tête à gauche, à droite, et puis vous ouvrez les yeux. Voilà : vous êtes de retour dans la salle de classe.

Leçon 10

A2 a.

- Quand j'ai une minute, je veux voir les notes, les contrôles et les appréciations des professeurs. Aujourd'hui, la situation économique est très difficile et en tant que père, je dois leur apprendre à travailler dur.
- ○ Raoul, 50 ans, chercheur. Trois fils de 19 à 12 ans.

- A quoi je sers ? Franchement, je ne me suis jamais posé la question. Je travaille, je gagne de l'argent, ma femme s'occupe des enfants... On est d'accord, ça marche, voilà, c'est tout. Et c'est très bien comme ça.
- ○ Antoine, 49 ans, expert-comptable. Une fille de seize ans, un fils de quatorze ans.

- Je veux donner à mes enfants tout l'amour et toute la tendresse que je peux. Le matin, ma femme reste au lit et moi, je les réveille, j'entre tout doucement dans leur chambre et je leur fais des bisous, plein de bisous.
- ○ Claude, 30 ans, décorateur. Une fille de dix ans et un fils de sept ans.

- Pour moi, être père, c'est être responsable de ma fille. J'essaye de lui apprendre le courage, l'effort, le plaisir du travail et l'amour de la poésie. Je veux lui transmettre ma culture et lui montrer le monde.
- ○ Armand, 54 ans, instituteur. Une fille de treize ans.

Leçon 11

B3 a.

- Allô, oui !
- Oui, bonjour, je suis bien au Réseau d'Echanges de Savoirs ?
- Oui, madame.
- Je téléphone parce que j'ai vu votre annonce dans le journal et je voudrais avoir quelques renseignements, je voudrais savoir comment ça marche.
- C'est comme une bourse d'échange, madame, vous proposez une activité en échange d'une autre.
- Et qu'est-ce que je peux faire ?
- Aujourd'hui, il y a un baby-sitting en urgence ou bien vous pouvez aider à fabriquer des costumes pour le théâtre municipal. C'est comme vous voulez, madame.
- C'est tout, vous n'avez rien d'autre ?
- Ah si, j'ai aussi une demande pour enregistrer des cassettes pour les aveugles.
- Et comment je fais ?
- Ecoutez, le mieux c'est de venir ici, vous vous inscrivez et on vous trouvera quelque chose.
- D'accord, je viens cet après-midi. Merci.
- De rien, au revoir, madame.

B8 a.

Ils sont très amis.
C'est sur la Côte d'Azur.
Il n'hésite plus, il l'épouse mardi.
La première face est terminée.
Elle s'appelle Françoise.
Jacques vient ce soir.
Il a une Peugeot.

Leçon 12

B1 a.

J : Journaliste ; L : Laurent ; H : Huguette ; M : Michel

J : Nous avons interviewé trois Français pour parler des changements qui surviennent dans la vie, qui bouleversent la vie. Des changements parfois positifs, parfois négatifs. Si nous prenons la décision de changer notre vie de tous les jours, de changer de métier, de ville, c'est souvent pour poursuivre un rêve, pour nous réaliser. Avons-nous réussi à réaliser nos rêves d'enfants ?

J : Bonjour Laurent,
L : Bonjour.
J : Vous avez presque trente ans, et vous êtes éditeur de bandes dessinées. Vous avez pris dernièrement une décision qui a changé votre vie. Pouvez-vous m'en parler un peu ?
L : Oui, je travaillais en France, mon pays d'origine et mon pays de naissance, et je travaillais à Paris depuis presque dix ans, où j'étais monté pour faire mes études et où je suis resté après, et une importante société de bandes dessinées belge m'a proposé de rentrer à leurs services, donc je n'ai pas hésité longtemps et j'ai décidé de m'expatrier et de quitter mon pays, ma famille, mes amis,

pour m'installer dans une ville que je ne connaissais pas et... en plus, je n'y connaissais personne.

J : Quelle ville ?

L : Bruxelles.

J : Huguette, vous avez soixante ans. Vous habitez au Havre, où vous êtes née, et vous êtes retraitée. Quels ont été les grands changements dans votre vie ?

H : Bah le décès de mon mari, bien sûr.

J : Oui, bien sûr... Mais d'autres choses ?

H : Un grand changement dans ma vie ? Non, non... Euh oui, bah... oui, que j'ai pris des responsabilités au sein d'une association caritative. C'était un grand changement puisque j'en étais la vice-présidente, et puis... j'ai pris beaucoup beaucoup de responsabilités là.

J : Et puis, vous les avez toujours ?

H : Non, non, j'ai arrêté au bout de huit ans.

J : Alors vous avez arrêté, et ça vous manque un peu ?

H : Ça m'a beaucoup manqué, j'y pense encore parfois, mais maintenant ça y est, ça fait un an et demi, mais ça m'a beaucoup beaucoup manqué. Oh ça fait comme quelqu'un qui prend sa retraite, si vous voulez.

J : Et qu'est-ce que vous voulez encore réaliser dans les années qui viennent ?

H : Oh bah maintenant, penser à moi !

J : Penser à vous !

H : Oui, me faire des petits plaisirs.

J : Ah, oui ? Quoi par exemple ?

H : Bah... Visiter une expo, faire de la gymnastique un petit peu, un voyage, pour découvrir une culture... Comme projet, bah, j'ai surtout le projet de voir grandir mes petits-enfants.

J : Michel, vous venez d'avoir quarante ans et vous avez pris la décision de changer de profession. Vous êtes à présent directeur pédagogique d'une école de langues. En quoi ça a changé votre vie ?

M: Premièrement, j'ai été obligé de quitter la Côte d'Azur pour venir habiter dans le Centre de la France, à Vichy. Deuxièmement, comme moi je partais, ça a bouleversé ma vie de famille puisque ma femme aussi a dû démissionner de son travail pour "suivre son mari" - entre guillemets. Mon fils qui est un petit garçon a dû abandonner tous ses copains.

J : Est-ce qu'à l'époque, la décision a été facile à prendre ?

M: Pour moi, la décision a été très facile à prendre, parce que c'est une volonté déterminée de faire ce métier. C'est le choix d'une profession, c'est le choix d'une passion, donc il n'y a pas eu du tout d'hésitations personnelles.

B 5

J : Journaliste ; H : Huguette ; M : Michel ; L : Laurent

J : Huguette ? Quels étaient vos rêves d'enfants, d'adolescents ? Dans quelle mesure les avez-vous réalisés ?

H : Mes rêves d'adolescente... Bah c'était la guerre...

J : Oui, c'était la guerre à l'époque.

H : Bon bah, on survivait, et après bon ça a été de fonder une famille, d'être heureuse calmement, ça s'arrêtait là. Ça s'arrêtait là mes rêves d'adolescence... C'était, vous savez, à notre époque, une femme ne travaillait pas. Elle travaillait juste ce qu'il fallait et puis après elle s'arrêtait quand elle avait ses enfants. Je pense que pour vous maintenant, la génération, ça a beaucoup changé. Non, mes rêves d'adolescence, c'était... oui, d'être à la maison, au milieu d'enfants, mon mari, mes parents...

J : Vous n'aviez pas eu envie d'une profession ?

H : Oh bah, oui, oui, je voulais être infirmière et puis la guerre est venue, et puis j'étais seulement secrétaire.

J : Michel, quels étaient vos rêves d'enfants et dans quelle mesure se sont-ils réalisés ?

M: Pour moi c'était... être utile, c'était aussi... bon, je viens d'une famille qui est modeste, très très modeste, dans laquelle beaucoup de rêves ne pouvaient pas être réalisés. Et moi, enfant, je me disais... euh... ils n'ont pas pu réaliser leurs rêves, ils pensent que les rêves ne sont pas possibles à réaliser, et moi, je me disais : il faut réaliser tes rêves à toi. Et aujourd'hui, je vois que certains rêves sont réalisés et ce qui est très amusant, c'est que quand on réalise un rêve, automatiquement, il y a un nouveau rêve...

J : Laurent, avez-vous réalisé vos rêves d'enfant ?

L: Petit, je lisais des bandes dessinées, depuis l'âge de sept ans, le "Journal de Spirou", aujourd'hui je travaille pour le "Journal de Spirou", donc je pense que c'est plutôt réussi.